初中教师专业发展研究

童顺平 黄华明 等◎著

安徽师范大学出版社
ANHUI NORMAL UNIVERSITY PRESS

·芜湖·

图书在版编目(CIP)数据

初中教师专业发展研究 / 童顺平,黄华明等著 .— 芜湖:安徽师范大学出版社,2022.12
ISBN 978-7-5676-5928-5

Ⅰ.①初… Ⅱ.①童… ②黄… Ⅲ.①初中—中学教师—师资培养—研究 Ⅳ.①G635.12

中国版本图书馆CIP数据核字(2022)第227753号

初中教师专业发展研究 　　　　　　　童顺平　黄华明等◎著
CHUZHONG JIAOSHI ZHUANYE FAZHAN YANJIU

责任编辑:胡志恒　　　　　　责任校对:王　贤
装帧设计:王晴晴　汤彬彬　　责任印制:桑国磊
出版发行:安徽师范大学出版社
　　　　　芜湖市北京东路1号安徽师范大学赭山校区
网　　址:http://www.ahnupress.com/
发 行 部:0553-3883578　5910327　5910310(传真)
印　　刷:苏州市古得堡数码印刷有限公司
版　　次:2022年12月第1版
印　　次:2022年12月第1次印刷
规　　格:700 mm × 1000 mm　1/16
印　　张:19
字　　数:290千字
书　　号:ISBN 978-7-5676-5928-5
定　　价:68.00元

凡发现图书有质量问题,请与我社联系(联系电话:0553-5910315)

序

廖 益

党的十八大以来，以习近平同志为核心的党中央高度重视教师队伍建设问题，始终把教师队伍建设和教师专业发展作为最重要的基础性工程来抓。习近平总书记曾在不同场合多次强调教师及其专业发展的重要意义。2018年5月2日，习近平总书记在北京大学师生座谈会上指出："人才培养，关键在教师。教师队伍素质直接决定着大学办学能力和水平。"2021年3月6日，习近平总书记在看望参加全国政协十三届四次会议的医药卫生界教育界委员时发表重要讲话指出："教师是教育工作的中坚力量。有高质量的教师，才会有高质量的教育。"2021年3月发布的《中华人民共和国国民经济和社会发展第十四个五年规划和2035年远景目标纲要》强调要建设高素质专业化教师队伍。党和国家对教师及其专业发展的强调，使得教师专业发展成为各界关注的焦点之一。

初中教育是我国义务教育的最高阶段，下承小学教育、上接高中教育，在教育体系中具有独特而重要的过渡衔接作用。根据教育部发展规划司2022年3月公布的全国教育事业统计结果，2021年全国共有初中5.29万所，占全国义务教育阶段学校的25.53%，占全国各级各类学校的9.99%。初中招生1705.44万人，在校生5018.44万人。2021年全国共有初中专任教师397.11万人，占全国义务教育阶段学校专任教师的37.56%，占全国各级各类学校专任教师的21.52%。初中教师作为我国初中教育教学工作的直接承担者，其专业发展水平直接决定着初中教育教学质量，同时影响到高中乃至大学的教育教学质量。然而，由于多种原因，我国初中教师专业发展还难遂人意，成为初中教育发展的短板，亟需从教育事业高质量发展的高度认识初中教师专业发展研究的重要性，把加强初中教师专业发展作为奠基工程来推动。

理论研究是先导，本书为一次大胆的尝试。本书研究目的是：把握初中教师专业发展现状，了解初中教师专业发展问题，针对问题探寻初中教师专业发展有效途径。研究问题是：初中不同学科教师专业发展的现状如何？初中不同学科教师专业发展存在突出问题有哪些？如何促进初中不同学科教师专业发展？

为达成研究目的、答解研究问题，本书以S市某区为个案，立足于分学科的视角，采用个案研究法、实地调查法、资料分析法等，对初中教师专业发展现状、问题与对策进行了探索性研究。基于初中不同学科，本书研究内容包括：绪论；第一章初中语文教师专业发展；第二章初中数学教师专业发展；第三章初中英语教师专业发展；第四章初中道德与法治教师专业发展；第五章初中音乐教师专业发展；第六章初中体育教师专业发展；第七章初中美术（含书法）教师专业发展；第八章初中信息技术教师专业发展；第九章初中综合实践活动教师专业发展；第十章初中地理教师专业发展；第十一章初中历史教师专业发展；第十二章初中生物教师专业发展；第十三章初中物理教师专业发展；第十四章初中化学教师专业发展。除绪论，每一章均涉及背景与目的、方法与样本特征、本学科教师专业发展现状与问题、对策建议与培训规划等，基于深入调查和扎实数据统计分析，对初中教师专业发展进行了全覆盖式分学科调查研究。

尽管当前初中教师专业发展受到普遍关注，然而学界针对初中教师专业发展进行的专门性研究还较少，还不足以满足现实发展的需求。本书的出版，可谓"应运而生"。相信本书的出版，有助于丰富初中教师专业发展研究，提升初中教师专业发展水平，改进初中教师专业发展培训，不仅对推助初中教师专业发展有参考价值，对提升其他学段教师专业发展水平也有借鉴意义。

是为序。

2022 年 9 月 21 日

（廖益：国家督学、韶关学院校长、二级教授、博士生导师）

目　录

绪　论

习近平总书记明确指出：教师是教育工作的中坚力量，有高质量的教师，才会有高质量的教育。初中教师专业发展是初中教育高质量的根本和关键。随着党和国家对教师队伍建设的重视，初中教师专业发展理应受到高度关注。然而，由于多种原因，我国初中教师专业发展还难遂人意，成为初中教育发展的短板，亟帮研究者从初中教育高质量发展的高度认识初中教师专业发展研究的重要性，把加强初中教师专业发展作为奠基工程来研究。

第一节　研究缘起与意义

一、研究背景

（一）教师专业发展是世界初中教育发展潮流

初中教育是伴随西方社会近代化发展而出现的教育层次。初中教育不像初等教育强调基础性、也不像高等教育强调专业性，它具有过渡性和衔接性。近代意义上的初中教育，最初只是服务于社会贵族阶层子弟和新兴资产阶级，主要功能是为大学输送后备人才。随着工业化的发展，进一步提高劳动力受教育年限成为趋势。英国的文法中学，德国的文科中学等，开始为劳动阶层的子女提供初中教育。19世纪下半叶，欧美国家陆续借助立法进一步普及初中教育。20世纪前半期，主要发达国家都建立了较完备的初中教育体系。20世纪70年代，受多方面因素的影响，主要发达国家初中教育质量低下，很多学生读写能力、计算能力尚达不到小学毕业水平。英、美、日等开始关注提升初中教育品质，纷纷通过法案提高初中教师学术水平，推动初中教师专业发展。1996年10月，国际劳工组织和联合国教科文组织在法国召开会议，审议通过了《关于教师地位的建议》的文件。《关于教师地位的建议》明确指出："应把教育工作视为一种专门化职业。这种职业要求教师经过严格的持续的学习，获得并保持专门的知识和特别的技术。"[①]在发达国家的带动下，初中教师专业发展成为世界初中教育的普遍趋势和潮流。

（二）党和国家高度重视推进教师专业发展

百年大计，教育为本；教育大计，教师为本。党的十八大以来，以习近平同志为核心的党中央高度重视教师队伍建设，坚持把教师队伍建设作为教育事业发展的先手棋。2013年9月9日，习近平总书记在向全国广大教师致慰问信中提出："牢固树立终身学习理念，加强学习，拓宽视野，更新知识，不断提高业务能力和教育教学质量，努力成为业务精湛、学生喜爱的高素质教师。"[②]习近平总书记通过慰问信明确提出了教师专业成长的途径和方法，对教师专业发展具有重要指导意义。2014年9月9日，习近平总书记在同北京师范大学师生代表座谈讲话中，引用"国将兴，必贵师而重傅"强调教师对国家繁荣、民族振兴的重要意义，同时提出："希望广大教师不忘立德树人初心，牢记为党育人、为国育才使命，积极探索新时代教育教学方法，不断提升教书育人本领，为培养德智体美劳全面发

①苏红.教师专业发展中的关键事件研究[M].北京:北京师范大学出版社,2014:47.
②本报评论员.牢固树立终身学习的理念——八论学习贯彻习近平总书记致全国教师慰问信精神[N].中国教育报,2013-09-19.

展的社会主义建设者和接班人作出新的更大贡献。"[1]2018年《中共中央国务院关于全面深化新时代教师队伍建设改革的意见》提出，要着力于提升教师的专业素质，建设一支高素质专业化的教师队伍。2021年3月发布的《中华人民共和国国民经济和社会发展第十四个五年规划和2035年远景目标纲要》强调：要建设高素质专业化教师队伍。党和国家强调推进教师专业发展，使得初中教师专业发展成为教育政策制定者、教育理论研究者和初中教育实践工作者以及社会民众关注的重点。

二、研究意义

（一）有助于丰富初中教师专业发展研究

截至2022年11月，在中国知网以"初中教师专业发展"为主题进行模糊查找，只能查找到160条文献，其中，核心期刊文献49条，CSSCI文献19条。研究的主要主题包含：专业发展（47次）、教师专业发展（36次）、初中英语教师（17次）、农村初中（13次）、初中数学教师（10次）、专业发展现状（10次）、初中教师（8次）、初中英语（8次）、"国培计划"（7次）、骨干教师（5次）等。比较而言，学位论文较为可观，以"初中教师专业发展"为主题在学位论文库可以检索到407条文献。研究的主要主题包括：教师专业发展（157次）、专业发展（101次）、初中英语教师（57次）、农村初中（43次）、初中教师（36次）、教师专业发展研究（34次）、英语教师（24次）、专业发展现状（22次）、初中英语（21次）等。查阅"读秀""当当网"等可知，目前国内约有10种相关著作，如《初中化学教师专业发展研究》（肖志国、邹国、董学正主编）、《学生有效学习与教师专业发展》、《反思性教学对初中思想品德教师专业发展的影响研究》（苏颖著）、《数学史与初中数学教师专业发展研究》（洪燕君著）等。

---

① 杨彬等.不忘立德树人初心　牢记为党育才为国育才使命[N].中国青年报,2020-09-10(2).

可查文献看，尽管国内涉及初中教师专业发展的研究已经较多，但是针对初中教师专业发展进行专门性研究的文献并不多。本研究有助于丰富初中教师专业发展研究。

（二）有助于提升初中教师专业发展水平

研究初中教师专业发展是推动初中教师专业发展的内在要求和前提条件。美国教育专家琳达·达林-哈蒙德认为当今世界高速发展，日新月异，教师的职责不仅仅是传授简单的知识和技能，而是要让学生适应未来社会的发展，那么作为教师就应该转变自身观念，提高自身的知识素养和能力素养，从根本上来说就是要求促进教师专业化的发展。[①]我国初中教师在专业发展中存在一些较为突出的问题。有研究对深圳市399名初中教师的教学专业素养，即教学认知、教学行为、教学自评、职业倦怠进行调查发现：教师实际教学行为与其认知水平存在一定差距，教龄在5年以下新任教师专业素养发展亟需提升，教龄达15年之后教师专业发展出现明显高原期。[②]有研究者基于X市59所初中1404名教师的问卷与访谈调查发现，薄弱学校教师专业发展活动内容以理论知识类为主，难以满足教师需求；阻碍因素主要为专业发展活动与工作时间冲突及支持不足。[③]本书对初中教师专业发展进行研究，既可以为初中教师专业发展提供理论依据，同时也可以助推解决实践过程中初中教师专业发展面临的问题，提升初中教师专业发展水平。

（三）有助于改进初中教师专业发展培训

尽管培训是初中教师专业发展的重要渠道已成为共识，但是不可否

---

① Linda Darling-Hammond.美国教师专业发展学校[M].王晓华等译.北京:中国轻工业出版社,2006:15.

② 蔡金花,曾文婕.初中教师专业素养与发展需求研究——基于深圳市的调查[J].上海教育科研,2018(07):61.

③ 毋改霞,祁占勇,罗淦匀.薄弱学校教师专业发展的现状与改进——基于X市59所初中的调查[J].教育理论与实践,2021(32):40.

认，当前很多地方组织的初中教师培训还存在着这样那样的问题。有研究对河北省744名初中教师进行调查发现，目前初中教师培训存在培训时间集中于法定休息日，总时长达不到国家规定要求；培训内容忽视师德养成和综合素养提升；培训形式单一，教学现场考察、观摩、同行经验介绍、交流讨论、个别指导等较缺少；回访、跟踪指导缺乏；培训实效性不高等。[①]初中教师专业发展，不仅包含专业知识方面的发展，如教育知识、学科知识、学科教学知识、通识性知识等，还涉及专业能力的发展，如教学设计能力、教学实施能力、班级管理能力、教育活动组织能力、教育教学评价能力、沟通与合作能力、反思能力等的发展，是一个长期的、复杂的和艰苦的过程。本书对初中教师专业发展问题的调查，以及相关培训的规划建议，能够为优化与改进初中教师专业发展培训提供依据和参考。

第二节　关键概念界定与研究现状述评

一、关键概念的界定

教师专业发展是本书最关键和最重要的概念。那么，应该如何理解教师专业发展？目前国内外学术界对教师专业发展的界定主要有三类观点。

其一，教师个体专业发展说。这类观点把教师专业发展视为教师个体在专业知识、专业技能、专业能力等方面不断提高的过程。如霍伊尔认为"教师专业发展是指在教学职业生涯的每一个阶段，教师掌握良好的专业

---

① 王颖, 胡国华. 新时代河北省乡村初中教师培训模式现状与发展需求调查分析[J]. 教育理论与实践, 2021(02): 34.

实践所必备的知识与技能的过程"。①

其二，教师专业成长过程说。这类观点把教师专业发展视为外在活动等促进教师专业成长的过程。如戴伊认为"教师专业发展包括直接或间接的让个体、团体或学校受益，进而提高课堂教学质量的所有自然学习和有意识的有计划的活动。教师专业发展是一个过程，通过该过程，教师独自或与他人一起审视，更新和拓展其改进教学道德目的的承诺"②。

其三，教师个体专业发展和专业发展过程融合说。这类观点属于对前面两种观点的整合的结果，主张教师专业发展包括教师个体专业发展、教师专业发展过程两个方面。例如，我国著名学者叶澜认为，教师专业发展是指教师的专业成长或教师自身内在专业结构不断更新、演进和丰富提高的过程。③富兰和哈格里福斯认为，"教师专业发展是指在职教师在教育或教师培训具体方面的发展，也是指教师在目标意识、教学技能和与同事合作能力方面的整体进步。"④

综上，目前学界对教师专业发展的界定主要是立足于"发展"作出的界定，把教师专业发展视为教师个体专业发展或教师专业成果过程。事实上，我们还可以立足于"水平"对教师专业发展作为界定。本书将"教师专业发展"界定为：教师作为专业人员，在专业知识、专业技能、专业能力等方面达到的水平或呈现出来的状态。

---

① Hoyle, Eric. (1980) Professionalization and Deprofessionalization in Education. In Eric Hoyle&Jacquetta Megarry(Eds.), World Yearbook of Education 1980: Professional Development of Teachers. London: Kogan Page. 143.

② Day, Christopher. (1999) Developing Teachers: The Challenge of Lifelong Learning. London: Falmer Press. 4.

③ 叶澜等. 教师角色与教师发展新探[M]. 北京：教育科学出版社, 2001: 226.

④ Fullan, M.&Hargreaves, A. (1992) Teacher Development and Educational Change. In Michael Fullan&Andy Hargreaves (Eds), Teacher Development and Educational Change. London&Washington D.C: Falmer Press. 8-9.

二、国内研究现状

国外学者对教师专业发展的研究成果较多，研究水平也相对较高，但是聚焦于初中教师专业发展的文献较少。国内学者对初中教师专业发展的研究大体可分为四类。

其一，初中教师专业发展国别比较研究。王月婵基于TALIS 2018上海与新加坡调查数据，对初中教师专业发展需求进行研究，发现上海初中教师专业发展参与度高于新加坡初中教师，上海初中教师在专业发展总需求、专业知识、专业技能方面的需求均高于新加坡初中教师[1]；王亚、王正惠基于TALIS 2018调查数据对中英两国初中教师工作压力差异进行比较研究，发现中英两国初中教师感受到工作中的压力水平，缺乏私人生活时间的压力水平，对心理健康产生负面影响的水平，均高于国际均值；从压力来源看，源于工作量、相关利益者的压力高于国际均值，但源自学生学习方面的压力低于国际均值；从教师背景信息来看，40岁及以上男性初中教师压力来源更多元、承担压力更多，本科及以上学历初中教师来自工作、学生成绩的压力对身体健康负面影响更大。[2]丁子星、代钦对德、日、美三国初中数学教师角色进行比较分析发现，德国教师注重学生学习知识的衔接问题、学生的表现、学生的思考以及反馈，并且教师可以根据学生的反馈有的放矢地对教学节奏和教学内容进行调整；日本教师较为看重数学课题的难度，会根据学生的能力水平提出必须要经过认真思考、仔细分析、大胆尝试才能得出结论的课题，比较注重学生自我学习、自我探究的能力；美国教师不太注重教学的导入、复习以及总结部分，习惯于在授课

---

[1] 王月婵.初中教师专业发展需求研究——基于TALIS 2018上海与新加坡调查数据[D].福建师范大学硕士论文,2021.

[2] 王亚,王正惠.中英两国初中教师工作压力差异比较研究——基于TALIS 2018调查数据的实证分析[J].绵阳师范学院学报,2022,41(10):42-54.

过程中直接告诉学生要学习的概念、定义以及要用到的解题方法。①

其二，农村初中教师专业发展研究。谢翩以江西省 N 县 T 中学为例对农村初中教师专业发展存在的问题及对策进行研究发现，大部分初中教师专业情感偏低，专业知识掌握不够，专业能力不强，专业活动受限，部分教师职业道德不端正。②刘慧以赣南革命老区兴国县 7 所乡村中学的 316 名乡村初中教师作为调查对象研究发现，乡村初中教师专业发展总体呈现中等水平，专业情怀得分最低且低于专业发展总分平均值水平；专业知识维度困境表现为教师通识性知识储备不足、科研水平不高、知识管理能力弱；专业能力维度困境表现为教学能力、沟通与合作能力欠缺；专业情怀维度困境表现为教师对自主发展理解偏差、职业幸福感不强；专业道德维度困境表现为对中学生身心发展的需求了解不足、对教育教学态度认识不够。③刘婷婷以 H 省 Y 市为例对偏远山区初中英语教师专业发展现状调查发现，影响该地区初中英语教师专业发展的外部因素是：教师培训规划不合理；教师保障机制不健全；学校师资结构不合理，缺乏对教师专业发展的引领。内部因素是：教师相关专业知识薄弱，科研、反思能力差，教师的专业成长自主性不强，缺乏自我专业发展意识。④南尚龙主要采用文献法、问卷调查法和访谈法，对漳州市平和县乡村初中教师校本培训现状和培训需求调查发现，漳州市平和县乡村初中教师校本培训主要问题是教师参训目的不明确，内容设置不合理，培训方式较为单一，培训时间不足，

---

① 丁子星,代钦.德日美三国初中数学教师角色比较——以《The Teaching Gap》为例[J].内蒙古师范大学学报(教育科学版),2016,29(11):6-9.

② 谢翩.农村初中教师专业发展存在的问题及对策研究——以江西省 N 县 T 中学为例[D].西南大学硕士论文,2022.

③ 刘慧.乡村初中教师专业发展困境及提升路径研究[D].江西师范大学硕士学位论文,2020.

④ 刘婷婷.偏远山区初中英语教师专业发展现状调查研究——以 H 省 Y 市为例[D].哈尔滨师范大学硕士学位论文,2022.

培训经费不足，培训讲师质量不高，考核评价不完善。[①]

其三，城市初中教师专业发展研究。蔡金花、曾文婕对深圳市399名初中教师进行调查显示，初中教师对物质、成就激励、更新教育教学理念、深入了解学生特点需求最高，他们更希望通过团队合作的方式提升专业发展水平。[②]李芳玉在长沙城区初中抽取400名教师进行问卷调查发现，长沙市城区初中教师专业发展意识和专业发展需要程度适中；长沙市城区初中教师专业发展机会与条件比较充分；专业发展途径和方式注重自发的、个体的经验，呈现多元化特征，有组织的、团队的学习和交流更受欢迎；专业发展困难和困惑较多，需要着力改善专业发展环境。[③]王钧永以长春市为例对初中教师专业发展影响因素调查发现，初中教师专业发展在个人层面、学校层面和社会层面各有一些积极的促进因素和消极的阻碍因素，推进教师专业发展要构建综合培训模式、完善多维教师评价制度、减轻教师工作负担、增加经费投入。[④]王宏涛以N市W区为例对信息化背景下初中教师专业发展路径进行研究发现，教师利用信息化资源自主进行专业提升的效果不佳，学校组织教师利用信息化平台学习的效果欠佳，促进教师专业发展的优质信息化资源缺乏。[⑤]王晓霞对乌海市海南区初中教师专业发展面临的困境进行分析发现，制约乌海市海南区初中教师专业发展因素来自社会、教育主管部门、学校和教师自身四方面，政府对教育系统重视程度不够，教育行政部门评价方式过于片面，学校管理体制不完善，

① 南尚龙.县域内乡村初中教师校本培训需求研究[D].闽南师范大学硕士学位论文，2022.

② 蔡金花，曾文婕.初中教师专业素养与发展需求研究——基于深圳市的调查[J].上海教育科研，2018(07)：61-66.

③ 李芳玉.城市初中教师专业发展状况研究——来自湖南省长沙市的调查[D].湖南师范大学硕士学位论文，2013.

④ 王钧永.初中教师专业发展影响因素的调查研究——以长春市为例[D].长春师范大学硕士学位论文，2017.

⑤ 王宏涛.信息化背景下初中教师专业发展路径研究——以N市W区为例[D].黑龙江大学硕士学位论文，2022.

教师个体教育理念落后及自主发展意识淡薄都在限制着教师的专业发展。①

其四，特定学科初中教师专业发展研究。苑学梅以烟台市芝罘区为例对初中体育新手教师学科教学知识研究发现，芝罘区初中大部分体育新手教师对学科教学知识的掌握仍停留在理论知识层面，对于教学实践的把握与运用能力不佳；相较于经验教师，新手教师的学科教学知识水平整体偏弱。②周源以成都市部分初中道德与法治课教师为研究对象，采用问卷调查和访谈等研究发现，初中道德与法治课教师在专业意识、专业能力、专业保障方面均存在问题，原因在于专业发展认识不到位，专业发展制度不完善，专业发展环境不友好。③卢巧虹基于南宁市五所中学的调查分析对初中英语教师专业素养发展研究发现，当前初中英语教师专业素养发展存在自我发展意识弱，继续学习动力缺失，专业知识更新慢，缺乏科学研究能力，现代化信息技术、教学理念能力更新速度慢，教师培训方式简单，学习内容实用性不强，职业认同感有待提高，专业信念弱化等问题与不足。④钱欣宇通过问卷数据和访谈对初中语文教师专业发展现状研究发现，初中语文教师的专业发展受地域、家庭、性别、教龄、职称等群体差异的影响，这些因素主要影响初中语文教师的发展动机、对培训形式或内容的选择、发展信心、参培热情、制定职业规划等。⑤

从现有研究来看，目前国内初中教师专业发展研究主要以硕士学位论

---

① 王晓霞.乌海市海南区初中教师专业发展面临的困境与出路[D].内蒙古师范大学硕士学位论文,2017.

② 苑学梅.初中体育新手教师学科教学知识优化策略——以烟台市芝罘区为例[D].鲁东大学硕士学位论文,2022.

③ 周源.初中道德与法治课教师专业发展存在的问题及对策研究[D].西南大学硕士学位论文,2022.

④ 卢巧虹.初中英语教师专业素养发展研究——基于南宁市五所中学的调查分析[D].广西民族大学硕士学位论文,2021.

⑤ 钱欣宇.初中语文教师专业发展现状的调查研究[D].阜阳师范大学硕士学位论文,2022.

文为主，论文和著作均相对缺乏。研究对象大多聚焦于城市、农村特定区域初中教师的专业发展，或某一学科初中教师的专业发展问题和对策上。研究内容主要聚焦于初中教师专业发展内涵、发展需求、存在问题、影响因素、发展对策方面。研究方法主要采用文献法、个案法、问卷法和访谈法。研究范围多局限在某一学校或某一地区的几所学校。综合运用多种研究方法，聚焦于特定地市特定区域整体，全视域关注不同学科初中教师专业发展的研究仍显不足。这为本书的研究留下了广阔空间。

第三节　研究设计

一、研究目的

本研究的目的是：把握初中教师专业发展现状，了解初中教师专业发展问题，针对问题探寻初中教师专业发展有效途径。

基于研究目的，本研究的问题如下：

其一，初中不同学科教师专业发展的现状如何？

其二，初中不同学科教师专业发展存在突出问题有哪些？

其三，如何促进初中不同学科教师专业发展？

二、研究思路

首先，梳理国内初中教师专业发展相关研究，明确研究问题。

其次，根据研究目的和问题遴选确定研究个案。

再次，依托调查工具，开展不同学科初中教师专业发展调查研究，把握不同学科教师专业发展现状，深挖存在问题。

最后，形成分学科报告，针对初中不同学科教师专业发展问题提出对策建议和培训规划。

本研究的研究思路，如图0-1所示。

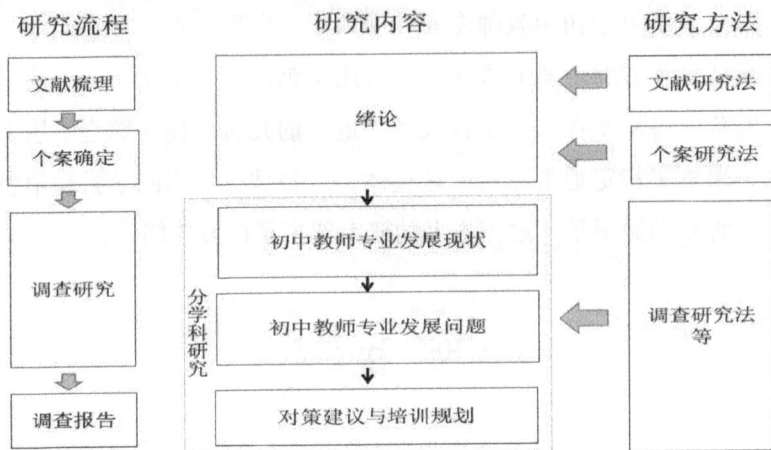

图0-1　本研究的研究思路

资料来源：笔者自行制作。

三、研究方法

其一，个案研究法。个案研究（Case Study），即个案研究法，又称"案例研究"。"只要是对一个有界限的系统，诸如一个方案、一个机构、一个人或一个社会单元，做翔实完整的描述和分析，就是个案研究。"①对特定个案进行研究，有助于对研究对象作出充分描述和深刻分析，进而获得对研究问题的深入认识和理解。因此，本研究将个案研究法作为重要方法。本研究结合研究目的和问题，在考虑典型性和可行性的基础上，最终确定以广东省S市某区为研究。

S市初中教育较发达。截至2022年4月，有初级中学126所，其中九年一贯制学校53所，公办119所、民办7所；普通高中学校25所，其中完全中学13所，公办23所、民办2所；中等职业学校14所，其中公办10

① 潘慧玲.教育研究的取经:概念与应用[M].上海:华东师范大学出版社,2005:182.

所、民办4所。全市初级中学学生108082人，其中公办96224人、民办11858人；普通高中学校学生51505人，其中公办48858人、民办2647人；中等职业学校学生32498人，其中公办23155人、民办9343人。全市现有初级中学专任教师8833人，其中公办8155人、民办678人；普通高中学校专任教师5596人，其中公办5167人、民办429人；中等职业学校专任教师1683人，其中，公办1322人、民办361人。初中阶段毛入学率达128.76%，高中阶段毛入学率达103.51%。2014年建成广东省教育强市，2015年实现国家义务教育发展基本均衡，2019年被评为广东省推进教育现代化先进市，2020年11月被评为广东现代职业教育综合改革示范市。

S市下辖三区，某区现有初中6所，九年一贯制学校2所，小学21所，中小学生3.5万人，在职教职员工1600余人。全区义务教育标准化学校覆盖率达100%。区委区政府高度重视教育事业发展，2012年在全市率先成功创建为"广东省教育强区"，同年9月被评为首个省教育强镇（街）100%覆盖的省教育强区。2015年顺利通过"全国义务教育发展基本均衡区"国家督导验收。2017年创建"广东省推进教育现代化先进区"，通过"广东省教育强区"复评。以S市某区为研究个案，具有一定的典型性和代表性。

其二，实地研究法。为深入了解S市某区初中教师专业发展问题，2020年12月至2021年1月，调查组分学科深入S市某区初中学校，围绕初中教师专业发展相关问题开展实地调查研究。本书不同学科实地调研人员（排名不分先后）名单如表0-1所示。

表0-1　实地调研人员名单

学科	主要成员
语文	仲红卫、程宇昂、黎欢、钟学松、王蕾、江阳科、黄晓莹
英语	阚哲华、廖福妹、叶龙、周惠红、刘建群、罗萍英、陈健颖
数学	罗静、刘迎春、张小青、罗福定、郭新莲、廖晓茵、郭志盛、陈月湘、李启划
道德与法治	童顺平、周文茂、蔡惠萍、陈庆东、唐文娟

学科	主要成员
历史	李航飞、许树辉、陈石福、陈艳
地理	李航飞、陈石福、陈艳
物理	刘益民、陈景华、黄科文、彭瑞明
化学	黄东强、任惠驱、潘雪婵
生物	贺爱兰、梁春鸣、吴韵婷
体育	范锦勤、冯培明、王小兵、陈斌、赖海炎、龚慧芳、李永意
音乐	陈曦、廖小琼、莫汉维、夏岚、武莹莹
美术	赵胜利、王西乾、宋明义、陈国娟
综合实践活动	童顺平、黄华明、谢芳梅、贺中意
信息技术	付喜梅、李赫、潘高峰、何亭亭、赖娉

实地调查主要开展如下活动：

一是课堂观察。调研组分学科深入初中学校到本学科教师的课堂进行听课，按照普通教师与骨干教师，城区、郊区、山区不同区位学校教师课至少分别听1次，每所学校至少听3节课的标准搜集数据资料。调研组听课主要工具为初中教师专业发展课堂观察量表（详见附件1，含课堂观察量表A和课堂观察量表B）。

二是授课教师座谈。调研组听完课后即由授课教师按照初中教师专业发展说课提纲（详见附件2）进行5—10分钟说课。调研组根据初中教师专业发展说课量表（详见附件3）对授课教师说课进行评量。

其三，问卷调查法。调研组问卷调查工具为教师专业发展调查通用问卷（详见附件4）。各调研组在通用问卷基础上根据学科特点对问卷进行增加和修订。问卷发放和回收情况详见各章报告。

其四，自我报告法。由被调查学校教学副校长牵头组织分年级本学科教师根据初中教师专业发展自我评价表（详见附件5）进行自我评价，要着重说明本学科教师在教育教学方面存在的不足和问题。

其五，资料分析法。对初中统一考试资料（如统考试题）、测试资料、考核资料、义务教育质量监测报告等进行分析，充分挖掘本学科教师在教育教学中存在的不足。

其六，数据库分析法。通过对教师基本信息数据库进行分析等，全面分析本学科教师人口学特征。

四、研究内容

本书以S市某区为个案，采用分学科的视角，对初中教师专业发展现状、问题与对策进行了探索性研究。基于初中不同学科，本书研究内容包括：绪论；第一章初中语文教师专业发展；第二章初中数学教师专业发展；第三章初中英语教师专业发展；第四章初中道德与法治教师专业发展；第五章初中音乐教师专业发展；第六章初中体育教师专业发展；第七章初中美术（含书法）教师专业发展；第八章初中信息技术教师专业发展；第九章初中综合实践活动教师专业发展；第十章初中地理教师专业发展；第十一章初中历史教师专业发展；第十二章初中生物教师专业发展；第十三章初中物理教师专业发展；第十四章初中化学教师专业发展。除了绪论，每一章都涉及调研背景与目的、调查方法与样本特征、本学科初中教师专业发展现状与问题、对策建议与培训规划等，基于深入调查和扎实数据统计分析，对初中教师专业发展进行了全覆盖式分学科调查研究。

第一章　初中语文教师专业发展

一、调研背景与目的

（一）调研背景

我国已先后多次就中小学教师队伍建设出台了一系列指导意见或专业标准，包括《中小学教师国家级培训计划》《教师教育课程标准（试行）》《中学教师专业标准（试行）》《教师教育振兴行动计划（2018—2022）》和《中小学幼儿园教师培训课程指导标准》等。尤其是2018年1月20日正式颁发的《中共中央国务院关于全面深化新时代教师队伍建设改革的意见》（以下简称为《意见》），更是就我国新时代教师队伍建设进行了顶层设计，足见国家对师资建设的高度重视。因此，做好教师培训需求调研和培训建议，是提升教师培训水平和实效性的基础，对于提高教师队伍整体素质具有重要意义。

本项目以S市某区为调研范围，通过翔实深入的调研，统计分析区域初中语文教师的基本情况，深入了解他们在专业发展方面的具体需求，量身定做地制定出科学的、具有可操作性的培训计划，通过培训，从"供给侧"提高欠发达地区初中语文教师队伍整体素质，为促进教育改革发展提供师资保障。

本项目结合S市某区基础教育改革发展的需要，全面了解S市某区中学初中学段语文学科教师专业发展需求，科学统筹和规划S市某区义务教育阶段的语文教师队伍建设，发挥辐射作用，高质量服务于学校教师队伍能力提升的全员培训，夯实S市某区教育发展基础，高质量实现"县域学校教师队伍整体提升"预期目标，实现S市某区教育优质均衡发展。

（二）调研目的

了解S市某区初中语文教师专业发展的现状，分析教师专业发展存在问题及其原因，了解初中语文教师专业发展的需求，探索优化教师实现专业发展的策略。

二、调查方法与样本特征

（一）调查方法与过程

1.课堂微分析

项目组深入样本校第九中学、龙归中学语文学科教师课堂进行听课，并做好课堂观察和课堂评量（详见附件1）。调研组听完课后即对授课教师进行访谈，先由授课教师按照提纲（详见附件2）进行5分钟说课，然后项目组对授课教师的说课进行评价（详见附件3），并根据初中语文课程标准围绕教学理念、教学设计、教学实施、教学效果等进行访谈等，通过对初中语文教师学科教学进行微分析，了解教师学科教育教学中存在的问题。

2.自我报告法

由样本学校教学副校长牵头组织语文学科（分年级）教师进行自我评价，着重说明本学段本学科教师在教育教学方面存在的不足和问题（详见附件5）。

3.问卷调查法

由S市某区教育局组织在线发放《S市某区初中语文学科教师专业发

展需求调查问卷》，问卷发放覆盖S市某区本学段本学科所有教师（详见附件5）。

4.资料分析法

对义务教育质量监测报告等资料进行分析，充分挖掘S市某区初中学段语文学科教师在教育教学中存在的不足。

5.数据库分析法

统计S市某区教师基本信息数据，全面分析S市某区初中语文学科教师人口学特征。

（二）样本特征

调查样本数据截止时间为2020年。调查对象来自S市某区现有义务教育初中阶段语文学科8个教学单位，收回问卷77份。其中，初中6所，九年一贯制学校2所，城区教学单位4所，乡镇教学单位4所，含各教学单位本学科在编在岗教师、临聘教师、专职教师（指所学专业与所教学科相符、所评职称与所教学科相同）、兼职教师。

三、现状与问题

（一）语文教师队伍状况

1.教学单位教师分布情况

初中语文是按照国家《教育部关于印发义务教育语文等学科课程标准（2011年版）的通知》（教基二〔2011〕9号）在义务教育初中阶段开设的重要学科。S市某区现有义务教育初中阶段本学科教学单位8个。其中，初中6所，占比（本报告占比均指该数据占本学科该数据总数比）为75%；九年一贯制学校2所，占比为25%；城区教学单位4所，占比为50%；乡镇教学单位4所，占比为50%。各教学单位本学科在岗教师85人，在编在岗教师77人，占比91%；临聘教师8人，占比9%；专职教师84人，占比

99%；兼职教师1人，占比1%。

各教学单位学校类型、区位类型、教学点、在岗教师人数、在编在岗人数、临聘教师人员、专职教师人数、兼职教师人数等详见表1-1所示。

表1-1　S市某区初中语文学科教学单位教师分布情况

序号	教学单位	学校类型	区位类型	教学点	在岗教师	在编在岗教师	临聘教师	专职	兼职
1	第九中学	中学	城区	0	20	18	2	20	0
2	第十四中学	中学	城区	0	16	15	1	16	0
3	第十五中学	中学	城区	0	13	13	0	13	0
4	风烈中学	中学	城区	0	10	10	0	9	1
5	S市某区龙归中学	中学	乡镇	0	16	11	5	16	0
6	S市某区江湾中学	中学	乡镇	0	3	3	0	3	0
7	S市某区西河学校	九年一贯制	乡镇	0	3	3	0	3	0
8	S市某区重阳学校	九年一贯制	乡镇	0	4	4	0	4	0
	总计			0	85	77	8	84	1

2.区位教师分布情况

由统计数据可知（图1-1），S市某区义务教育初中阶段本学科教师中城区教师59人，占比为69%，城区在编在岗教师56人，占比为65%；城区临聘教师3人，占比为4%。乡镇教师26人，占比为31%，乡镇在编在岗教师21人，占比为25%；乡镇临聘教师5人，占比为6%。

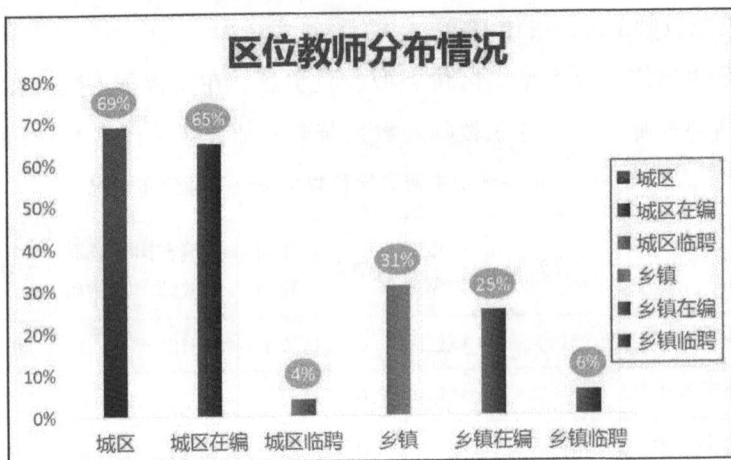

图1-1 区位教师分布情况

3.教师年级分布情况

由统计数据可知（图1-2），S市某区义务教育初中阶段共有本学科教师85人，其中七年级30人，占比35%；八年级26人，占比31%；九年级29人，占比34%。

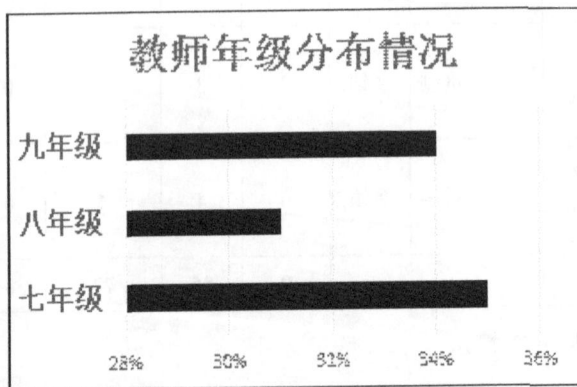

图1-2 教师年级分布情况

4.教师年龄分布情况

由统计数据可知（图1-3），S市某区义务教育初中阶段共有本学科教师85人，其中20—30岁8人，占比10%；31—40岁14人，占比16%；41—50岁48人，占比56%；50岁以上15人，占比18%。可见，S市某区义务教育初中阶段本学科教师41—50岁年龄段的教师比较多，20—40岁的年龄段较少，明显看出S市某区初中阶段本学科教师年龄结构不够合理。

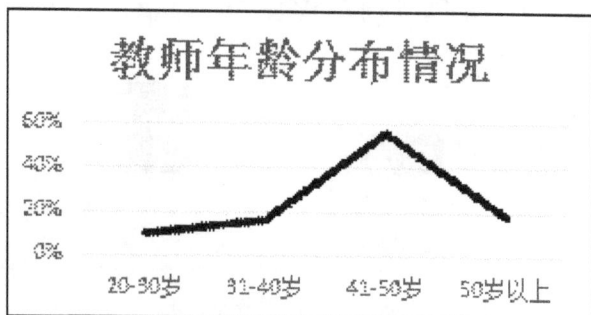

图1-3 教师年龄分布情况

5.教师教龄分布情况

统计数据显示（图1-4），S市某区义务教育初中阶段共有本学科教师85人，其中教龄1—5年8人，占比10%；6—20年22人，占比26%；21—30年42人，占比49%；30年以上13人，占比15%。可见，S市某区义务教育初中阶段本学科教师1—5年的教师占比最小，21—30年教龄的教师为主体力量，占据近一半的人数，明显看出S市某区初中阶段本学科教师师资结构不够合理，青年教师非常缺乏，总体年龄偏大。

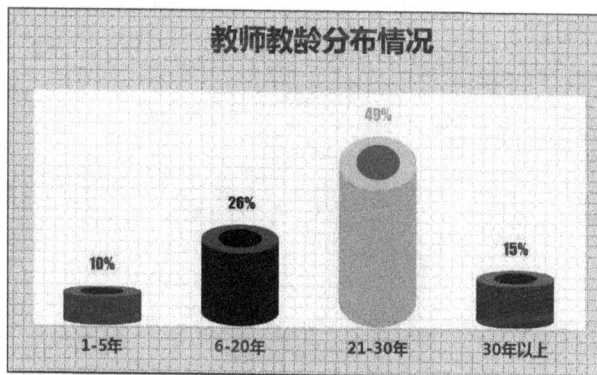

图1-4 教师教龄分布情况

6.教师性别分布情况

统计数据显示（图1-5），S市某区义务教育初中阶段本学科教师队伍中男性28人，占比为33%；女性57人，占比为67%；男女性别比例约为1：2，整体来看，S市某区初中语文教师男女比例失衡情况比较突出。

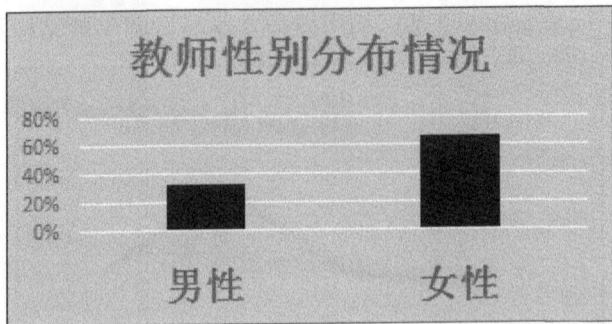

图1-5　教师性别分布情况

7.语文学科教师专兼职情况

统计数据显示（图1-6），S市某区初中本学科共有专职教师84人，其中城区、乡村专职教师分别为58、26，分别占本学科教师比例为68%、31%，初中本学科共有兼职教师1人，占本学科教师比例为1%。其中城区、乡村兼职教师分别为1、0，分别占本学科教师比例为1%、0%。本学科兼课教师6人，兼课达3门以上的0人，占兼课老师的比例为0%；兼课2门以上的1人，占兼课老师的比例为17%，兼课1门以上的5人，占兼课老师的比例为83%。综合看，S市某区初中语文教师兼课情况不突出，与所学专业比较对口。

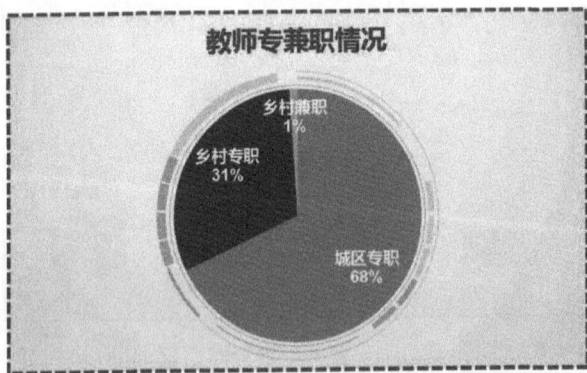

图1-6　语文学科教师专兼职情况

8.语文学科教师学历结构情况

统计数据显示（图1-7），S市某区义务教育初中阶段本学科教师拥有最高学历为研究生的教师数量为1人，占比为1%；拥有最高学历为本科的教师数量为80人，占比为94%；拥有最高学历为专科的教师数量为4人，占比为5%；拥有最高学历为高中的教师数量为0人，占比为0%；拥有最高学历为高中阶段以下的教师数量为0人，占比为0%。综合看，S市某区初中语文教师高学历教师人数极少，学历层次有待提高。

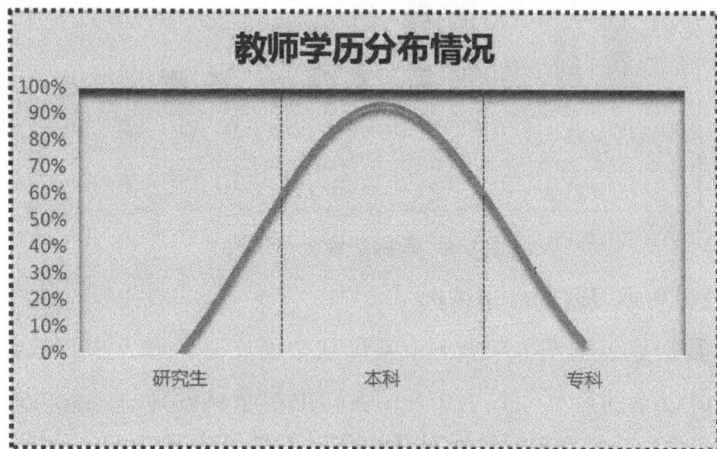

图1-7 语文学科教师学历结构情况

9.教师职称分布情况

统计数据显示（图1-8），S市某区初中语文学科教师中，高级教师人数为20人，占本学科教师总人数24%；一级教师人数为46人，占本学科教师总人数54%；二级教师人数为11人，占本学科教师总人数13%；三级教师人数为0人，占本学科教师总人数0%；无职称教师人数为7人，占本学科教师总人数8%。可见，S市某区初中语文学科教师高级职称的人数较少，一级职称的教师占大多数。

从地区分布看，城区、乡镇高级教师人数分别为17、3，分别占本学科教师总人数20%、4%；城区、乡镇一级教师分别人数为34、12，分别占本学科教师总人数40%、14%；城区、乡镇二级教师人数为5、6，分别占本学科教师总人数6%、7%；城区、乡镇三级教师人数为0、0，分别占本学科教师总人数0%、0%；城区、乡镇无职称教师人数为2、5，分别占本学科教师总人数2%、6%。可见，S市某区初中学科教师职称存在区域差异现象，城区学校教师师资力量明显优于乡镇学校。

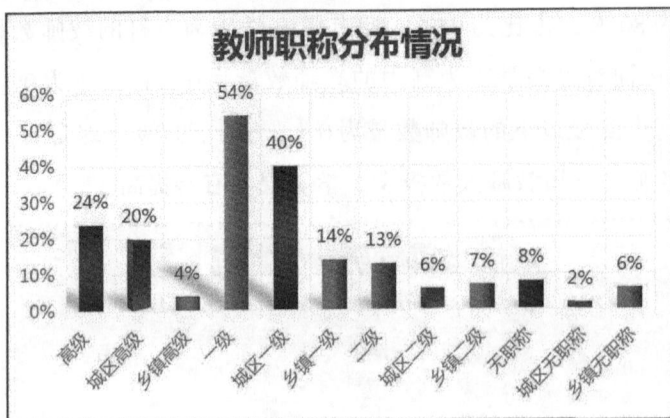

图1-8　教师职称分布情况

10.教师周学习时间分布情况

统计数据显示（图1-9），S市某区初中语文学科教师中，教师周学习时间1小时以下的教师人数为2人，占初中本学科教师总人数2.6%；教师周学习时间1—2小时的教师人数为14人，占初中本学科教师总人数18.18%；教师周学习时间3—6小时的教师人数为30人，占初中本学科教师总人数38.96%；教师周学习时间7—10小时的教师人数为17人，占初中本学科教师总人数22.08%；教师周学习时间10小时以上的教师人数为14人，占初中本学科教师总人数18.18%。可见，S市某区初中语文学科教师每周进行7小时以上自主学习的人数较少，大多数教师学习时间不足。

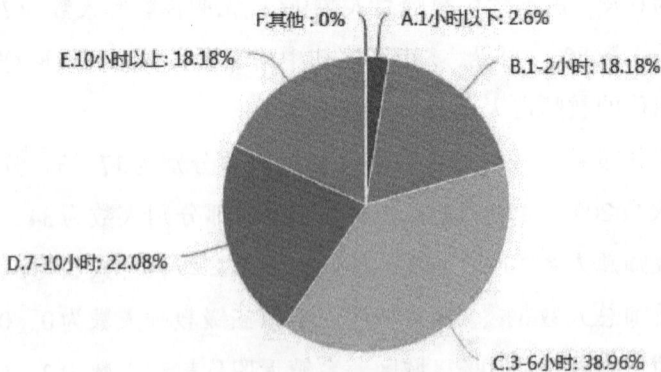

图1-9　教师周学习时间分布情况

（二）初中语文教师需求分析

1.教师参加培训次数分布情况

统计数据显示（图1-10），S市某区初中语文学科教师中，每年参加培训的次数为0次的教师人数为7人，占初中本学科教师总人数9.09%；每年参加培训的次数为1次的教师人数为4人，占初中本学科教师总人数5.19%；每年参加培训的次数为2次的教师人数为13人，占初中本学科教师总人数16.88%；每年参加培训的次数为3次的教师人数为25人，占初中本学科教师总人数32.47%；每年参加培训的次数为4次的教师人数为9人，占初中本学科教师总人数11.69%。每年参加培训的次数为5次的教师人数为4人，占初中本学科教师总人数5.19%。每年参加培训的次数为5次以上的教师人数为12人，占初中本学科教师总人数15.58%。

可见，S市某区初中语文学科教师每年参加培训的次数和人数都较少，大多数教师参加培训学习的需求得不到满足。

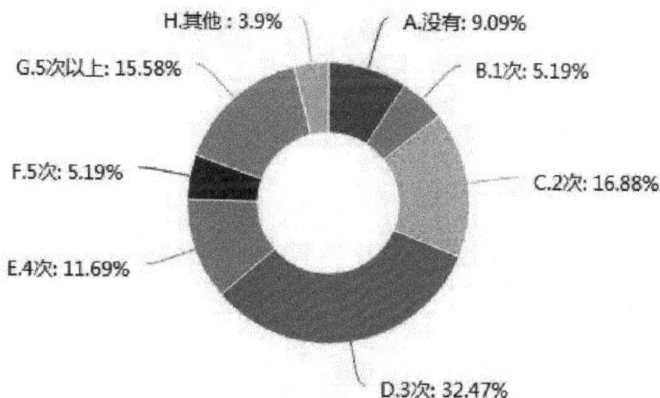

图1-10　教师参加培训次数分布情况

2.教师的专业发展定位

统计数据显示（图1-11），S市某区初中语文学科教师中，选择从未考虑的教师人数为3人，占初中本学科教师总人数3.9%；选择成为一名合格的语文教师的教师人数为30人，占初中本学科教师总人数38.96%；选择成为一名语文教学能手的教师人数为38人，占初中本学科教师总人数

49.35%；选择成为一名语文学科专家的教师人数为6人，占初中本学科教师总人数7.79%。

可见，S市某区初中语文学科教师中选择成为一名合格的语文教师和一名语文教学能手的教师人数都较多，大多数教师对专业发展的需求比较迫切。在调研中，教师们提出：应该加大力度促进教师专业化发展，只有建设一批具有较高专业素质的教师队伍，才能真正提高教学质量，才能培养出高素质的人才。但是，目前，大多数教师对自身的专业化发展不太满意，只有少数教师表示对自己的专业发展有明确的目标和规划；部分教师考虑过，但没有具体目标和规划；部分教师根本没有考虑过这个问题。可见，教师们普遍认为加强教师专业化培训是必要的，但只有少数教师制定出了个人发展规划。而大部分教师虽然有意识，但因为种种原因没有付出实际行动。还有少部分教师没有考虑过此类问题，期望通过培训能够激发起这部分教师的学习兴趣，使他们尽快制定出适合自身专业化发展的规划，并付诸实施，尽快提高自己的专业化水平。

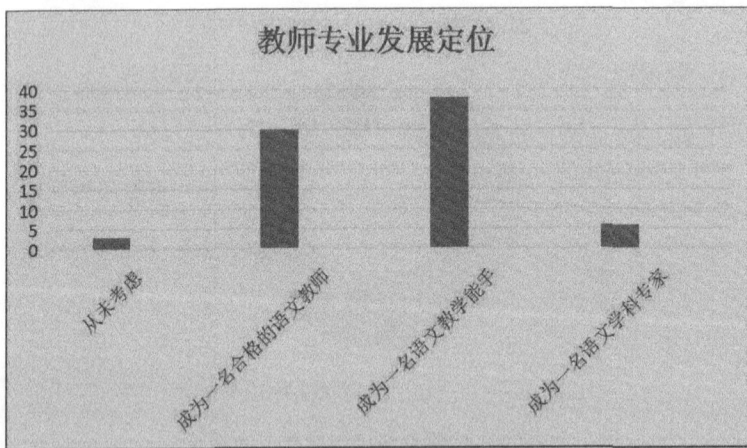

图1-11　教师的专业发展定位

3.最需要的语文学科培训专题

统计数据显示（图1-12），S市某区初中语文学科教师最需要的语文学科培训专题，选择写作教学专题的教师人数为25人，占初中本学科教师总人数32.47%；选择整本书阅读教学专题的教师人数为18人，占初中本学科教师总人数23.38%；选择语文教学论文撰写与课题研究专题的教师人数为15人，占初中本学科教师总人数19.48%；选择阅读教学专题的教师人数为13人，占初中本学科教师总人数16.88%；选择文言文教学专题的教师人数为4人，占初中本学科教师总人数5.19%；选择语文中考复习专题的教师人数为1人，占初中本学科教师总人数1.3%。

可见，S市某区初中语文学科教师最需要的语文学科培训专题主要以写作教学专题、整本书阅读教学专题、语文教学论文撰写与课题研究专题为主。在调研中，对于培训的内容，教师们提出：希望专家能结合教材对新课程标准进行深入解读；希望能进一步提高自己的现代教育技术水平，学习多媒体课件制作的技巧与方法，学习如何利用网络资源辅助教学等；希望进一步明确在语文教学中如何落实新课程的"三维"目标、如何处理"三维"目标之间的关系问题；希望就新课程背景下如何处理教材与课堂组织结构的关系等问题进行有针对性的探讨；希望专家们能够对基层教师如何做研究进行指导与帮助。另外，还有部分教师希望在接受培训期间，能够就初中语文教学中练习及考试的命题问题、提高学生的学习兴趣问题、提高课堂教学艺术问题、怎样实现语文教学工具性与人文性的统一等问题进行学习。

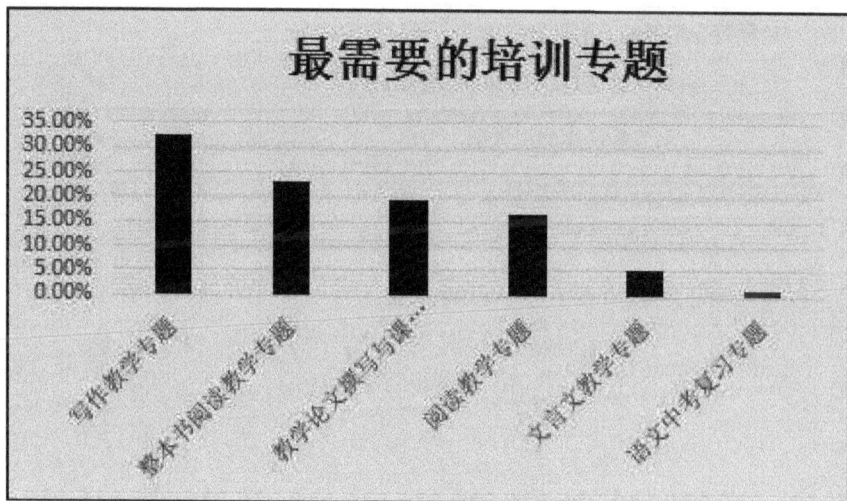

图1-12　最需要的语文学科培训专题

4.最喜欢的培训方式

统计数据显示（表1-2），通过排序，S市某区初中语文学科教师选择最喜欢的培训方式，依次为：观摩名师课堂的教学实践型、案例评析的参与式培训型、同行介绍经验及教学展示的共同研讨型、与培训师研讨互动的交流对话型、专题讲座的报告型、教育故事型、在培训师的指导下自学—反思型、在培训师的指导下进行课题研究型、网络研修。

可见，培训方式应突出实践性、参与性与互动性。在调研中，教师们提出：希望培训能够理论联系实际，多一些案例展示和分析，少一些理论传授；希望与专家零距离接触，在现场或讲座后开设座谈会，直接就自己的困惑或需求与专家探讨、交流；希望培训机构能够搭建平台，进行优秀教学成果展示，与同行进行经验交流，共同探讨教育教学重点、难点问题；希望专家讲座、观摩课、交流研讨能够结合起来。另外，有的教师希望组织参观重点学校，实地调研，吸取优秀经验。

表1-2　最喜欢的培训方式

选项	平均综合得分
C.观摩名师课堂的教学实践型	7.36
D.案例评析的参与式培训型	5.01
E.同行介绍经验及教学展示的共同研讨型	4.19
B.与培训师研讨互动的交流对话型	3.73
A.专题讲座的报告型	3.19
F.教育故事型	2.52
G.在培训师的指导下自学—反思型	2.14
H.在培训师的指导下进行课题研究型	1.58
I.网络研修	1.19

（三）语文教师专业发展存在问题

1.教学理念

教学理念问题表现在：未能深入理解《义务教育语文课程标准》（2011版）理念及语文课程的逻辑体系和本质，对现代教育的特点和课堂教学改革趋势认识不足，课堂教学未能根据核心素养理念转变教学理念，忽视对学生的思维能力、实践能力的培养，未能以学生为学习主体地位，不够注重学生的长远发展。

教学理念问题产生的原因：

（1）教师的培训需求未得到充分满足，学科培训缺乏系统性和针对性，培训内容偏重理论知识，实践操练不足，培训方式比较单一，导致难以通过培训达到更新教师教学理念的效果。在调研中，教师表达的培训需求较为强烈。调查结果显示（图1-13），关于"在中学语文教育方面，我最需要的培训内容"的选择第一位的是"语文教育理念、观念的引领"。

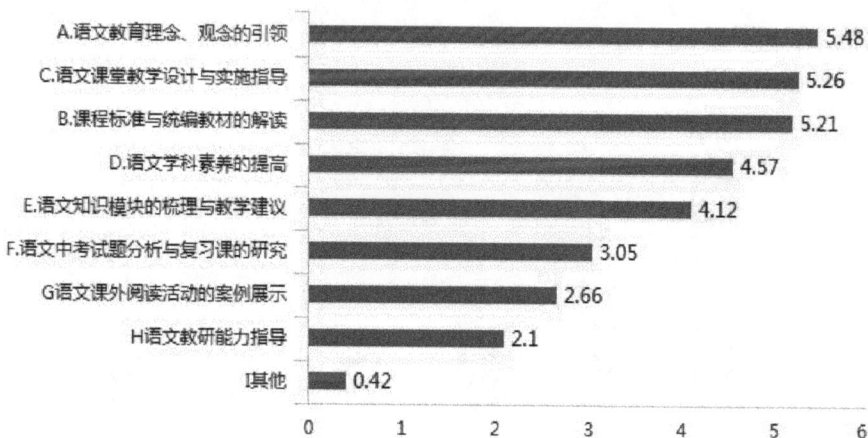

图1-13　教师最需要的培训内容

教师自主学习动力不足。一方面教学任务繁重，学习时间不足，从调查问卷教师在"每周用于学习的时间"的回答来看，20.78%的老师每周学习时间只有2小时以下，每周学习时间10小时以上的只有18.18%。造成阅读量少，阅读面窄。另一方面存在普遍的职业倦怠现象，调查结果显示

（表1-3），"在语文教师职业发展和专业成长中存在的不足之处"最突出的体现是"对课堂教学模式的改革缺乏探索实践"，说明很多教师满足于常规的课堂教学要求，缺乏探索实践的专业发展动力。

表1-3　在语文教师职业发展和专业成长中存在的不足之处

A.存在职业倦怠感	12		15.58%
B.对新教育理念和统编教材的观念不熟悉	16		20.78%
C.语文教学理论知识不够系统	13		16.88%
D.对课堂教学模式的改革缺乏探索实践	28		36.36%
E.语文教学研究目标不明确,缺乏进行深入研究的能力	8		10.39%

（2）教学研究能力不足，教学反思能力比较弱，学校教研机制不够完善。调查结果显示（图1-14），近三年发表或获奖的论文和县级以上课题立项的数量为0的教师占48.05%，有47.53%的语文教师没有主持和参与过教育教学课题研究，反映了他们比较缺乏科研能力，导致对新课标理念的研究无法深入。

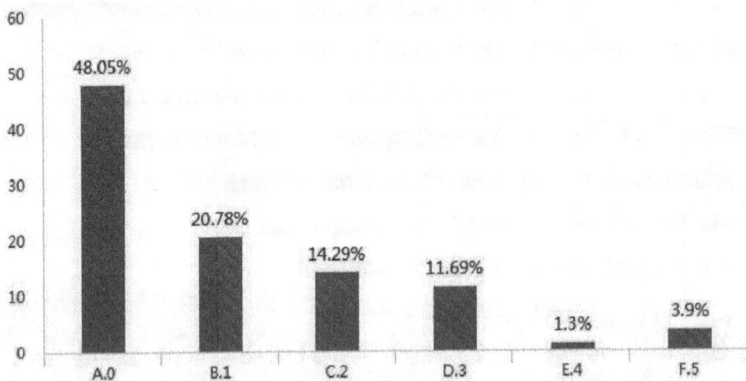

图1-14　近三年发表或获奖论文和县级以上课题立项

2.教学设计

教学设计问题表现在：教师用新课改理念设计并指导教学实践的能力不足。调查结果显示（表1-4），关于"我比较缺乏的知识"的选择，第一位的是"用新课改理念设计并指导教学实践的能力"。教学内容未能体现课标要求，教学目标不明确，教学重点难点不够突出，突破阅读教学、作文教学、整本书阅读等教学难点的策略不够明确。

表1-4 教师比较缺乏的知识

A.语文专业新知识	5	6.49%
B.教学理论和新课改理念方面的知识	22	28.57%
C.用新课改理念设计并指导教学实践的能力	28	36.36%
D.计算机基础（文字处理、使用工具软件、录入电子教案等）	4	5.19%
E.网络技术（上网浏览、下载教学资料、网页制作常识等）	5	6.49%
F.多媒体课件制作、网络教学技术等	13	16.88%

教学设计问题产生的原因：

（1）对课标的解读不够深入，无法从课程体系的角度消化教材的理念。调查结果显示（图1-15），对"在初中语文教学中，我感到最大的压力来自于"这个问题的回答排在第一位的是"对初中语文的课程改革、课程标准、统编教材的理解不够透彻"。教学目标缺乏实施路径，教材加工能力不足，导致信息分析整合能力比较缺乏。

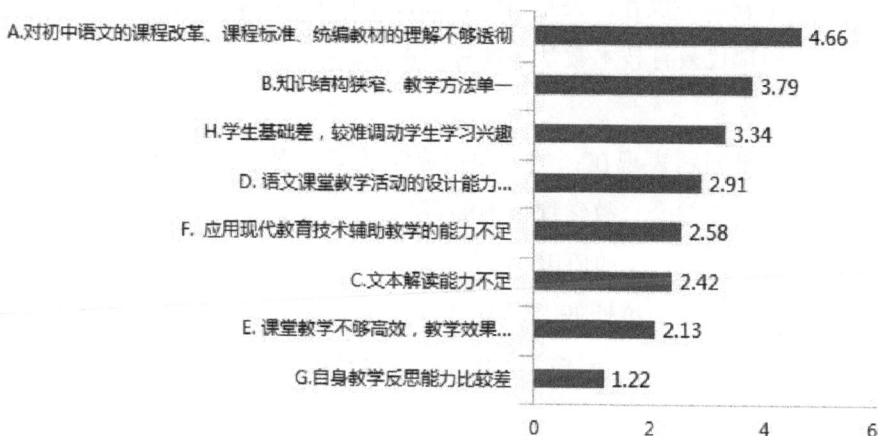

图1-15 语文教学中最大的压力

（2）对如何培养学生的学习能力关注不够充分，平时不重视语文素养的培养，无法有效建构阅读教学课程体系，作文教学策略单一，不能真正提升学生写作能力。

3.教学实施

教学实施问题表现在：未能围绕教学目标有效组织课堂教学，教学策略运用不当，朗读指导不到位。尤其是课堂活动组织探究式学习的效果比较差，未能激发学生的学习积极性，不注重启发学生思维，实现网络信息技术与语文学科课程教学的深度融合存在较大难度。

教学实施问题产生的原因：

（1）教师课堂组织能力不足，学科教学知识比较欠缺，教学方法不够灵活，朗读指导方法不明确。未能根据学习需要和特定学情积极组织小组合作、全班讨论等。教学流程安排未能紧扣知识逻辑和学生认知逻辑，未能体现教学开放性，课堂生成空间有限，课堂教学中的合作学习开展不够高效深入。

（2）教师教学技能有待提升，教学语言不够精练、生动，未能根据学情灵活进行讲解。尤其是新入职的教师对教学技能的掌握不够扎实，未能选择恰当的学习方式针对性地进行教学。

（3）对现代教育技术教学能力的培训不够普及和深入，教师对运用现代教育技术教学手段存在畏难情绪，课件制作简单，或采取简单的拿来主义。学校的现代教育技术教学条件有待提升。

4.教学效果

教学效果问题表现在：学生学业成绩较差，对知识点的掌握不扎实，教学评价机制不健全，教学评价不够科学。

教学效果问题产生的原因：

（1）学生学习积极性低，学习习惯不好。受社会、家庭、自身多方面因素影响，部分学生厌学情况突出，对学习目标的认知不够明确。学习基础薄弱，阅读习惯差。

（2）教师观察与关注个别学生不足，未能引导和帮助学生设计个性化的学习计划，有效激发学生兴趣和学习动机的策略效果不明显。

（3）教师不重视培养学生的主动思考和合作探究能力，能力训练不足，思维能力、阅读能力、写作能力、表达能力的综合训练未能形成体系。尤其是写作教学和整本书阅读教学成为最主要的教学难点，调查结果显示（图1-16），关于"我最需要的语文学科培训专题"的选择前两位的是写作教学专题和整本书阅读教学专题。

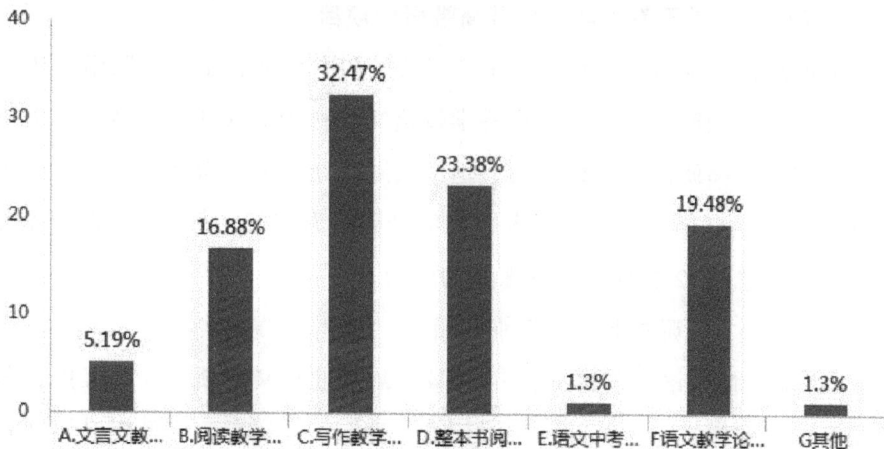

图1-16 教师最需要的语文学科培训专题

四、对策建议与培训规划

（一）培训目标

S市某区初中语文教师队伍的建设要不断更新教学理念，接受先进的教学方法，促进自身的不断发展，坚持终身学习理念，革新教学行为，朝着专业化、信息化、创新化的方向发展，提高语文教学水平和质量，实现区域内基础教育质量的高位均衡发展。为此，教师培训需要依据初中语文教师能力水平差异，进行针对性培训，通过全员培训整体提升S市某区初中语文教师队伍的素质和工作实绩，切实提高教师语文学科教学工作的有效性，增强教师的职业幸福感，进而整体提升S市某区基础教育的质量和水平。

（二）培训内容与方法

依据专业精神、专业知识、专业能力三个培训目标维度开展跨年度递进式培训，根据S市某区教师能力水平分层次组织开展初中语文骨干教师能力提升高端研修项目和初中语文教师成长助力培训项目等。

1.初中语文骨干教师能力提升高端研修项目

采取高校与项目县合作，培养S市某区初中语文骨干教师队伍，为学校开展校本培训锻造骨干。选拔各学校语文学科带头人或骨干教师，采取理论学习、跟岗研修、网络研修、返岗实践相结合的混合研修方式，着重提升骨干教师自身的专业发展水平。项目周期为三年。每年集中培训7天（含跟岗），总共42学时，网络研修30学时。

2.初中语文教师成长助力培训项目

S市某区初中语文教师队伍年龄偏大，通过专家引领，问题聚焦，名校观摩，有效激发中年教师的学习热情，克服职业倦怠，有效提升语文教学教研能力。此外，S市某区部分年轻教师的专业成长缺乏自我规划，专业水平提升缓慢。通过名师引领、课堂实践和教学反思，促进青年教师的专业发展。项目周期为三年。每年集中培训7天（含跟岗），总共42学时，网络研修30学时。

表1-5 初中语文教师成长助力培训项目

培训主题	培训内容	培训天数	培训学时	培训方法
教学理念	初中语文新课标解读	0.5	4	专家讲座、小组讨论、案例分享
	语文教师专业发展规划	0.5	4	专家讲座、小组讨论、案例分享
	初中语文学科知识前沿	0.5	4	专家讲座、小组讨论、案例分享
	语文教师的职业形象	0.5	4	专家讲座、小组讨论、案例分享

培训主题	培训内容	培训天数	培训学时	培训方法
教学实施	语文教学课件设计与应用	0.5	4	专家讲座、小组讨论、案例分享
	语文课堂教学提问的技能	0.5	4	专家讲座、小组讨论、案例分享
	初中语文教学资源的有效整合	0.5	4	专家讲座、小组讨论、案例分享
	课堂教学语言能力提升	0.5	4	专家讲座、小组讨论、案例分享
教学设计	初中语文统编版教材特点	0.5	4	专家讲座、小组讨论、案例分享
	初中语文教材文本解读方法	0.5	4	专家讲座、小组讨论、案例分享
	初中阅读教学策略	0.5	4	专家讲座、小组讨论、案例分享
	初中作文教学设计的方法与范例	0.5	4	专家讲座、小组讨论、案例分享
教学研究	教育科学研究方法	0.5	4	专家讲座、小组讨论、案例分享
	教学反思的方法与过程	0.5	4	专家讲座、小组讨论、案例分享
教学理念	语文素养与教学改革	0.5	4	专家讲座、小组讨论、案例分享
	教学模式的继承与创新	0.5	4	专家讲座、小组讨论、案例分享
	中学生的学习特点分析	0.5	4	专家讲座、小组讨论、案例分享

续　表

培训主题	培训内容	培训天数	培训学时	培训方法
教学理念	学情分析与初中语文教材解读	0.5	4	专家讲座、小组讨论、案例分享
教学实施	利用导学案教学的设计	0.5	4	专家讲座、小组讨论、案例分享
	初中语文课堂学习方式指导技能	0.5	4	专家讲座、小组讨论、案例分享
	语文课堂教学评价的基本方法	0.5	4	专家讲座、小组讨论、案例分享
	语文有效课堂教学的现状与教学策略	0.5	4	专家讲座、小组讨论、案例分享
教学设计	信息技术与初中语文课堂教学的整合	0.5	4	专家讲座、小组讨论、案例分享
	基于探究性学习策略的初中语文教学设计	0.5	4	专家讲座、小组讨论、案例分享
	学生活动设计	0.5	4	专家讲座、小组讨论、案例分享
	不同类型文体的教学设计	0.5	4	专家讲座、小组讨论、案例分享
教学研究	课例研究的理论与方法	0.5	4	专家讲座、小组讨论、案例分享
	校本教研的研究方法与实践策略	0.5	4	专家讲座、小组讨论、案例分享
教学理念	语文教师的专业成长	0.5	4	专家讲座、小组讨论、案例分享
	激发语文学习动机和兴趣的方法	0.5	4	专家讲座、小组讨论、案例分享

培训主题	培训内容	培训天数	培训学时	培训方法
教学理念	初中语文高效课堂教学模式	0.5	4	专家讲座、小组讨论、案例分享
	初中语文课程的演变与发展	0.5	4	专家讲座、小组讨论、案例分享
教学实施	说课、听课、评课	0.5	4	专家讲座、小组讨论、案例分享、现场参观
	试卷命制与分析	0.5	4	专家讲座、小组讨论、案例分享
	初中语文课程资源的开发与利用	0.5	4	专家讲座、小组讨论、案例分享
	有效课堂的评价标准解析	0.5	4	专家讲座、小组讨论、案例分享
教学设计	初中语文教学目标设计技能	0.5	4	专家讲座、小组讨论、案例分享
	初中语文教学内容与过程方法设计能力	0.5	4	专家讲座、小组讨论、案例分享
	初中语文校本课程开发的实践	0.5	4	专家讲座、小组讨论、案例分享
	初中整本书阅读教学指导	0.5	4	专家讲座、小组讨论、案例分享
教学研究	语文教育科研课题申报	0.5	4	专家讲座、小组讨论、案例分享
	个人教学特色提炼与论文写作	0.5	4	专家讲座、小组讨论、案例分享

第二章 初中数学教师专业发展

一、调研背景与目的

1.调研的背景

教师肩负着塑造灵魂、塑造生命、塑造人的时代重任，是教育发展的第一资源。党的十八大以来，以习近平同志为核心的党中央将教师队伍建设摆在突出位置，作出一系列重大决策部署。为贯彻落实《中共中央 国务院关于全面深化新时代教师队伍建设改革的意见》、《教育部关于印发〈幼儿园教师专业标准（试行）〉〈小学教师专业标准（试行）〉和〈中学教师专业标准（试行）〉的通知》（教师〔2012〕1号），广东省关于加强教师队伍建设相关文件的精神，结合S市某区基础教育改革发展的需要，全面了解S市某区小学、中学不同学段（调研分段进行，某学段以下简称"本学科"）分学科（调研分学科进行，某学科以下简称"本学科"）教师专业发展需求，科学统筹和规划S市某区义务教育阶段的教师队伍建设，夯实S市某区教育发展基础，实现S市某区教育特色发展。

2.调研的目的

调研的目标包括了解S市某区义务教育第三学段数学教师专业发展的现状，分析教师专业发展存在问题及其原因，立足于数学教育的改革实践，知悉本学段数学教师专业发展的学习需求，谋求更为合理的培训目标、内容和形式等。基于调研的结果，合理、高效地制定S市某区义务教育第三学段数学教师专业发展三年培训建议，达到促进师资队伍和数学教育事业的持续健康发展的目标。

二、调查过程与方法

（一）调查的过程

12月2日，刘迎春教研员带来S市某区培训团成员——十四中郭志盛，九中张小清、陈月湘，风烈中学李启划和S学院数学与统计学院教师罗静到S市第九中学进行调研，当天上午，六位调研员共同听了曾咏梅老师的"圆的切线长定理"课后，讨论确定评分标准，再分三个小组分别听了老中青代表教师苏是确、曾文浩和赖功武老师的课；下午在录播室进行数学科组全员调研活动，内容包括四位老师进行说课并完成相关量表，完成教师专业发展自我评价表和问卷星上的调研问卷，最后进行访谈，听取老师们对培训的需求和建议。

12月3日刘迎春教研员及龙归中学罗福定，十四中郭新莲、廖晓茵三位老师和S学院数学与统计学院教师罗静到S市龙归中学进行调研，上午听了冯世振、杨新娣、龚国繁老师的课，并进行了课堂观察和评价，课后三位老师逐一说课，并对课堂教学进行自我评价，下午组织全校数学教师围绕专业发展需求和培训建议进行座谈和问卷调查。

（二）调查的方法

本研究采用质性为主量化为辅的研究策略。本研究的开展不能纯粹遵循量化研究的范式，然而量化研究具有不可忽略的优势，因此本研究拟采用质性为主量化为辅的混合研究范式。"质的研究将研究者作为研究的工具，强调研究者个人的独特性和唯一性"，量的研究意义上的"信度"概念不符合质的研究的实际情况，所以本研究不讨论信度的问题。有效度地研究具体表现包括：资料收集的妥适程度，结论能够准确反映和呈现真实世界的研究结果。

访谈法是质的研究中最重要的收集资料的方法。本研究在前三个阶段都应用了访谈法，为强化研究效度，整个过程秉持谨慎的态度，在条件允许的情况下，做好录音，反复阅读文本数据，对个别疑虑之处再次咨询受访者，必要时接受专家论证。研究中由样本学校教师副校长牵头组织本学段本学科（分年级）教师进行自我评价，要着重说明本学段本学科教师在教育教学方面存在的不足和问题。

个案研究具有集中性、深入性和具体性的基本特点，对于有效揭示问题的内在本质和为其他案例提供有益启示方面具有重要的意义。在个案研究中，研究者将在真实教学环境中对实习数学教师的备课、听评课、上课进行观看和倾听。调研需要深入小学、中学本学科教师课堂进行听课，要求老、中、青不同年龄阶段，城区、郊区不同区位学校教师的课至少分别听1次。

实物分析法作为质的研究的一种资料形式，可以丰富分析的视角。在研究过程中，对中学统一考试资料（如统考试题）、测试资料、考核资料、义务教育质量监测报告等进行分析，充分挖掘S市某区中小学本学段本学科教师在教育教学中存在的不足。

自我报告法是个体对题目作出反应，这些题目显示出个体的个性、自我观念、学习方式等方面的情况。它不要求个体作出表现，而要求显示是否具有题目中所提到的特点、想法和感受。运用问卷星的形式收集资料，给予数学教师足够的时间，有利于他们敞开心扉完成报告。

三、现状与问题

（一）样本特征

S市某区教师发展中心为了进一步推进义务教育阶段教育质量均衡优质发展，整体提升S市某区义务教育阶段教育质量水平，教育主管部门决定以教师队伍建设为抓手，委托S学院省级中小学教师发展中心组织研究团队，于2020年12月3—12日对S市某区义务教育阶段学校采用实地调研和网络问卷相结合的方法，对S市某区2所义务教育阶段学校进行了现场调查（包括听课、说课和访谈）、8所学校进行了全员网络问卷调查，回收有效问卷79份。

1.城乡分布情况

S市某区行政区域管辖范围为"5个镇2个街"，即龙归镇、江湾镇、重阳镇、西联镇、西河镇和新华街道办事处、惠民街道办事处，以及88个村（居）委会。S市某区现共有初级中学8所。

表2-1 S市某区中学数学教师情况

序号	学段	单位名称	办学类型	城乡类型	问卷教师人数
1	初中	S市某区重阳学校	九年一贯制学校	镇区	3
2		S市某区西河学校	九年一贯制学校	乡村	3
3		S市第十五中学	初级中学	城区	12
4		S市第十四中学	初级中学	城区	16
5		S市某区龙归中学	初级中学	镇区	15
6		S市风烈中学	初级中学	城区	8
7		S市第九中学	初级中学	城区	19
8		S市某区江湾中学	初级中学	镇区	3

S市某区共有专任在岗数学师79人，男女比例为41：38。其教师数量城区有55人，乡镇区有24人，分别占比69%，31%。其中正编教师72人，临编老师7人，临编教师占比9%。

2.学历分布情况

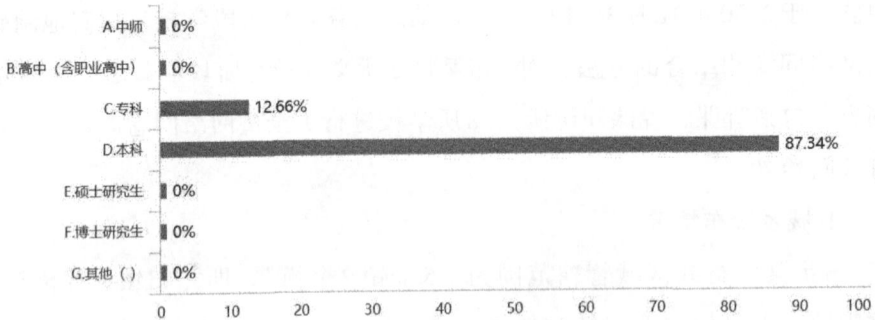

图2-1　学历分布情况

3.大学毕业专业分布情况

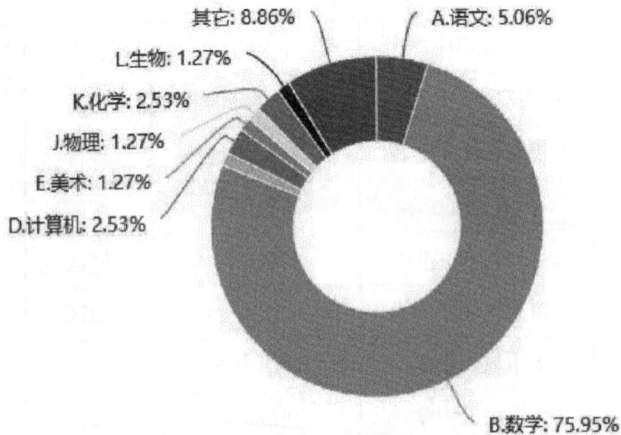

图2-2　大学毕业专业情况

　　S市某区初中数学教师具有本科学历的教师占比87.34%，其余均为专科学历，毕业于数学专业占比75.95%，其中只有1名教师任教科目为信息技术，其余78名均任教数学课。从以上数据可见，学历水平较高，专业对口度较高。

4.职称结构情况

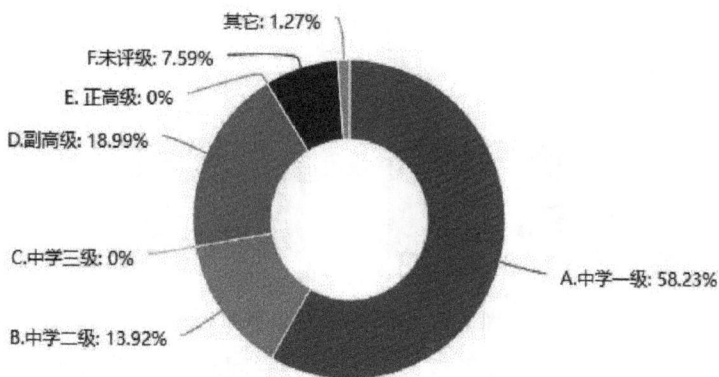

图2-3 职称结构情况

如图 2-3 所示，一级教师与二级教师职称占总人数比例分别为 58.23%、13.92%，高级教师职称占总人数比例为 19%。

5.教龄分布情况

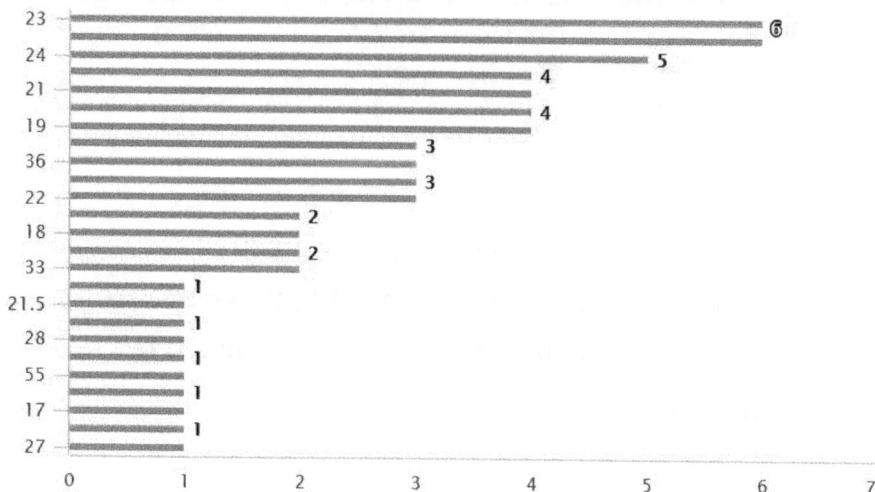

图2-4 教龄分布情况

如图2-4所示，初中数学教师教龄结构不均匀，中老教师较多，年轻教师较少。

6.周学习时间分布图

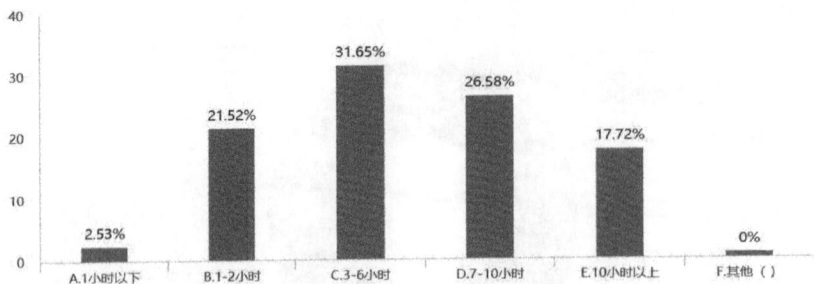

图2-5　周学习时间分布图

如图2-5所示，初中数学教师每周学习时间较长，说明教师自我提升的意愿强烈。

7.每年参加培训次数情况分析

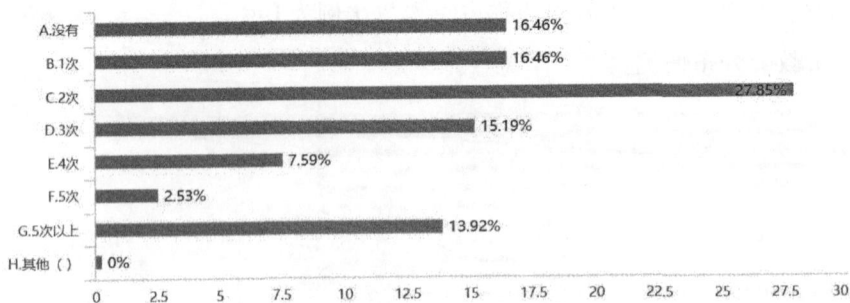

图2-6　每年参加培训次数情况分布图

如图2-6所示，每年参加培训2次的教师占比27.85%，5次以上的占比13.92%，未参加培训的占比16.46%，可见培训资源利用不平衡。

8.荣誉称号分布情况

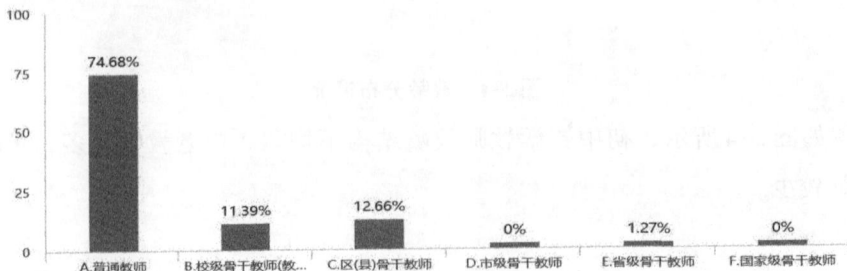

图2-7　荣誉称号分布图

如图 2-7 所示，普通教师占比 74.68%，省级骨干教师 1 人，国家级骨干教师 0 人，可见教师的专业素养有待进一步提升。

（二）教师专业发展存在问题

1.数学教学知识层面情况

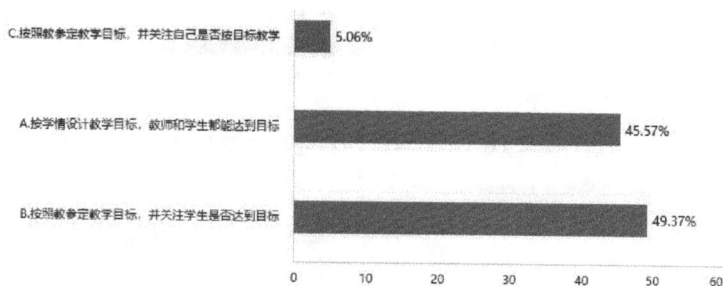

图 2-8 教学目标设计情况

C.按照教参定教学目标，并关注自己是否按目标教学 5.06%

A.按学情设计教学目标，教师和学生都能达到目标 45.57%

B.按照教参定教学目标，并关注学生是否达到目标 49.37%

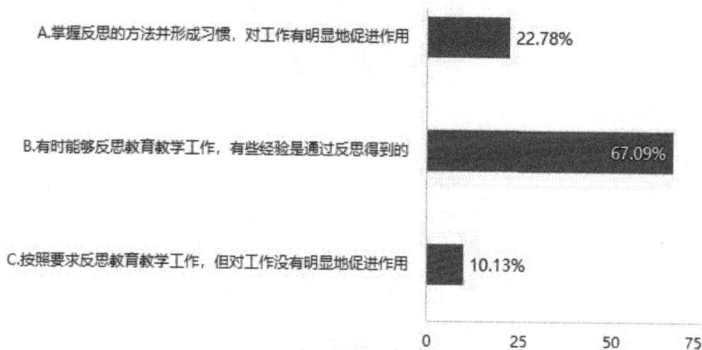

图 2-9 教育教学反思能力自评

A.掌握反思的方法并形成习惯，对工作有明显地促进作用 22.78%

B.有时能够反思教育教学工作，有些经验是通过反思得到的 67.09%

C.按照要求反思教育教学工作，但对工作没有明显地促进作用 10.13%

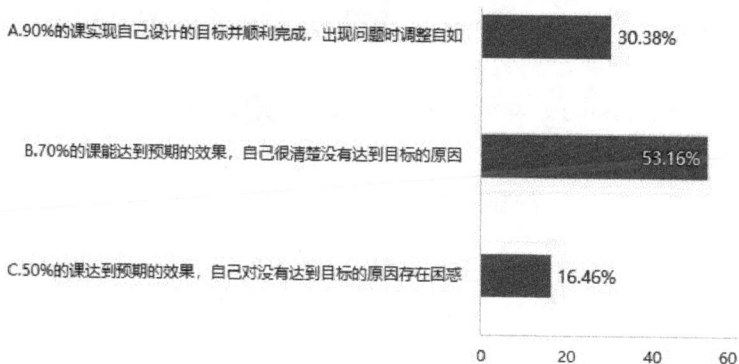

图 2-10 教育教学实施能力自评

A.90%的课实现自己设计的目标并顺利完成，出现问题时调整自如 30.38%

B.70%的课能达到预期的效果，自己很清楚没有达到目标的原因 53.16%

C.50%的课达到预期的效果，自己对没有达到目标的原因存在困惑 16.46%

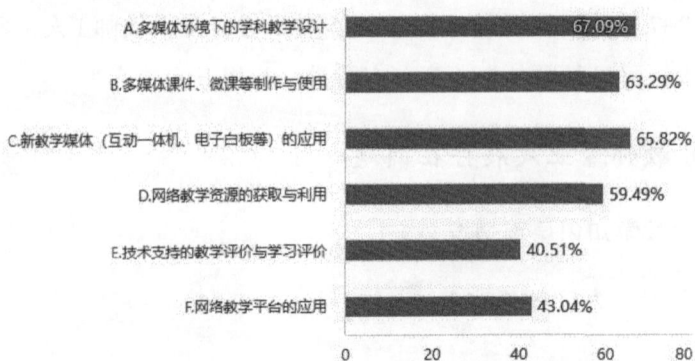

图2-11　信息应用能力提升意向分布

A.多媒体环境下的学科教学设计　67.09%
B.多媒体课件、微课等制作与使用　63.29%
C.新教学媒体（互动一体机、电子白板等）的应用　65.82%
D.网络教学资源的获取与利用　59.49%
E.技术支持的教学评价与学习评价　40.51%
F.网络教学平台的应用　43.04%

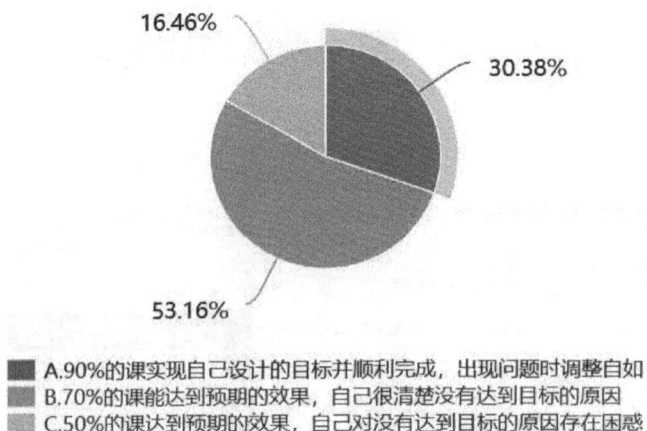

16.46%
30.38%
53.16%

A.90%的课实现自己设计的目标并顺利完成，出现问题时调整自如
B.70%的课能达到预期的效果，自己很清楚没有达到目标的原因
C.50%的课达到预期的效果，自己对没有达到目标的原因存在困惑

图2-12　教学情况自我评价

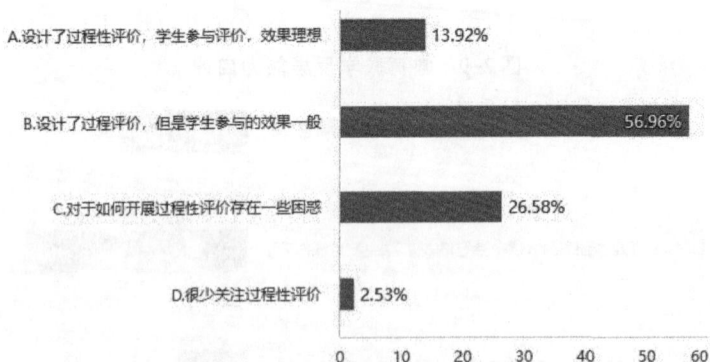

A.设计了过程性评价，学生参与评价，效果理想　13.92%
B.设计了过程评价，但是学生参与的效果一般　56.96%
C.对于如何开展过程性评价存在一些困惑　26.58%
D.很少关注过程性评价　2.53%

图2-13　教学过程性评价应用情况

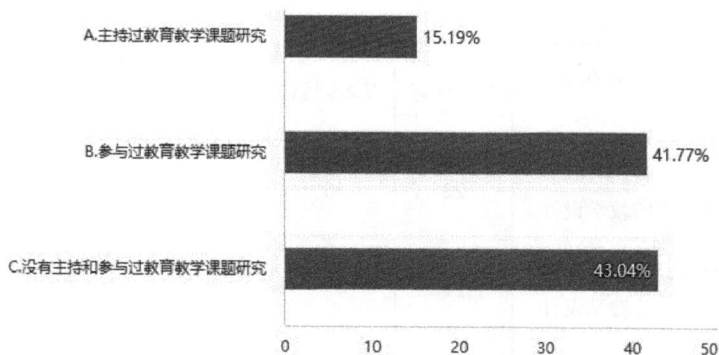

图2-14　教学研究课题申请情况

从上述数据可见，初中数学教师的教学反思和教学实施能力较强，大部分老师能够很好地把握课堂教学效果。但在过程性评价方法的应用和教学课题研究方面存在较大的困难，仅15.19%的教师主持过教育教学课题，43.04%的教师没有参与过课题研究，这与教师课堂教学任务和教学管理任务繁重有一定的关系。基于初中数学教学的特点，如何进行合理有效的过程性评价是教师关注的课题。

2.教师数学知识层面情况

表2-2　初中数学课程四大模块情况

题目 ＼ 选项（人次）	完全同意	基本同意	不确定	基本不同意	完全不同意
对数与代数教学知识有深刻的理解	37	37	4	1	0
对图形与几何教学知识有深刻的理解	33	41	5	0	0
对统计与概率教学知识有深刻的理解	32	43	4	0	0
对综合与实践教学知识有深刻的理解	24	48	7	0	0
对数与代数教学知识能够做出优秀的教学设计	21	44	14	0	0

题目 \ 选项（人次）	完全同意	基本同意	不确定	基本不同意	完全不同意
对图形与几何教学知识能够做出优秀的教学设计	22	46	11	0	0
对统计与概率教学知识能够做出优秀的教学设计	21	47	11	0	0
对综合与实践教学知识能够做出优秀的教学设计	17	48	14	0	0

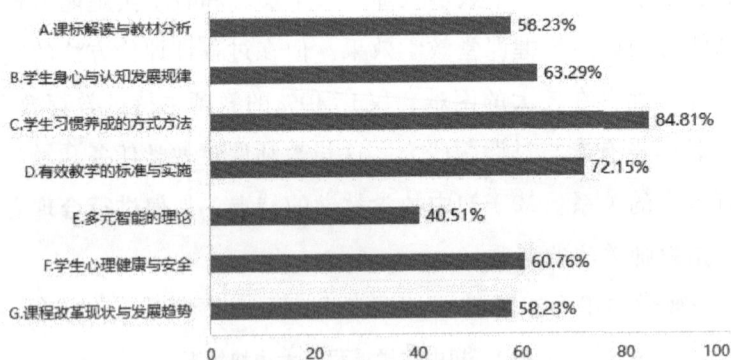

图 2-15　学科专业知识提升意向分布

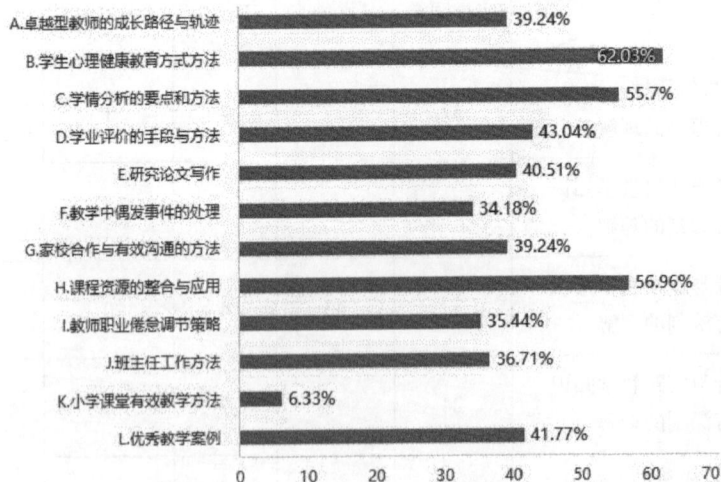

图 2-16　学科专业能力提升意向分布

上述数据表明，S市某区初中教师对数与代数、图形与几何和统计与概率三大模块的知识理解较为透彻，对综合与实践教学知识的理解较为薄弱。可见，教师对传统数学内容和传统课堂教学的知识把握到位，但对活动教学知识内容这一新模块尚需进一步的学习。在学科专业能力提升意向选择中，学生心理健康教育方式方法、研究论文写作、学情分析要点和方法分列前三，可以看出数学教师对学生的关注从学业成绩转向核心素养。

3.其他方面情况

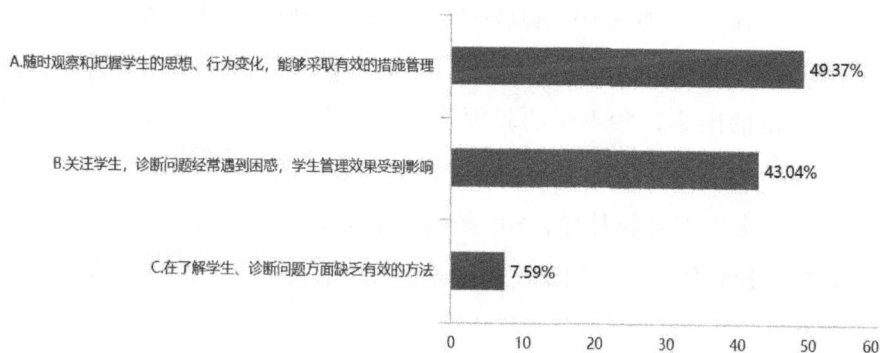

图2-17 与学生沟通能力情况分布

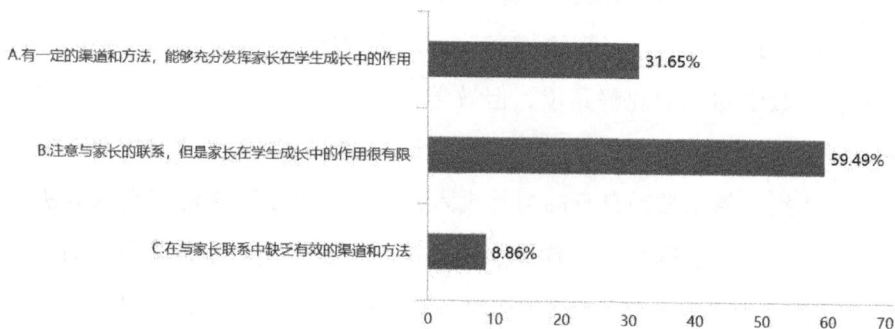

图2-18 与家长沟通能力情况分布

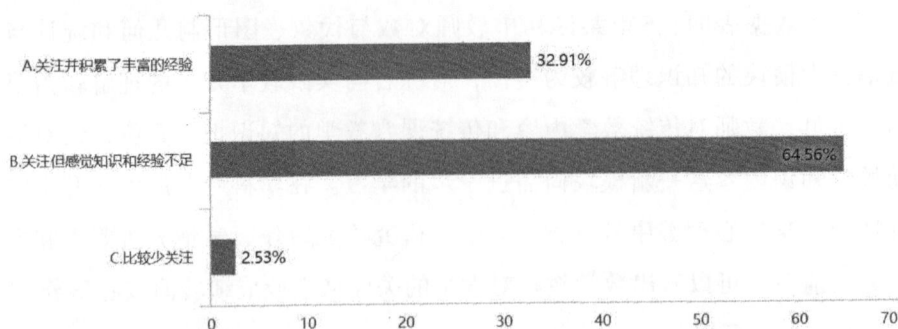

A.关注并积累了丰富的经验　　32.91%

B.关注但感觉知识和经验不足　　64.56%

C.比较少关注　　2.53%

图2-19　学生心理健康与安全教育工作方面能力情况分布

从上述数据可见，S市某区初中数学教师在与学生和家长沟通的过程中存在一定的困难，59.49%的教师认为目前家长在学生成长中的作用有限，64.56%的教师认为在学生心理健康与安全教育工作方面知识和经验不足，现代社会发展日新月异，S市某区初中生总体情况有其特殊性，如何把先进的家校管理理念运用于实际，是教师面临的一个重要的课题。

4.小结

结合本次调研的结果与S市某区初中国家义务教育质量监测结果，S市某区初中数学教师教育教学现状主要存在以下问题：

其一，缺乏应用学习理论提高教学效率的能力。大部分教师教学经验丰富，对数学知识的理解到位，但教学方式传统、单一，以传统的讲授为主，课堂教学缺乏启发式教学与小组讨论，课堂上教师过多地强调知识与技能的传授，忽视教师自身的情感投入，缺乏激发学生学习兴趣的方法。

其二，缺乏创造性应用教材和开发符合本校学生水平的专题课程的能力。在教学过程中，教师注重数学公式、性质、定理等结论的应用教学，而不重视引导学生探究知识的形成过程，不利于学生的学习兴趣和实践能力的培养。

其三，缺乏高效地制作和使用多媒体技术的能力。学校多媒体设备和软件资源丰富，更新换代太快，没有专业的应用指导导致教师需要花大量的时间和精力探索且使用效果不理想．

其四，缺乏职业幸福感和成就感。S市某区的初中尤其是城郊和乡村学校，外出务工人员子女占大比例，课后家校指导工作无法配合，导致教学事倍功半，缺乏理解和支持。

其五，缺乏提高学生学习兴趣的方法和手段。学生普遍认为数学太难，花费大量的时间和精力学习也难取得进步，因此逐步失去学习数学的兴趣，部分学生放弃升学考试从而放弃数学学习。

（三）教师专业发展存在问题及其原因分析

教师的专业化成长不仅在很大程度上受到教育基础设施薄弱、教育资源匮乏、学生学习意愿等客观因素的制约；另外，教师的不同价值取向、人生道路的选择、专业发展意识薄弱也是影响教师专业化成长的重要因素。

1.理想与现实之间的矛盾冲突

大部分教师往往都有着扎实的数学基础和丰富的教学经验，但是时间长了，现实的残酷性也开始摆在了他们的面前。例如，他们所积累的经验和培训学到的教育理念在目前S市某区初中学段的大环境下被视作是不可行的，教师想真正有所体会新理念并将其运用到实际的教学实际中去，但是他们往往会承受现实的压力，他们无力去改变他人，改变学校环境，只能改变他们自身，部分老师渐渐妥协于学校的环境，机械地做着自己分内的事，不去思考如何促成自身发展成为一个优秀的教师。

2.工作挫折感

教师在实际工作中最突出的问题莫过于积累的教学经验在课堂难以发挥作用，要花费较多的时间管理课堂，尤其是担任普通班的教师，学生的学习兴趣不浓，成绩普遍都很低，比如数学科辛辛苦苦教了三年，最终平均分也只有三十多分。每天的工作繁多琐碎，常常焦头烂额，感觉自己的工作做了很多，但是却看不到成效，而且一旦学生在考试中出现成绩偏差就有来自各方的质疑，如果他们无法将挫折化为动力，那么就会开始对工作失去信心，久而久之就可能得过且过。

3.其他因素

除了一些教师个人心理因素之外，一些外部因素也同样在抑制着教师的发展：（1）学校环境：一些城郊地区的办学条件较为落后，优质生源大量外流，所教学生基础差，各方面素质较低，这样，教师缺乏良好的外在环境和必需的资源，给教师的发展带来了一定的困难。（2）培训进修：教师的培训和进修的机会有限，一旦有这样的机会往往需要调课，导致堆积大量教学工作影响正常教学。（3）教师评价：评价教师缺乏宽松、多元、发展性的评价体系，主要是采用量化方式，教师的一切管理行为、教学行为、工作绩效，统统被量化积分，与职称、荣誉、待遇挂钩。（4）教研团队：大部分学校尚未形成教研团队，教研工作未得到有效的指引，教师之间很少深度合作研究，大部分老师都是"单打独斗"，导致工作重复浪费。

四、对策建议与培训规划

（一）培训目标

1.总目标

通过培训，促使广大教师转变教育观念，提高教育教学能力、教育创新能力和教育科研能力，全面提升教师队伍的整体素质，促进教师专业化发展，适应教育改革与发展的需要，努力造就一支师德高尚、业务精良、胜任新课程教学，适应素质教育要求的充满生机活力的教师队伍，为全面提高S市某区的教育教学质量奠定基础。

2.具体目标

（1）提高政治素质和师德修养，自觉全面贯彻党的教育方针，增强责任感和使命感，具有健康的心理和完善的人格，为人师表，成为学生良好的榜样。

（2）深化对新课标和教材的认识，逐步完善对初中数学四个模块的理解更新和拓展学科基础知识和学科前沿知识，了解国际国内教学理论研究动态，熟悉最新成果，了解和掌握相关学科知识，由单一的知识结构逐步向综合全面发展。

（3）更新教育观念，掌握现代教育思想，树立现代教育观念，形成正确的人才观、质量观和学生观，具有创新精神、改革意识、理性态度。

（4）提高实施素质教育的能力和水平，能够用高层次的教学理论指导自己的教育实践，既符合教育教学理论，又有自己的独特创新，形成自己的风格，从而在教学改革中发挥自己的示范、辐射和引领作用，并能成为具有开拓精神的中学学科带头人。

（5）把握基础教育的教育科研动态，提高从事教育教学研究的能力，能主持或独立开展教育科学研究。

（6）掌握现代教育技术，增强现代教育技术与学科教学整合能力；掌握使用计算机、多媒体手段辅助教学的方法，并能带领和指导其他教师运用和实施现代教育方法。

3.分年目标

第一年目标：（1）提升教师对初中数学"数与代数"模块教材解读能力和教学设计水平，能够根据专题学习的内容反思和改进教学，在专家到校阶段实践和打磨符合本校的教学模式。（2）更新现代教育教学理念，教师对数学新课标的理解和把握到位，能够克服课程内容多课时不足，改变存在的传统观念下的思维定式，很好地理解新教材的编写意图，能够帮助学生进行自主探究学习，促进学生创造性和个性的发展。（3）提升数学教学软件的使用能力，教师能够通过常用的教学软件使用提高教学效率，教师能熟练地运用计算机和多媒体手段进行辅助教学，通过培训掌握一定的现代教育技术，提高教育实践技能。

第二年目标：（1）提升教师对初中数学"空间与图形"模块教材解读能力和教学设计水平，能够根据专题学习的内容反思和改进教学，在专家到校阶段实践和打磨符合本校的教学模式。（2）提升数学专业知识和专业技能，教师能发现自身的专业水平和专业能力的不足，能够通过学习交流把握教学目标，面对新教材中增加的新内容，在理解和把握上达到课程标准的要求。（3）提升命题能力和专题设计能力，教师能够应用命题理论进行较深层次的思考，能够应用命题理论设计不同专题的考试时间，应用命题分析相关知识发现学生存在的问题，能组织合理有效的试卷评讲。

第三年目标：（1）提升教师对初中数学"概率与统计"和"实践与应用"模块教材解读能力和教学设计水平，能够根据专题学习的内容反思和改进教学，在专家到校阶段实践和打磨符合本校的教学模式。（2）提高教育学习理论素养，加强教师心理教育培训，掌握当前学生的心理现状，提高掌控学生学习状态能力。教师能够提高理论水平和教育教学能力，提高驾驭课堂和处理课堂学生学习问题的能力，减少课堂教学的盲目性和随意性，提高课堂教学效率，发挥学生的主体性。（3）改进数学教育教学研究能力，教师能发现和解决发生在自己课堂中的教学或教育上的问题，能够理解学生学习困难，能改进教学以及提高教育教学质量。教师能克服对数学教育教学研究存在的畏惧和回避心理，了解数学教育科研动态，能参与数学教育教学研究课题。

（二）培训内容、方法

培训内容包括学习理论、教学设计、教学研究等专题，名师到校指导教学，集中研课磨课，采取专题讲座、案例评析、问题研讨、到校指导教学等形式，由校内外、省内外的知名数学教育专家、教学名师、教授及经验丰富的一线教师授课，帮助学员在师德与专业发展、数学知识、教学研究等方面得到进一步提升。培训的方法包括集中培训、名师到校送培送教和磨课研课。

表2-3 第一年培训计划

培训主题:初中数学"数与代数"模块	
活动时间	活动内容
第一阶段:集中培训 (共2天,周三下午进行)	(1)本模式课程标准的学习与解析,教材的解读,教学重难点的分析 (2)从命题的角度看中考备考 (3)学困生转变策略和案例分析 (4)提高学生学习兴趣的策略和案例分析
第二阶段:送培送教 (共5天)	(1)名师工作室成员到校指导,包括听课、评课、磨课研课、组内同课异构、课件制作、数学软件使用等 (2)每组形成两个优秀课例 (3)教育科研课题指导
第三阶段:磨课研课 (共3天)	(1)各组课例展示与观摩 (2)听课议课 (3)优秀课例磨课 (4)优秀课例展示

表2-4 第二年培训计划

培训主题:初中数学"空间与图形"模块	
活动时间	活动内容
第一阶段:集中培训 (共2天,周三下午进行)	(1)本模式课程标准的学习与解析,教材的解读,教学重难点的分析 (2)单元教学课型设计的研究与实践 (3)基于数学思想方法渗透的教学思考与实践 (4)初中数学复习课设计与实践
第二阶段:送培送教 (共5天)	(1)名师工作室成员到校指导,包括听课、评课、磨课研课、组内同课异构、课件制作、数学软件使用等 (2)每组形成两个优秀课例 (3)单元教学设计指导

第三阶段:磨课研课 （共3天）	(1)各组课例展示与观摩 (2)听课议课 (3)优秀课例磨课 (4)优秀课例展示

表2-5　第三年培训计划

活动时间	活动内容
第一阶段:集中培训 （共2天,周三下午进行）	(1)本模式课程标准的学习与解析,教材的解读,教学重难点的分析 (2)支持学生自主探究的教师"言"与"行" (3)学生数学学习能力的培养探讨与研究 (4)微课的课改实践
第二阶段:送培送教 （共5天）	(1)名师工作室成员到校指导,包括听课、评课、磨课研课、组内同课异构、课件制作、数学软件使用等 (2)每组形成两个优秀课例 (3)校本课程设计指导、微课制作指导
第三阶段:磨课研课 （共3天）	(1)各组课例展示与观摩 (2)听课议课 (3)优秀课例磨课 (4)优秀课例展示

第三章 初中英语教师专业发展

一、调研背景与目的

（一）调研背景

党的十八大以来，以习近平同志为核心的党中央将教师队伍建设摆在突出位置，作出一系列重大决策部署。国务院与教育部先后出台《中共中央国务院关于全面深化新时代教师队伍建设改革的意见》、《教育部关于印发〈幼儿园教师专业标准（试行）〉〈小学教师专业标准（试行）〉和〈中学教师专业标准（试行）〉的通知》（教师〔2012〕1号）等文件，广东省也发布了《中共广东省委广东省政府关于全面深化新时代教师队伍建设改革的实施意见》等文件，以适应教育现代化的需求，造就党和人民满意的高素质专业化创新型教师队伍。S市某区义务教育中学阶段英语学科教师专业发展需求调研正是为了重基层、走一线、分学科响应与落实以上各类文件中的相关要求。

（二）调研目的

此次调研将结合S市某区基础教育改革发展的需要，全面了解S市某区初中英语教师专业发展需求，力求有针对性地创新教育培训方式，提升培训质量，以科学统筹和规划S市某区义务教育阶段的教师队伍建设，夯实S市某区教育发展基础，实现S市某区教育特色发展。

二、调研过程与方法

（一）调研过程

本调研为S市某区教育局与S学院省级中小学教师发展中心联合开展的S市某区中小学分学科教师专业发展需求调研工作的一部分。调研基本流程为：前期协调—深入样本学校—随堂听课—说课评课—座谈交流—全员问卷调查（线上问卷星）。此次调研工作在2020年12月2日至2020年12月8日期间完成。期间调研组向全区所有公立初中英语教师发放了调查问卷（回收有效问卷81份），并且分别对两所样本学校进行了实地调研与课堂教学观摩。

（二）调研方法

本次调研综合采用定性与定量多种方式进行，具体如下：

1.课堂微分析

调研组成员深入两所样本学校对共计8位教师进行听课。两所学校中S市第十四中学为城区学校，西河学校为乡村学校。被听课的教师中包含老、中、青不同阶段的教师，平均教龄为24年，听课年级包含了七年级至九年级的全部3个年级（见表3-1）。调研组使用课堂观察量表（见附件1）对授课教师的教学基本功以及教学技巧进行量化打分。每所样本学校的第一位被听课的教师由调研组所有成员一起听课并相互商讨给出统一的评分标准。调研组听完课后即对授课教师进行访谈。访谈前先由授课教师按照提纲（见附件2）进行5分钟的说课，调研组使用量表（见附件3）对教师的说课表现进行测评，然后再根据课程标准围绕教学理念、教学设计、教学实施、教学效果等对授课教师进行访谈，通过对教师学科教学进行微分析，了解教师学科教育教学中存在的问题。

表3-1　样本学校观摩课教师基本信息

学校	教师	性别	职称	教龄	年级	班级	教学内容
西河学校	XXX1	男	中学高级	27	7	2	Unit 6 Do you like bananas?
	XXX2	女	中学高级	26	8	1	Unit 8 How do you make a banana milk shake?
	XXX3	女	中学高级	36	9	1	Unit 8 It must belong to Carla
S市第十四中学	XXX4	女	中学一级	23	9	6	Unit 8 It must belong to Carla
	XXX5	女	中学一级	16	9	8	Unit 9 It must belong to Carla
	XXX6	女	中学高级	28	8	10	Unit 8 How do you make a banana milk shake?
	XXX7	女	中学一级	21	7	1	Unit 6 Do you like bananas?
	XXX8	女	中学一级	13	7	4	Unit 6 Do you like bananas?

2.自我报告法

由样本学校教学副校长牵头组织学校所有英语学科教师进行自我评价。英语学科教师们主要从学生在课堂学习和评测考试中存在的问题、家长们所反映的学生在英语学习过程中存在的困难以及自己最希望得到学习和提升的需求等三个方面着重说明初中英语学科教师在教育教学方面存在的不足和问题（见附件4）。

3.问卷调查法

为了更加全面地了解区内初中阶段的英语教师的专业发展需求，S市某区教育局协助调研组通过在线形式向区内所有初中英语教师发放了调研问卷，并且要求所有老师填写问卷。问卷内容包含相关人口学信息、培训经历、教学理念、教学设计、教学实施、教学效果、英语专业素质与技能信息等。

4.资料分析法

对初中英语统一考试资料（如统考试题）、测试资料、考核资料、义务教育质量监测报告等进行分析，充分挖掘S市某区初中学科教师在教育教学中存在的不足。

5.数据库分析法

通过对S市某区教师基本信息数据库进行分析等，全面分析本学段本学科教师人口学特征。

三、调研结果分析

（一）人口学分析

1.年龄、教龄分布与性别比例

区内初中英语教师们的平均年龄为43.6岁，年龄最大值为58岁，最小值为22岁，中位数为45岁。如表3-2所示，教师们的教龄与年龄分布也基本一致，平均教龄为22.1年，最高教龄为46年，最低教龄为0.3年，教龄中位数为23年。81位教师当中男性教师12名，占比14.8%；女性教师69名，占比85.19%。

表3-2　S市某区初中英语教师年龄与教龄分布

	平均值	中位数	最大值	最小值
年龄(岁)	43.6	45	58	22
教龄(年)	22.1	23	46	0.3

如图3-1所示，总体来看区内初中英语教师的年龄分布很不理想，区内初中严重缺乏30岁以下的年轻教师，整体来看45岁以下就已经算是该学段英语教师中的"年轻"教师了。从正态性检验结果来看，教师的年龄与教龄分布均不具有正态性特征，但是年龄的偏度（-0.857）明显比教龄的偏度（-0.559）高，说明区内近年来新教师的引进量大幅减少，新生力量的注入不够。区内初中英语教师们的这种年龄分布现状对该学科师资力量的长期与整体发展是很不利的。

年龄（岁）

教龄（年）

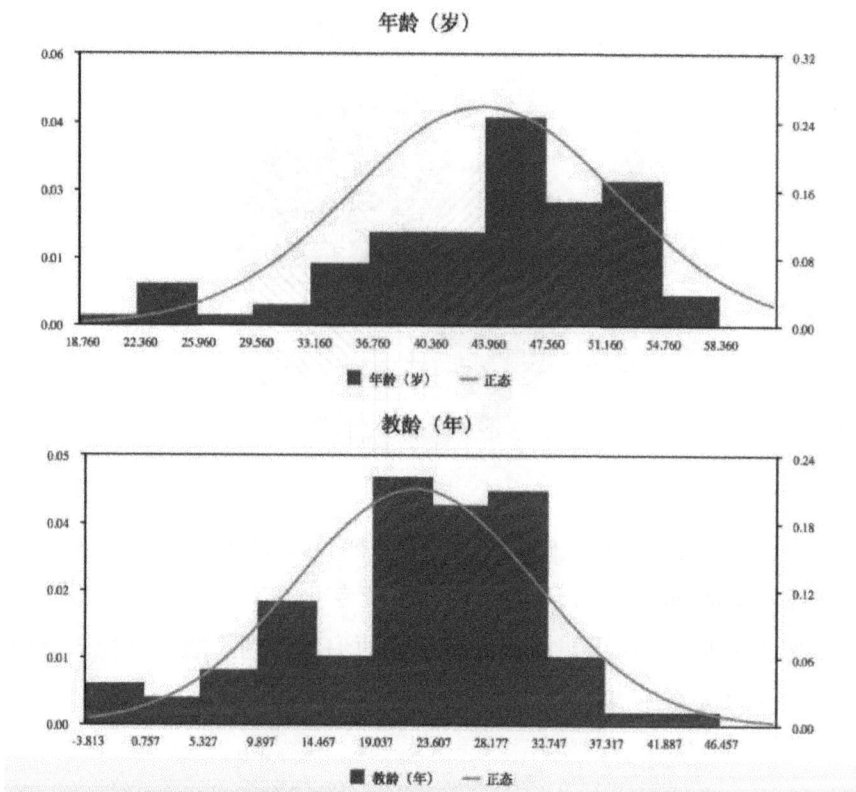

图3-1　S市某区初中英语教师年龄与教龄分布直方图

2.学校分布

区内共有8所公立初中，其中S市第九中学、S市第十四中学和S市第十五中学为城区学校，风烈中学、S市某区龙归中学、S市某区江湾中学、S市某区西河学校和S市某区重阳学校为乡村学校。根据问卷调查数据，如图3-2所示，总体来说城区中学的师资规模相对更大，3所城区学校共有英语教师46名，占比达56.8%。乡村学校中，龙归中学英语学科师资规模最大，拥有17名英语教师，占比21%；风烈中学次之，拥有10名英语教师。而西河学校与重阳学校均只有3名初中英语教师，江湾中学则只有2名英语教师。

(注：其中九中、十四中、十五中为城区学校，城区学校教师占比为56.8%)

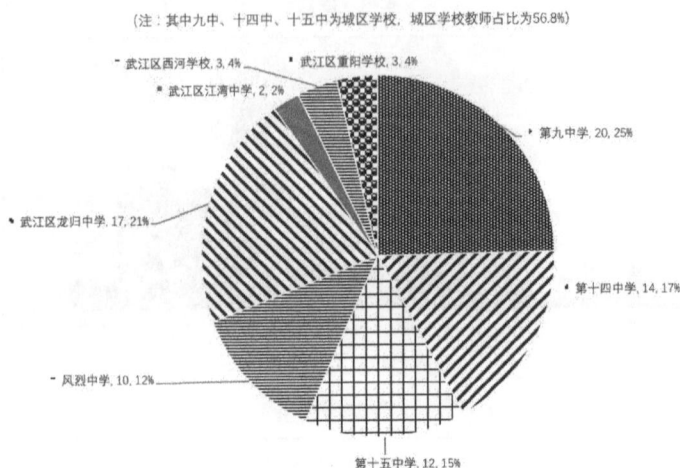

图3-2　S市某区初中英语教师学校分布

3.编制类别、职称结构、学历结构与毕业专业

如图3-3所示，区内初中英语教师们的编制类别、职称结构、学历结构与专业对口率总体情况较好，但也存在一些不足。

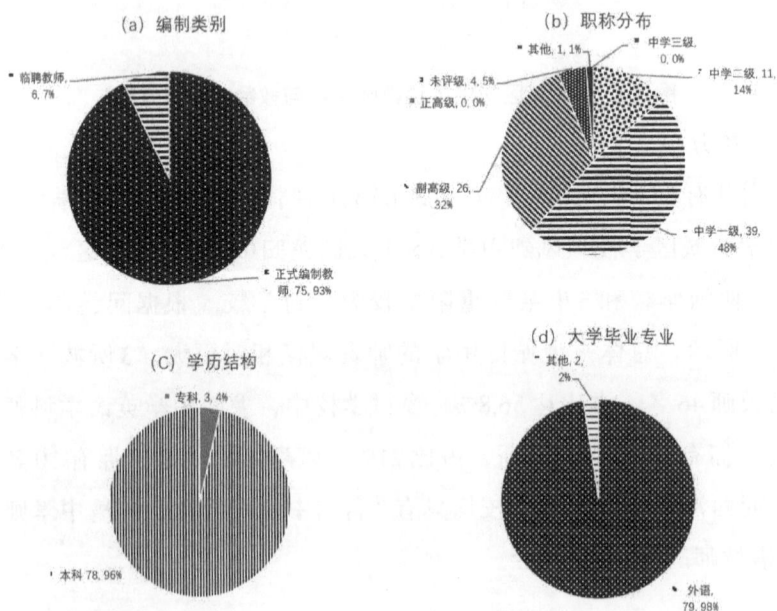

图3-3　S市某区初中英语教师编制类别、职称分布、学历结构与大学毕业专业情况

区内初中英语教师编制结构合理，专业对口率高。教师中93%为正式编制教师，临聘教师仅6人，编制结构较理想。98%的教师大学毕业专业为英语专业，教师专业对口率高。99%的教师评职称的学科也是英语学科。

从职称分布来看，教师中以中学一级教师与副高级教师为主，占比分别达到48.1%和32.1%，另外有13.6%的教师为中学二级教师，4位教师未评级，1位教师参评的是其他系列的职称。区内初中英语教师中暂时没有特级（正高级）教师。

教师们的学历以本科为主。96%的教师拥有本科学位，其余教师则拥有专科学位，但是缺乏硕士研究生及以上的高学历人才。

值得注意的是，教师中不仅缺乏特级教师与高学历人才，在荣誉称号方面，区内初中英语教师中仅有8名为区级骨干教师，在市级骨干教师、省级骨干教师以及国家级骨干教师等荣誉称号数量上均为零。

4.周课时量、周学习时间、年参加培训次数与教育教学研究经历

从周课时量分布来看，如图3-4所示，区内初中英语教师的工作量适中。教师们的平均周课时量为11节（中位数11节，最大值16，最小值5，标准差2.5），60.5%的教师的周课时量在10节至12节之间。但是，除了承担英语学科的教学工作外，有多达45.7%的教师还兼任其他学科的教学或者兼任其他工作。

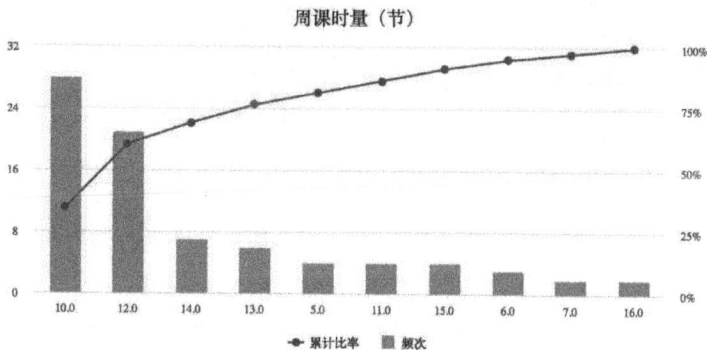

图3-4　S市某区初中英语教师周课时量分布

总体来看，如图3-5所示，区内初中英语教师在英语综合能力方面还有不少提升空间。认为自己英语综合能力"非常好"的教师只有7人（占比9%），认为自己英语综合能力"好"的教师也只有27人（占比33%），多数老师都认为自己的英语能力"还可以"（46人，占比57%），1位老师认为自己的英语综合能力"不太好"。如此看来，加强区内初中英语教师的专业综合能力学习与培训是很有必要的。

区内初中英语教师们的周学习时间整体偏低。42%的教师们周学习时间为3—6个小时；有多达25名教师（占比31%）的周学习时间仅为1—2个小时；有2名老师的周学习时间甚至不足1小时；仅有4名教师的周学习时间能够达到10小时以上（详见图3-5）。

绝大多数（93%）教师每年至少会参加一次培训，但是多数教师每年参加培训的次数不超过3次（详见图3-5），教师们在年参加培训次数上还有改善空间。由于区内的教师培训项目未将临聘教师纳入计划内，没有参加培训的教师人数与临聘教师人数一致（均为6人）。

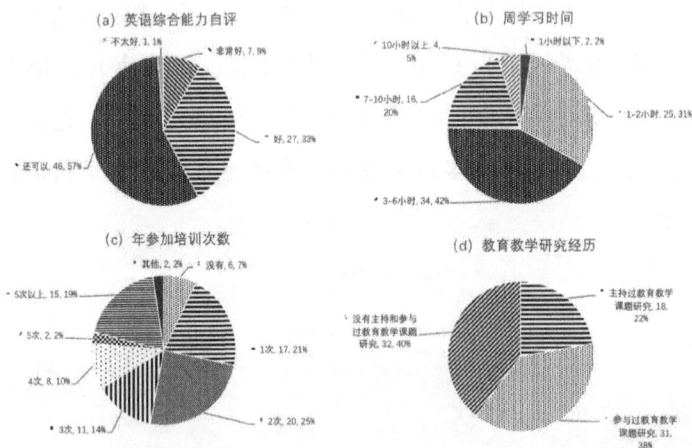

图3-5 S市某区初中英语教师英语综合能力自评、周学习时间、年参加培训次数与教育教学研究经历分布图

多数区内初中英语教师有过主持或参与教育教学课题研究的经历，其中主持过课题研究的教师占比22%，参与过课题研究的教师占比38%。但是仍有40%的教师既没主持过也没参与过教育教学课题研究。

（二）教师专业发展存在问题及其原因分析

1.教学理念

在调研过程中，调研组发现区内多数初中英语教师的教学理念比较传统，教师们普遍关注教学大纲以及学业测试，但在以学生为中心的教学理念方面有待提高。多数教师都能够熟练运用3P，即Presentation（呈现）、Practice（练习）及Production（输出）语言传统教学模式，少部分老师则能够熟练使用任务型教学模式。总体来看，区内初中英语学科教师们在教学理念方面主要存在以下三个问题。

问题一：课堂教学一定程度上偏离以学生为中心的理念

在观摩课调研过程中，调研组发现多数观摩课教师的课堂都很难做到以学生为中心。整体来看，教师们的授课方式以讲授为主，缺乏与学生之间的互动，而且这种情况在高年级的课堂更为突出。在访谈过程中教师们表示，之所以很难与学生之间频繁互动，一是因为不少学生基础太差，互动难度大，二是因为受到学业测试，尤其是中考的压力的影响。为了让部分能够跟上教学进度的学生最大限度地提高成绩，只能够放弃课堂互动，从而将更多的时间放到知识点的灌输上。另外，教师们平均年龄偏大，缺少年轻老师，也是教学理念偏向于传统的重要原因之一。

问题二：多数教师并不能够真正突破传统的3P教学模式走向5P教学模式

新课标对英语课堂教学模式提出了更高更新的要求，教师的教学模式需要从传统的3P模式逐渐走向更加突出学生主体地位的5P，即Preparation（准备）、Presentation（呈现）、Practice（练习）、Production（运用）和Progress（评价）课堂教学模式。通过对两所样本学校的8位教师的课堂教学进行观摩，调研组发现教师们虽然都有向5P模式突破的趋势，但是大家普遍在Preparation（准备）与Progress（评价）两个环节的表现上相对较弱。很少有教师能够向学生清晰地表述教学目的，导入方式一般并不能够激起学生的求知欲望和学习兴趣。不少教师的课堂教学没有评价环节，设计了评价环节的几位教师在该环节的表现也并不理想，并不能够让学生在评价中通过反思而获得进步。在访谈过程中我们发现，多数教师在教学模式方面缺乏指导与培训，从而欠缺在有限的课堂时间内完整地呈现5P教学模式的能力。

问题三：多数教师的课堂教学并没有恰当地融入思政内容

新课标要求教师在课堂上不仅要传授学科知识，同时也要关注学生的情感，让学生在语言学习的过程中利用一切可能的机会培养情感素养，接受品德教育。此次听课过程中只有两位老师在课堂上将教学内容与思政内容很好地进行结合。多数教师完全没有融入思政内容或者融入形式过于简单。

2.教学设计

根据对调研课的课堂实施整体表现、课堂设计与教学技能以及说课与教学效果的评测统计数据，调研组发现，课堂设计与教学技能是调研课教师们相对最弱的环节（详见表3-3）。

表3-3　观摩课教师各项观测数据描述分析

类别	平均值	中位数	标准差	最大值	最小值
课堂实施整体表现	87.250	87.000	3.761	95.000	83.000
课堂设计与教学技能	82.575	83.550	2.809	85.000	77.000
说课与教学效果	86.150	86.500	4.568	92.000	77.000

通过问卷调查、课堂观摩及访谈等形式，调研组发现区内初中英语教师多数人都认真地对待教学设计，但是总体来说教师们教学设计还有不少提升空间。观摩课教师们在课堂设计与教学技能方面扣分多的项目有不少（详见图3-6）。

(注：其中观察项2、3满分为5分，12满分为20分，其余项满分为10分)

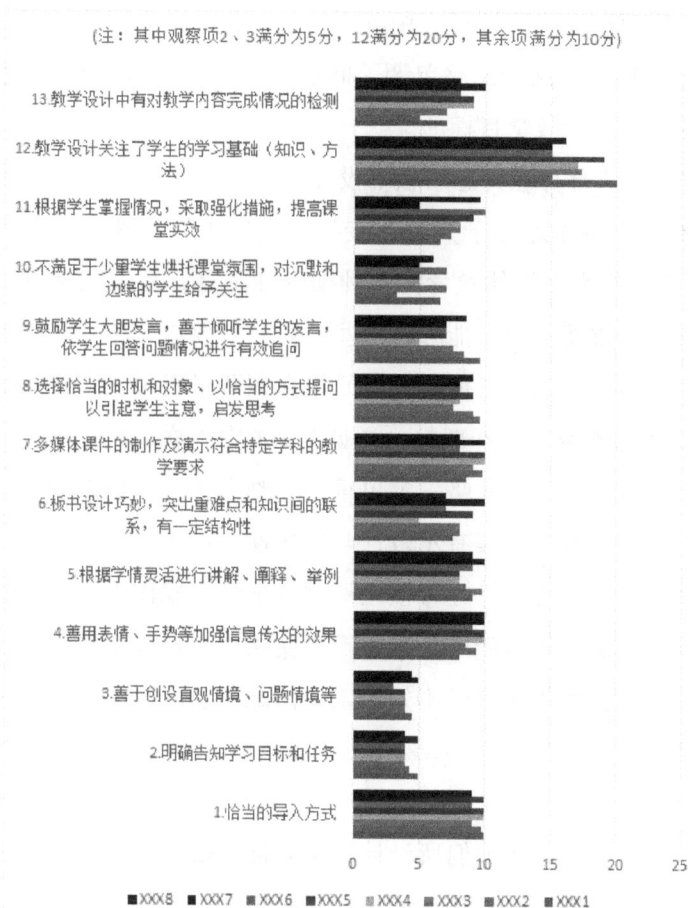

13.教学设计中有对教学内容完成情况的检测

12.教学设计关注了学生的学习基础（知识、方法）

11.根据学生掌握情况，采取强化措施，提高课堂实效

10.不满足于少量学生烘托课堂氛围，对沉默和边缘的学生给予关注

9.鼓励学生大胆发言，善于倾听学生的发言，依学生回答问题情况进行有效追问

8.选择恰当的时机和对象、以恰当的方式提问以引起学生注意，启发思考

7.多媒体课件的制作及演示符合特定学科的教学要求

6.板书设计巧妙，突出重难点和知识间的联系，有一定结构性

5.根据学情灵活进行讲解、阐释、举例

4.善用表情、手势等加强信息传达的效果

3.善于创设直观情境、问题情境等

2.明确告知学习目标和任务

1.恰当的导入方式

■XXX8　■XXX7　■XXX6　■XXX5　■XXX4　■XXX3　■XXX2　■XXX1

图3-6　观摩课教师课堂设计及教学技能观察数据

问题一：教师们在教学设计中的资源整合能力偏低

在互联网与现在教育技术发达的背景下，教师们能够获得大量可用于课堂设计的不同形式的资源。但是在调研过程中不少老师表示，自己虽然参照网上的资源进行教学设计，但是觉得网上的资源量过大，重复率高，风格各异且分布散乱，自己不知道该怎么去整合这些资源并持续、合理地将这些资源用到教学设计中去。问卷调查结果显示，课程资源的整合与应用是教师们最想提升的专业能力（勾选率为55.6%，占比排名并列第一）。有教师表示，由于所教学生学情复杂，网络上的资源筛选难度大，所以不愿意利用网络资源，反而觉得完全靠自己去设计教学难度更低、工作量也

更小。但是调研组在观摩课过程中发现，教师们并没有真正按照学情去设计教学，且一般教学设计思路单调。问卷调查结果显示，43.2%的教师主要是按照教参去设计教学目标的。

问题二：绝大部分教师忽略板书设计

多媒体设备的优点在于其"多变"，缺点也在于"多变"且很容易"变"得太快。作为多媒体教学的一种辅助性工具，板书仍然是展示一节课的结构脉络的重要手段，能够将那些重要且需要以"不变"的形式留下的内容长时间地为学生进行展示。调研组在调研过程中发现观摩课的教师们的板书设计总体表现并不理想（详见图3-6中观察项6）。只有1位教师利用板书展示教学内容的脉络、突出重点与难点等，多数教师在黑板上仅留下了单元标题，板书不具有示范性与趣味性，更不具有启发性。在访谈过程中教师们表示，现在已经习惯性地过分依赖多媒体设备。尤其是当具有触屏书写功能的新版希沃电子白板投入使用后，教师们更容易变得忽略传统板书。部分教师表示自己不知道该如何配合新的电子白板来恰当地进行板书设计。

问题三：课堂游戏设计能力弱

调研组发现观摩课教师们所设计的游戏种类偏少，多数老师的游戏设计仅止步于词汇内容。在访谈过程中有教师表示，希沃电子白板的使用使得游戏环节更加"智能化"，但是教师们习惯了电子白板所提供的游戏平台后，在游戏环节就会变得过于依赖电子白板。教师们对电子白板中的不少游戏功能都不熟悉，且部分教师直接使用平台上别的老师分享的课件，这些课件中所使用的游戏也千篇一律，最为普遍的游戏都是词汇类游戏。诸如"分类游戏PK"等词汇类游戏明显已经不符合初中生的心智发展节奏，显得过于简单、幼稚，但是教师们仍然在使用这些游戏。有教师表示，由于课程安排的时间太紧，自己不愿意在游戏上浪费时间，并且认为设计游戏环节的课堂看似热闹，但实际上学生并不能高效地学到知识。调研组发现，缺少游戏设计的课堂，氛围沉闷，学生们上课积极性不高（详见图3-6中观察项10）。调研组认为，初中英语课堂并不是不需要游戏，而是需要能够结合教学内容且符合中学生心智发展实际的游戏。

3.教学实施

此次调研过程中的观摩课教师们的教学内容基本上都能够体现课标要求，能够围绕目标组织教学，且多数教师都能够调整好自己的情绪和状态，以饱满的精神、稳定的情绪面对学生（详见图3-7）。问卷调查结果显示，在教学实施方面，39.5%的教师表示自己能够做到"90%的课实现自己设计的目标并顺利完成，且出现问题时调整自如"；50.6%的教师认为自己"70%的课能达到预期的效果，且自己很清楚没有达到目标的原因"；9.9%的教师表示自己"50%的课达到预期的效果，且自己对没有达到目标的原因存在困惑"。

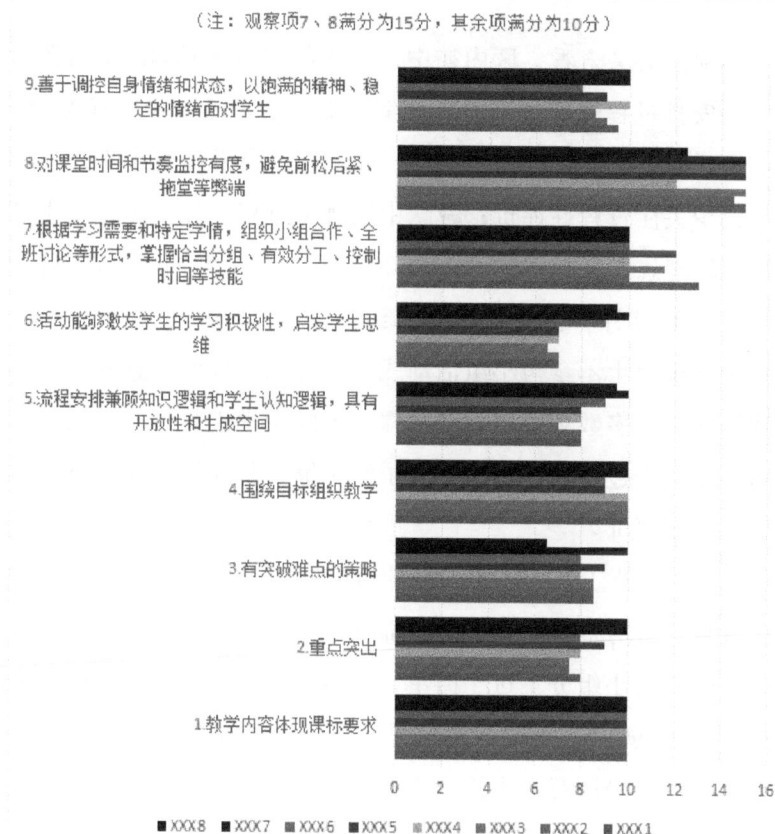

（注：观察项7、8满分为15分，其余项满分为10分）

图3-7 观摩课教师课堂实施整体表现观察数据

但是综合观摩课、访谈以及问卷调查结果来看，教师们的教学实施方面还存在不少问题，其中以下三个问题最为突出。

问题一：授课重点与难点不够突出

调研组在调研过程中发现，多数老师在授课时重点不够突出，且没有恰当的突破难点的策略（详见图3-7中观察项2及观察项3）。不少老师的课堂流程看似紧凑且流畅，但是整堂课上完后，调研组成员感受不到整堂课的重点，且在授课难点上也并没有安排更多的时间或者使用特殊的策略。不少教师在教学过程中遇到难点后不采取特殊策略进行突破，反而是将难点一带而过，以免教学效果受到影响。

问题二：多数教师教学流程中过程性评价效果不佳或者缺少过程性评价

从问卷调查结果来看，区内初中英语教师中有多达48.2%的教师虽然会在教学中安排过程性评价，但是学生的参与效果却一般；有23.5%的教师对于如何开展过程性评价存在困惑，教学设计中无过程性评价；7.5%的教师甚至很少关注过程性评价；教学中安排了过程性评价，且学生参与评价，效果比较理想的教师占比只有21.0%。在课堂观摩期间，调研组发现，多数老师的过程性评价主要体现在小组活动上，缺少对个体的形成性评价，且由于不少学生不参与小组活动或者参与积极性低，这些学生几乎得不到过程性评价。多数观摩课教师的课堂上缺少学生自评。访谈过程中教师们表示自己对于过程性评价的方式了解不够，从而导致在课堂上不能够恰当运用过程性评价。

问题三：小组分工过于简单，缺少讨论形式

此次参与调研的多数观摩课教师都在教学过程中设置了小组竞赛。总体来看，教师们的小组分工过于简单，且多数教师的小组活动效果不理想（详见图7中观察项7）。多数教师都是按照学生的座次进行分组，一般两列为一个小组，全班所有学生被分为三至四个小组。一般教师提问时某组某一同学如果回答或抢答问题正确则小组获得加分。不少教师的课堂小组竞赛实质上成了少数学生的个人竞赛。另外，多数教师的小组活动中没有讨论环节。学生们课后几乎不存在分工明确的小组协作式学习。

4.教学效果

调研组在样本学校听完观摩课教师们的课后会组织他/她们根据所提供的说课大纲进行说课，然后综合授课以及说课的表现对教学整体效果进行评测（评测结果详见图3-8）。

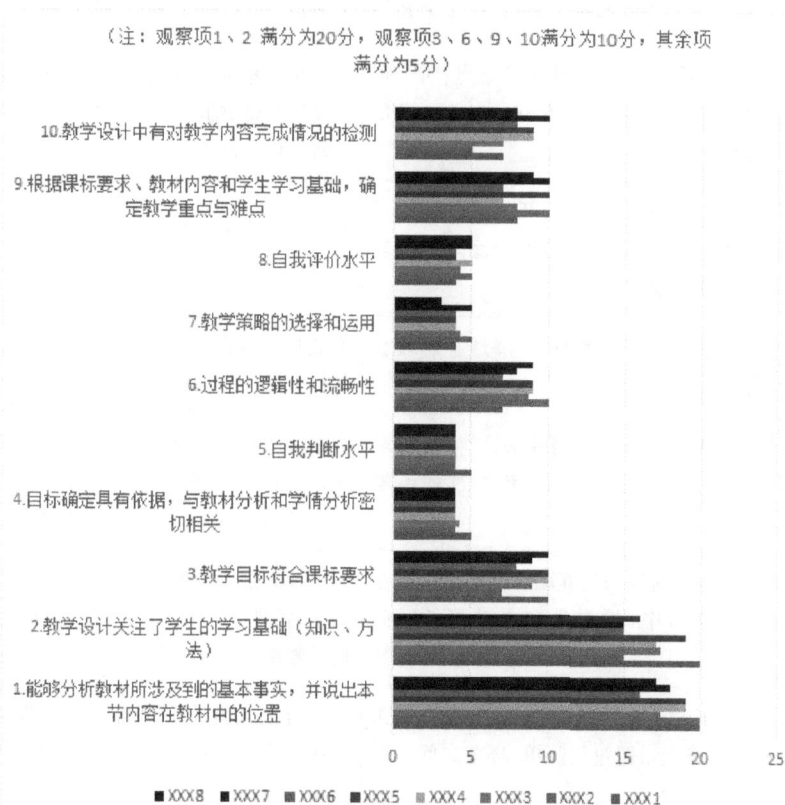

（注：观察项1、2满分为20分，观察项3、6、9、10满分为10分，其余项满分为5分）

图3-8 基于观摩课教师说课表现的教学效果观察数据

在说课结束后，调研组会要求观摩课教师对教学效果进行自我评价，并且说明自己教学中的困惑和需要提高的方面（详见表3-4）。

表3-4 观摩课教师对教学效果的自我评价

教师	本节课最成功的和自己最不满意的地方	自己教学中的困惑和需要提高的方面
XXX1	写作过程中训练到了重点和难点；拓展不够，练习量不够	课程内容安排比较紧；备课和多媒体运用能力需要提高
XXX2	完成了3A、3B、3C三个部分的教学内容；课件不是很熟悉，操练和评价不够	教学如何关照学困生；备课方面的能力需要提高
XXX3	能抓住重点，多种方法突破难点；对个别学生的关注和引导不够，句型练习量不够	学生怕记单词，两极分化明显，年级越高积极性越低；信息技术不够完善，需要提高教学设计能力
XXX4	配合电子白板，利用希沃教学软件作了优秀的教学设计；未照顾边缘学生且软件出现故障	如何应对班上多数学生都是学困生的现状；希望能够调动学生的学习积极性
XXX5	进行了阅读策略的教学，渗透了思政教育；课堂不够活跃	不擅长阅读课型的教学；希望能够多跟名师学习
XXX6	课堂活动达到了预期效果，学生充分掌握了本节课的重难点；教学过程不够流畅	使用希沃白板教学有被牵制及限定的感觉，不如PPT流畅与自由；希望能够更多地提高信息技术辅助教学的能力
XXX7	巧妙的提问技巧与互动方式让大家都参与到学习中；给学生自主学习的时间不够	怎样在有限的课堂教学时间内进行分层教学；需要学习优秀课例帮助自己提高教学效率
XXX8	教会了学生相关阅读技巧；分组竞赛未公布，作业布置过于简单，环节之间不够连贯	对于有很大提升空间的那部分学生，应如何提高他们的成绩；提高英语写作的教学能力

综合观摩课教师的课堂表现、问卷调查、教师自评以及访谈内容来看，区内初中英语教师的课堂教学效果整体良好，但是以下三个突出问题需要引起注意并得到改善或解决。

问题一：高比例的学困生对教学效果负面影响大

在访谈过程中，教师们主动提到的频率最高的问题就是班上英语水平太差且几乎放弃英语学习的学生太多，从而导致整体教学效果受影响。

问卷结果显示，33.3%的老师认为自己按照教参要求教学，会有多达35%的学生不能够掌握教学内容，37%的老师表示50%的学生掌握教学内容存在困难。访谈过程中教师们指出，之所以学困生多，主要是因为生源质量不理想，区内公立初中的生源"都是私立初中挑剩下的"，不论是城区公立初中还是乡村公立初中，生源基本以农民工子女以及留守儿童为主，城区学校前者占比更高，乡村学校则后者占比更高。教师们表示，不少学生不仅在学业上没有信心，在心理健康上也容易出现问题。教师们对待这部分学生特别谨慎，在学业上也不敢给他们施加过多压力，许多情况下甚至只能够放任他们。问卷调查结果显示，在专业能力提升方面，有多达45位老师（占比55.6%）勾选了"学生心理健康教育方式方法"，占比排名并列第一，由此可见区内英语教师们对此问题的关心度与困惑度。

在课堂观摩过程中我们也发现，教师们的扣分项多数也与学困生比例高有关系。从课堂实施来看，授课教师们的教学内容在体现课标要求方面表现都很优秀，基本都能够围绕目标组织教学，课堂节奏与时间把控表现也都较为理想，但是最终的教学效果却不尽如人意。在其中一个样本学校，一位观摩课教师的教学基本功很好，讲解也较为精彩，但是台下居然最多同时有8位学生（占比约三分之一）趴在课桌上睡觉，且多位学生被老师叫起来后很快又重新趴下睡觉。

从观摩课的统计数据来看，学困生影响教学效果在区内是一个普遍性的问题。总体来看，"根据学习需要和特定学情，组织小组合作、全班讨论等形式，掌握恰当分组、有效分工、控制时间等技能"，"流程安排兼顾知识逻辑和学生认知逻辑，具有开放性和生成空间"，"活动能够激发学生的学习积极性，启发学生思维"，"根据学情灵活进行讲解、阐释、举例"，"不满足于少量学生烘托课堂氛围，对沉默和边缘的学生给予关注"，"鼓励学生大胆发言，善于倾听学生的发言，依学生回答问题情况进行有效追问"，"教学设计关注了学生的学习基础（知识、方法）"，"目标确定具有依据，与教材分析和学情分析密切相关"等8项扣分相对严重的观察项都与学困生比例高有较大关系。根据 SPSS 的统计分析结果，如表 3-5 所示，这 8 个观察项的表现与教师的城乡分布、职称以及教龄都未表现出相关关系（p 值均大于 0.05），意味着不论是城区的教师还是乡村的教师，不论是职称高的教师还是职称低的教师，不论教龄高的教师还是教龄低的教师在这些方面都面临同样的困扰。

表 3-5　城乡、职称、教龄和年级分别与受学困生影响的 8 个观察项之间的
Spearman 相关性检测结果

	城乡	职称	教龄	年级
根据学习需要和特定学情，组织小组合作、全班讨论等形式，掌握恰当分组、有效分工、控制时间等技能	-0.477	0.280	0.209	0.065
流程安排兼顾知识逻辑和学生认知逻辑，具有开放性和生成空间	0.652	-0.477	-0.596	-0.709*
活动能够激发学生的学习积极性，启发学生思维	0.624	-0.387	-0.467	-0.670
根据学情灵活进行讲解、阐释、举例	-0.191	0.222	0.033	-0.747*
不满足于少量学生烘托课堂氛围，对沉默和边缘的学生给予关注	0.000	0.295	0.362	-0.061
鼓励学生大胆发言，善于倾听学生的发言，依学生回答问题情况进行有效追问	-0.591	0.477	0.037	-0.632
教学设计关注了学生的学习基础（知识、方法）	-0.279	0.021	0.012	0.185
目标确定具有依据，与教材分析和学情分析密切相关	-0.633	0.490	0.385	-0.305

* $p<0.05$ ** $p<0.01$

值得注意的是，教学年级与其中两个观察项之间存在相关性。教学年级与"流程安排兼顾知识逻辑和学生认知逻辑，具有开放性和生成空间"以及"根据学情灵活进行讲解、阐释、举例"的相关系数分别为 -0.709 和 -0.747（p 值均小于 0.05），线性回归结果显示，将年级作为自变量，本别将这两个观察项作为因变量，前者的模型 R 方值为 0.502（F=6.056，p= 0.049<0.05），意味着年级可以解释"流程安排兼顾知识逻辑和学生认知逻辑，具有开放性和生成空间"的 50.2% 变化原因，回归系数值为 -0.750（t=-2.461，p=0.049<0.05），意味年级会对其产生显著的负向影响关系；后者的模型 R 方值为 0.558（F=7.570，p=0.033<0.05），意味着年级可以解释"根据学情灵活进行讲解、阐释、举例"的 55.8% 变化原因，回归系数值为 -0.583（t=-2.751，p=0.033<0.05），意味着年级会对其产生显著的负向

影响关系。也就是说，教师们在高年级的课堂教学中在流程逻辑性、开放性和生成空间方面以及根据学情灵活进行讲解、阐释、举例方面会面临更加严峻的考验。由此可见，年级越高，学困生影响教学效果的严重程度也变得越高。

问题二：学生词汇量低影响诸多方面的教学效果

在访谈与自评环节，不少教师表示，学生的英语词汇量太低且缺乏记忆单词的技巧，使得教学效果在多方面受到影响。其中影响最明显的方面包括在课堂上浪费大量的时间学习新单词与复习旧单词，学生没有办法听懂英语课堂指令，学生没有办法在规定时间内完成阅读任务，学生在写作方面几乎难以动笔等。在观摩课中调研组注意到，多数教师的词汇教学方式主要依靠反复领读的传统方式。

词汇教学音形分离是区内初中英语教师词汇教学的一个突出问题。问卷调查结果显示40.8%的教师对自然拼读法了解较少，20.1%的教师虽然有较多的了解自然拼读法却很少在教学中使用，6.2%的教师甚至几乎不了解自然拼读法。在课堂观摩过程中，教研组发现没有教师在词汇教学上使用自然拼读法。

问题三：新教学媒体的教学效果展现不够

从教学效果来看，希沃电子白板在整体教学效果提升方面还有很大改善空间。在调研过程中我们发现，区内多数学校的课室都配备了先进的希沃电子白板，但是教师们的教学过程中对于电子白板的功能开发不够。尤其是在互动功能的使用方面，多数教师运用起来并不熟练。一些教师将新版希沃电子白板几乎只当作普通投影仪使用。

访谈过程中不少老师表示，电子白板的许多功能之所以用不起来，主要是因为在配合电子白板设计多媒体课件时存在困难，平时只能够时不时地从网上下载一些现成的课件，但是这些课件多数不符合学情，因此网上搜索资源的积极性也逐渐降低。问卷调查结果也印证了这一情况。如图3-9所示，"多媒体课件、微课等制作与使用""新教学媒体（互动一体机、电子白板等）的应用"以及"网络资源的获取与利用"等都是教师们信息技术应用上最想得到提升的能力。

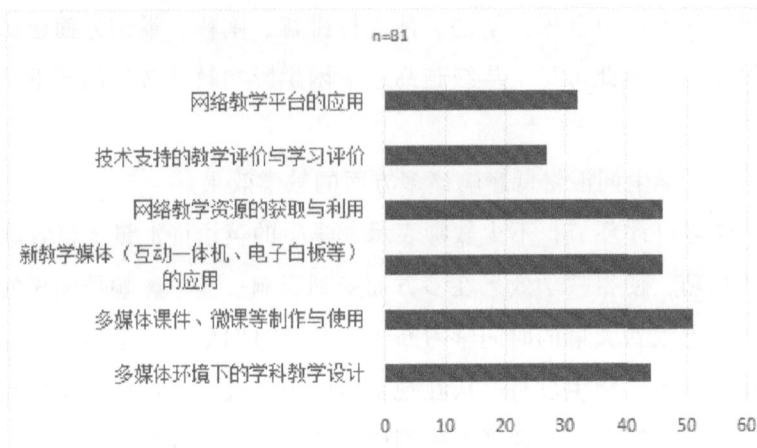

图3-9 信息技术应用能力培训需求分布

四、对策建议与培训规划

(一)培训目标

1.总目标

通过全员培训整体提升S市某区初中英语教师队伍的素质和工作实绩，切实提高教师教育教学工作的有效性，增强教师的职业幸福感，进而整体提升S市某区初中英语教育的质量和水平。

2.具体目标

（1）提升参训初中英语教师应对学困生学习问题的能力；

（2）提高参训初中英语教师对课堂教学有效性的认识，掌握有效教学的各种策略；

（3）提高参训初中英语教师对教材的解读与整合能力，提高课堂教学效率；

（4）提高参训初中英语教师对课堂教学问题的诊断能力，能够从学生学的角度来分析课堂现象，总结、提炼有效的教学策略；

（5）提高参训初中英语教师针对学情设计教学，进行分层教学的能力；

（6）提高参训初中英语教师将思政内容融入课堂的能力；

（7）引领参训初中英语教师正确认识学科价值和教学功能，开阔参训教师的视野，提高参训教师的创新性思维能力；

（8）提升参训初中英语教师的学科教学研究能力，有效促进其专业成长；

（9）提高参训初中英语教师教育信息技术能力，能够将英语学科教学与教育信息技术有机整合。

（10）提高参训初中英语教师组织学生参加英语课外活动的能力。

（二）培训内容、方法

1.培训内容

根据问卷调查与教师自评结果，培训内容应包含以下内容：

学科专业知识：课标解读与教材分析、英语教师课堂口语、英语单词拼读法，初中英语语法教学、初中英语话题教学、初中英语学习动机/学习策略培养、英语课外活动组织与设计。

专业能力：学困生应对方式与策略、初中英语思政融入、课堂有效教学方法与策略、优秀教学案例、卓越型教师的成长路径与轨迹、初中英语课堂分层教学设计、英语课堂过程性评价、初中英语分组分层教学。

信息技术运用：多媒体环境下的学科教学设计、多媒体课及微课等制作与使用、网络教学资源的获取与利用、新教学媒体（互动一体机、电子白板等）的应用、多媒体环境支持下游戏互动设计与使用。

学科教学研究：研究方法与统计分析、课题申报与研究论文写作。

2.培训方法

应当综合运用集中面授、网络研修、师带徒、跟岗学习、教学观摩、专家现场指导以及分组讨论等多种形式。对于乡村学校和教学点，还可以使用送教专题的形式。培训时间方面，应严格落实国家有关教师继续教育的有关规定，充分利用好54学时专业科目的学习机会，集中培训一般3—7天比较适宜，以假期前后为主，不要占用上课时间。

第四章 初中道德与法治教师专业发展

一、调研背景与目的

初中道德与法治是国家义务教育课程方案规定的必修课程，是基础教育课程体系的重要组成部分。教师是教育发展的第一资源，全面了解S市某区义务教育阶段道德与法治学科初中教师专业发展需求，科学统筹和规划S市某区义务教育阶段的道德与法治教师队伍建设，夯实S市某区教育发展基础，实现S市某区教育特色发展。

二、调研过程与方法

1.调研过程

本次调研大致可分为三个阶段：第一阶段，前期准备；第二阶段，实地调研，包括深入样本学校随堂听课、说课评课、座谈交流；第三阶段，全员问卷调查（线上问卷星）。

2.调研方法

本次调研综合采用多种方式进行，具体如下：①课堂微分析。深入初中道德与法治学科教师课堂听课，并做好课堂观察和课堂评量。调研组听完课后即对授课教师进行访谈，先由授课教师按照提纲进行5分钟说课，然后调研组根据道德与法治课程标准围绕教学理念、教学设计、教学实施、教学效果等进行访谈等。②自我报告法。由道德与法治学科教师进行自我评价，着重说明初中道德与法治教师在教育教学方面存在的不足和问题。③数据库分析法。通过对S市某区初中道德与法治学科教师基本信息数据库进行分析等，全面分析初中道德与法治学科教师人口学特征。④问卷调查法。初中道德与法治问卷由S市某区教育局组织在线发放，覆盖S市某区初中道德与法治学科所有教师。

三、调研结果分析

1.教学单位教师分布

道德与法治学科（下称为"本学科"）是按照《教育部关于印发义务教育语文等学科课程标准（2011年版）的通知》（教基二〔2011〕9号）在义务教育中学阶段开设的重要学科。本报告调查S市某区初中道德与法治教学单位8个，共有教师38人。城区教学单位4所，占比为50%；乡镇教学单位4所，占比为50%。城区教师20人，占比为52.63%，农村教师18人，占比为47.36%。男教师13人，占比34.21%；女教师25人，占比65.79%。各教学单位学校类型、区位类型、教师人数等详见表4-1所示。

表4-1　S市某区中学道德与法治学科教学单位教师分布

序号	教学单位	学校类型	区位类型	人数
1	第九中学	中学	城区	6
2	第十四中学	中学	城区	6
3	第十五中学	中学	城区	5
4	风烈中学	中学	城区	3
5	S市某区龙归中学	中学	乡镇	7
6	S市某区江湾中学	中学	乡镇	1
7	S市某区西河学校	中学	乡镇	8
8	S市某区重阳学校	中学	乡镇	2

2.教师荣誉称号

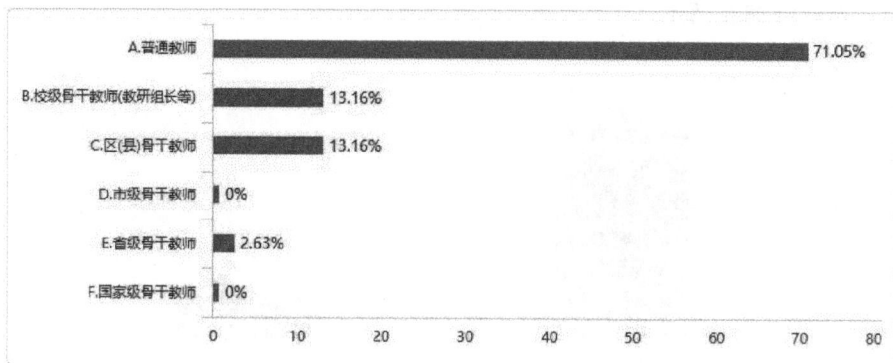

图4-1 教师荣誉称号

统计数据（图4-1）显示，S市某区初中本学科教师中普通教师有27人，占比为71.05%；校级骨干教师5人，占比为13.16%；市级骨干教师5人，占比为13.16%；省级骨干教师1人，占比为2.63%；区级骨干教师、国家级骨干教师0人，占比为0.00%。可见，本学科教师以普通教师为主，具有区（县）骨干教师以上荣誉称号的教师较少。

3.教师兼课情况

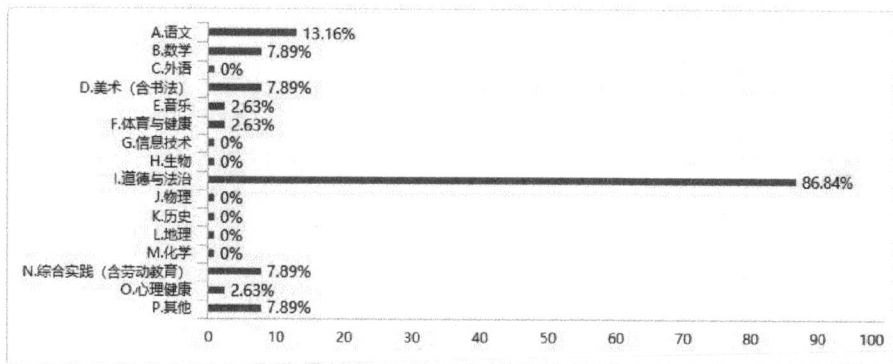

图4-2 教师兼课情况

统计数据（图4-2）显示，S市某区初中本学科教师兼道德与法治课程者为33人，占比为86.84%；兼语文者为5人，占比为13.16%；兼数学、美术者为3人，占比为7.89%。由此可见，S市某区中学本学科教师主要属于兼课教师，同时兼课较多，影响道德与法治专业投入。

4.教师编制情况

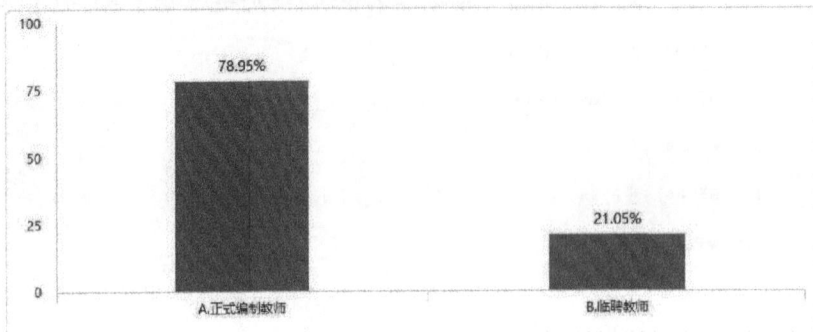

图4-3　教师编制情况

统计数据（图4-3）显示，S市某区中学阶段本学科教师正式编制人员30人，占比为78.95%；临聘教师为8人，占比为21.05%。可见，S市某区中学道德与法治教师以正式编制教师为主，但临聘教师占两成，数量较多。

5.教师教龄情况

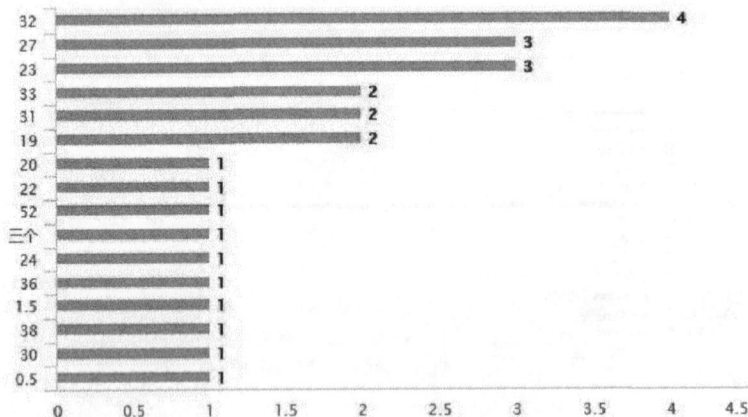

图4-4　教师教龄情况

统计数据（图4-4）显示，S市某区中学阶段本学科教师教龄达30年的教师有13人；教龄在20—30年的教师有20人；教龄不足20年只有5人。由此可见，S市某区中学阶段本学科教师教龄明显偏长，说明其年龄也偏大。

6.教师学历学位情况

统计数据（图4-5）显示，S市某区中学阶段本学科教师拥有最高学历为研究生的教师数量为4人，占比为10.53%；拥有最高学历为本科的教师数量为29人，占比为76.32%；拥有最高学历为专科的教师数量为5人，占比为13.16%。总体来看，S市某区中学阶段本学科教师学历达标率较高，高一级学历人数较高，说明师资基础良好。

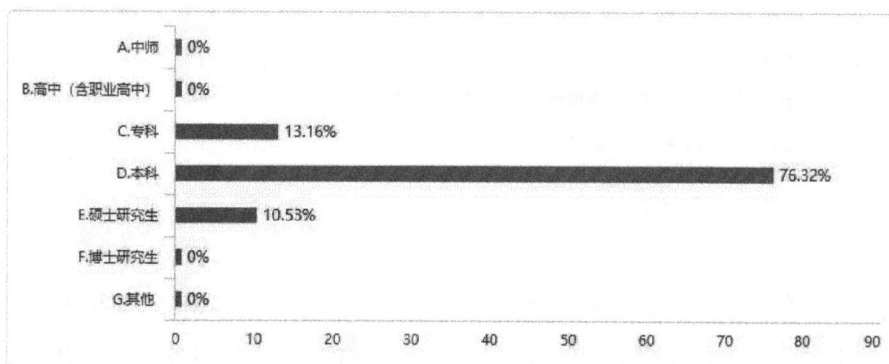

图4-5 教师学历学位情况

7.教师所学专业分布

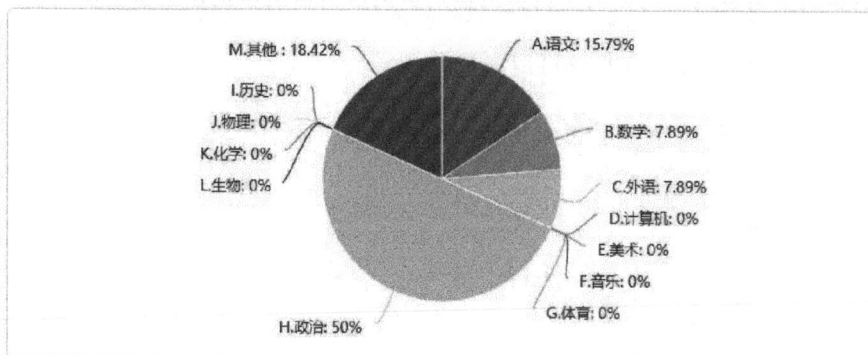

图4-6 教师所学专业分布

统计数据（图4-6）显示，S市某区中学阶段本学科教师所学专业为政治的教师数量为19人，占比为50.00%；所学专业为语文的教师数量为6人，占比为15.79%；所学专业为数学、外语的教师数量分别为3人，占比为 7.89%；所学专业为其他的教师数量为 8 人，占比为 18.42%。可见，S 市某区中学阶段本学科教师所学专业类型较多，学习政治专业的专业性教师能占五成。

8.教师职称分布

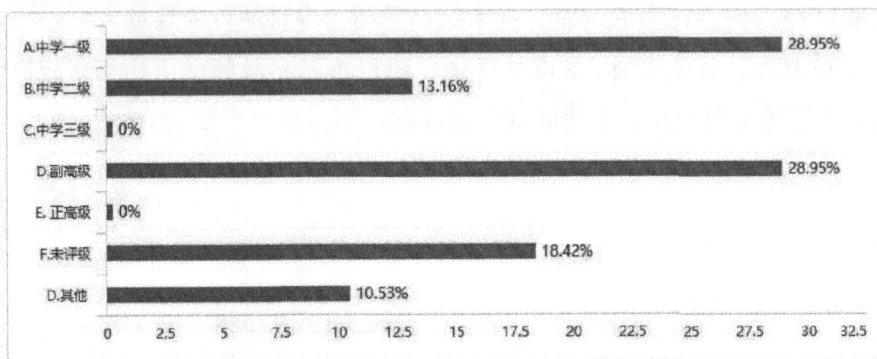

图 4-7　教师职称分布

统计数据（图 4-7）显示，S 市某区中学阶段本学科教师中，职称为正高级、中学三级的教师数量为 0，占中学本学科教师总人数 0.00%；副高级和中学一级的教师数量各为 11 人，占比分别为 28.95%；二级教师人数为 5 人，占比为 13.16%；无职称教师人数为 7 人，占比为 18.42%。可见，S 市某区初中本学科教师职称主要集中在中学一级和副高级上，教师职称相对较高。

9.教师所评职称与所教科目对口情况

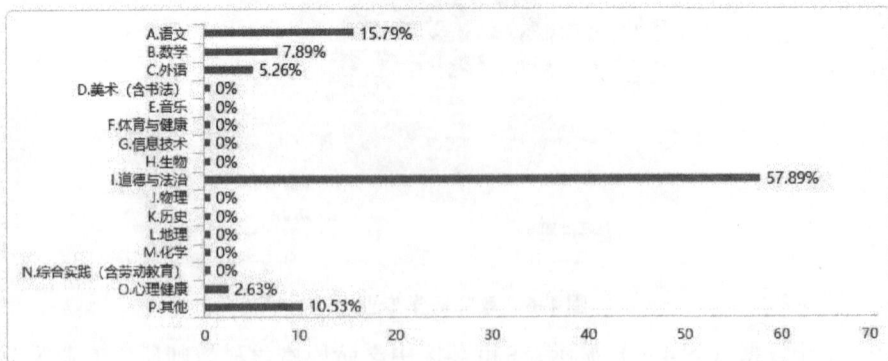

图 4-8　教师所评职称学科情况

统计数据（图 4-8）显示，S 市某区中学阶段本学科教师所评职称与所教科目对口的教师数量为22人，占比为57.89%；所评职称与所教科目不对口的教师数量为16人，占比为42.10%。可见，S市某区中学阶段本学科近六成教师评相关职称，说明本学科专业化发展的教师较多。

10.道德与法治课的学科地位认识

统计数据（图4-9）显示，S市某区中学阶段本学科76.32%的教师认为道德与法治课的学科地位非常重要，5.26%的教师认为道德与法治课的学科地位重要，10.53%的教师认为道德与法治课的学科地位比较重要，0.00%的教师认为道德与法治课的学科地位不重要，7.89%的教师认为道德与法治课的学科地位理论上重要但实际上不重要。可见，本学科大部分教师对道德与法治课学科的重要性有清晰认识。

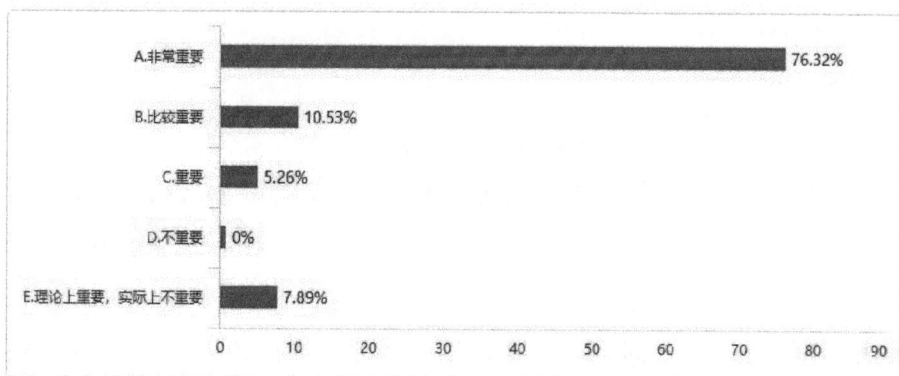

图4-9 道德与法治课的学科地位认识

11.教师周课时量

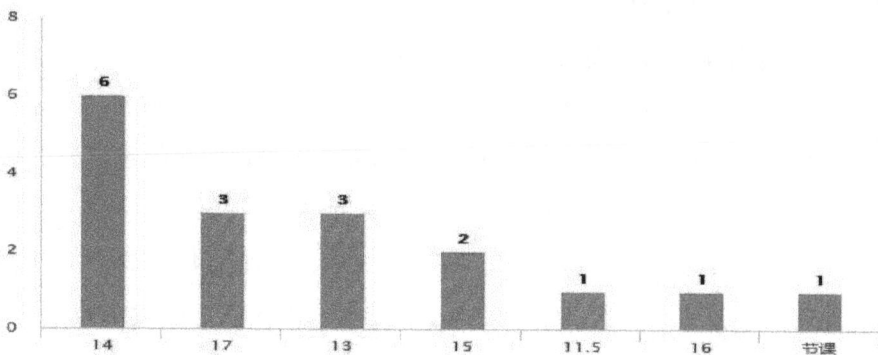

图4-10 教师周课时量

统计数据（图4-10）显示，S市某区中学阶段本学科教师周课时量达14节者有6人，周课时量低于12节者有2人，有3人周课时量高达17节。由此可见，S市某区中学阶段本学科教师周课时量较多，对道德与法治专业研修带来负面影响。

12.教师周学习时间分布情况

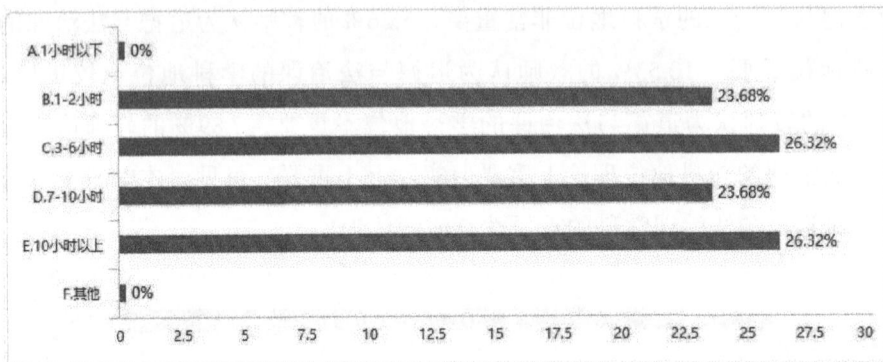

图4-11　教师周学习时间

统计数据（图4-11）显示，S市某区中学阶段本学科教师每周学习时间为1—2小时的教师数量有9人，占比23.68%；学习时间3—6小时的教师数量为10人，占比26.32%；学习时间为7—10小时的教师数量有9人，占比23.68%；学习时间为10小时以上的教师数量有10人，占比26.32%；每周学习时间花费在1小时以下的0人，占比0.00%。可见，本地区中学阶段本学科教师周学习的时间较好，但有五成教师用于本学科课程学习的时间平均每天不足1小时。

13.教师每年参加培训次数分布

统计数据（图4-12）显示，S市某区中学阶段本学科教师没有参加培训的教师数量为6人，占比为15.79%；参加过1次培训的教师数量为9人，占比为23.68%；参加过2次培训的教师数量为5人，占比为13.16%；参加过3次培训的教师数量为10人，占比为26.32%；参加过4次和5次以上的教师数量各为2人，分别占比为5.26%；参加过5次以上的教师数量为3人，占比为7.89%。可见，本学科教师每年获得增长专业技能和获得职业发展的机会不均衡，且较少，超五成的教师每年参与培训次数为1—2次，超一成多的教师没有培训机会。

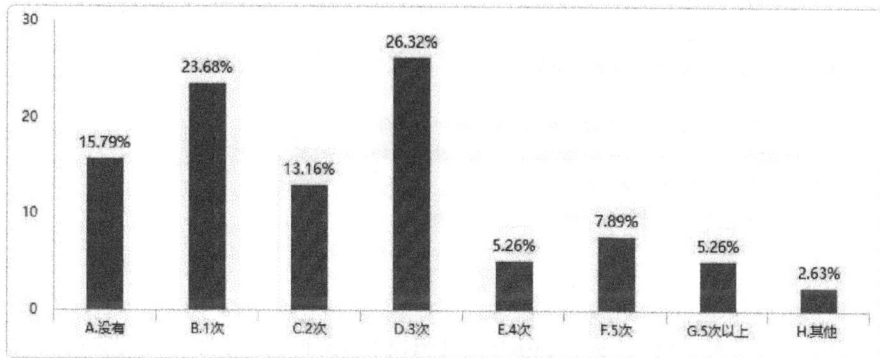

图4-12 教师每年参与参训次数

14.教师对国家相关政策的关注

统计数据显示（图4-13），S市某区中学阶段本学科教师对国家关于道德与法治课教学的相关政策文件的经常关注的教师数量为25人，占比为65.79%；对国家关于道德与法治课教学的相关政策文件的偶尔关注的教师数量为13人，占比为34.21%；对国家关于道德与法治课教学的相关政策文件的不经常关注的教师数量为0人，占比为0.00%。可见，大部分教师能够关注国家道德与法治课教学的相关政策文件，但超三成教师仍对相关政策关注较少。

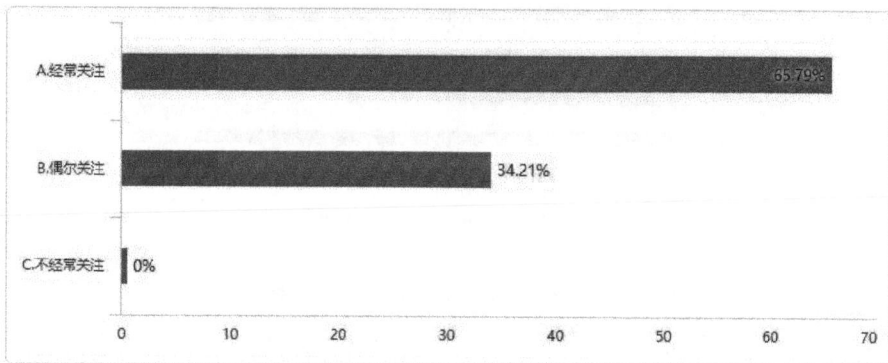

图4-13 教师对国家相关政策的关注

15.影响教师道德与法治课专业发展的主要障碍

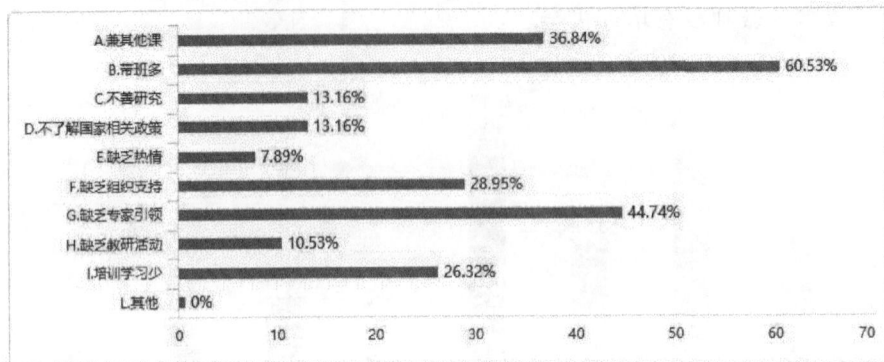

图4-14　影响教师道德与法治课专业发展的主要障碍

统计数据（图4-14）显示，S市某区中学阶段本学科影响教师道德与法治课专业发展的主要障碍依次是：带班多（占比60.53%）、缺乏专家引领（占比44.74%）、兼其他课（占比36.84%）、缺乏组织支持（占比28.95%）、培训学习少（占比26.32%）、不善研究与不了解政策（分别占比13.16%）、缺乏热情（占比7.89%）。可见，带班多、缺乏专家引领等是制约道德与法治课教师专业发展的重要因素。

16.教师在学科专业知识方面想了解的内容

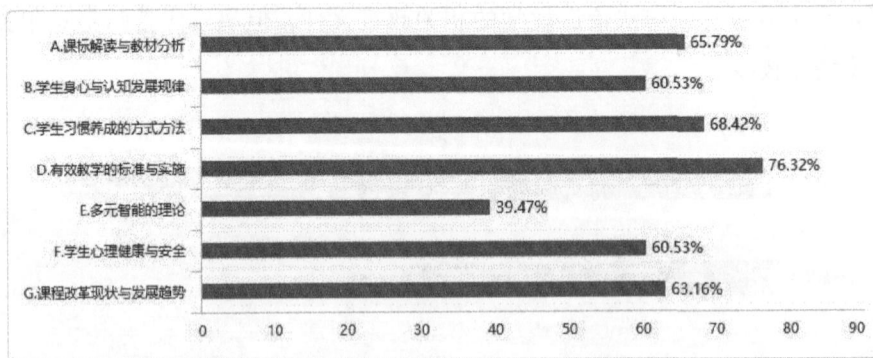

图4-15　教师在学科专业知识方面想了解的内容

统计数据（图4-15）显示，S市某区中学阶段本学科教师在学科专业知识方面想了解的内容依次是：有效教学的标准与实施（占比76.32%）、学生习惯养成的方式方法（占比68.42%）、课标解读与教材分析（占比

65.79%）、课程改革现状与发展趋势（占比63.16%）、学生身心与认识发展规律与学生心理健康与安全（分别占比60.53%）、多元智能的理论（占比39.47%）。可见，教师在学科专业知识方面想了解的内容趋于多元，想了解有效教学的标准与实施、学生习惯养成的方式方法、课标解读与教材分析、课程改革现状与发展趋势的需求较强。

17.道德与法治课时用于其他课程学习情况

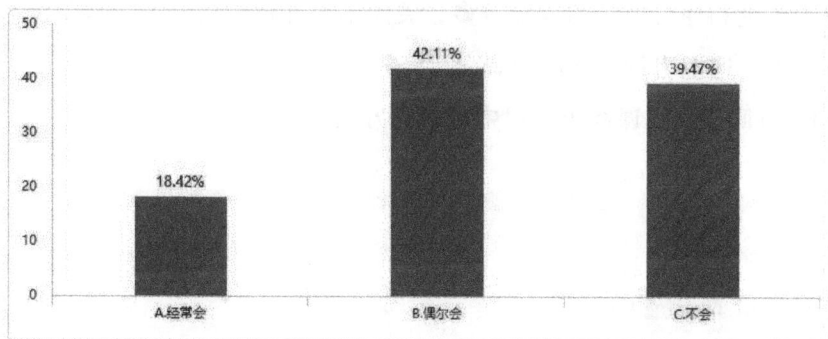

图4-16　道德与法治课时用于其他课程学习情况

统计数据（图4-16）显示，S市某区中学阶段本学科18.42%的教师会将道德与法治课时用于其他课程的学习，42.11%的教师偶尔会将道德与法治课时用于其他课程的学习，39.47%的教师不会将道德与法治课时用于其他课程的学习。可见，超六成道德与法治课时还存在挪用情况，课时保证还有待强化。

18.教学实施过程最为关注学生的方面

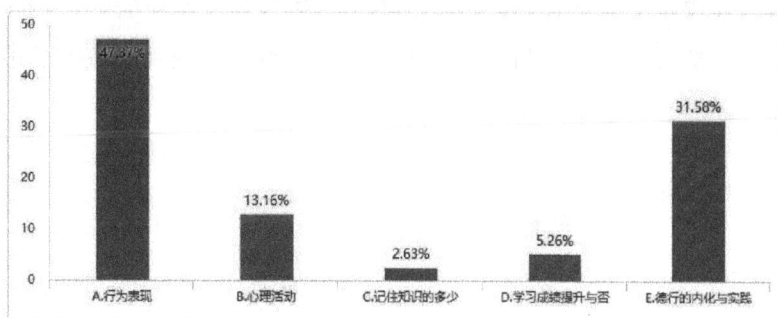

图4-17　教学实施过程最为关注学生的方面

统计数据（图4-17）显示，S市某区中学阶段本学科47.37%的教师在道德与法治教学实施过程最为关注学生的行为表现，31.58%的教师在道德与法治教学实施过程最为关注学生的德行内化与实践，13.16%的教师在道德与法治教学实施过程最为关注学生的心理活动，5.26%的教师在道德与法治教学实施过程最为关注学生的学习成绩提升与否，2.63%的教师在道德与法治教学实施过程最为关注的是学生记住知识的多少。可见，关注学生行为表现和德行内化的教师较多，关注学生知识学习和学习成绩的教师相对较少，这说明行为导向的观念已经深入人心。

19.道德与法治课组织过程中最擅长方面

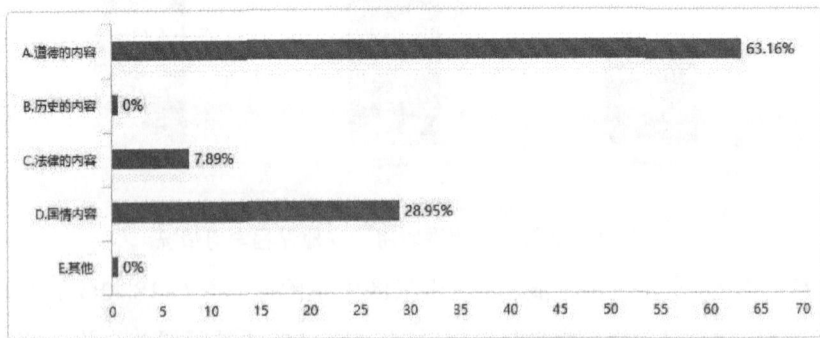

图4-18　道德与法治课组织过程中最擅长方面

统计数据（图4-18）显示，S市某区中学阶段本学科63.16%的教师在道德与法治课组织过程中最擅长的是道德的内容，28.95%的教师在道德与法治课组织过程中最擅长的是国情内容，7.89%的教师在道德与法治课组织过程中最擅长的是法律的内容，0.00%的教师在道德与法治课组织过程中最擅长的是历史的内容和其他。可见，本学科较多教师比较擅长道德内容，较少教师擅长法律内容和历史内容。

20.教师最擅长的教学模式或策略

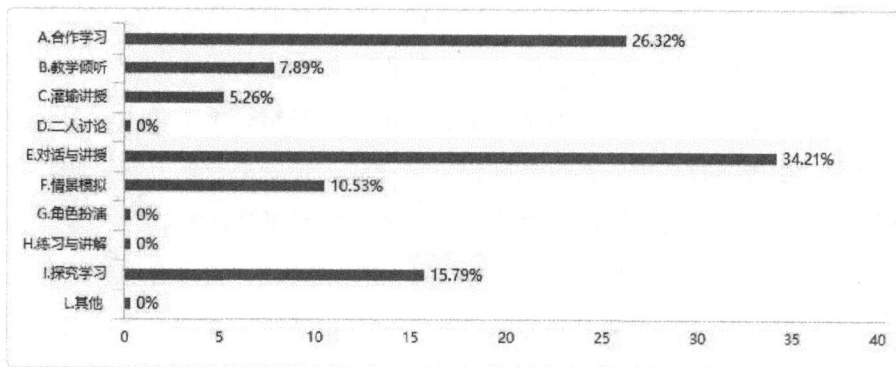

图4-19 教师最擅长的教学模式或策略

问卷调查（图4-19）显示，本学科34.21％的教师认为自己最擅长的道德与法治课课堂的教学模式或者策略是对话与讲授，26.32％的教师认为自己最擅长的道德与法治课课堂的教学模式或者策略是合作学习，15.79％的教师认为自己最擅长的道德与法治课课堂的教学模式或者策略是探究学习，10.53％的教师认为自己最擅长的道德与法治课课堂的教学模式或者策略是情景模拟，有7.89％的教师认为自己最擅长的道德与法治课课堂的教学模式或者策略是教学倾听，分别有0.00％的教师认为自己最擅长的道德与法治课课堂的教学模式或者策略是二人讨论、角色扮演、练习与讲解。综合看，教师对道德与法治中普遍使用的教学技能，如二人讨论、角色扮演、练习与讲解、教学倾听等并不擅长。

（二）教师专业发展存在问题及其原因分析

1.教学理念

问题：教学内容脱离学生生活，教学方法偏于灌输

教学内容与学生生活相离甚远。生活是道德与法治课的重要来源。一些教师缺少对初中道德与法治的正确认识，传统的思想观念比较根深蒂固，仍然采用以往传统的教学方法，对于生活化教学在课堂中的应用，没有给予高度的重视，举出的事例与学生的实际生活有出入。这在实际上进

一步拉大了教学内容与学生实际生活之间的差距。

教学方法依赖于知识灌输。一般来说，最适合的教学方法应该是理论与实践相结合的教学方法，要结合实际情况采用相应的教学方法。以生活事件与知识之间的联系性，保证学生较高的学习热情，给予学生学习强大的动力。在实际教学中，部分教师仍然采用较为传统的教学方法，仍注重知识灌输，这与道德与法治课程所倡导的理念是不相符合的。

原因在于：其一，教师对课程标准不熟悉。其二，教师普遍缺乏专业引领和支持。其三，教师对课堂教学活动设计不熟练。其四，教师对道德与法治教学法缺乏深入了解。

2.教学设计

问题：教学设计待改进

问卷调查（图4-20）显示，本学科42.11%的教师认为自己积累了较丰富的经验，效果良好；55.26%的教师认为自己积累了一定的经验，效果不够理想；2.63%的教师认为自己缺乏以学生为主体设计教学活动的经验。综合看，近六成的教师对以学生认识过程为主体设计教学活动并不特别擅长。

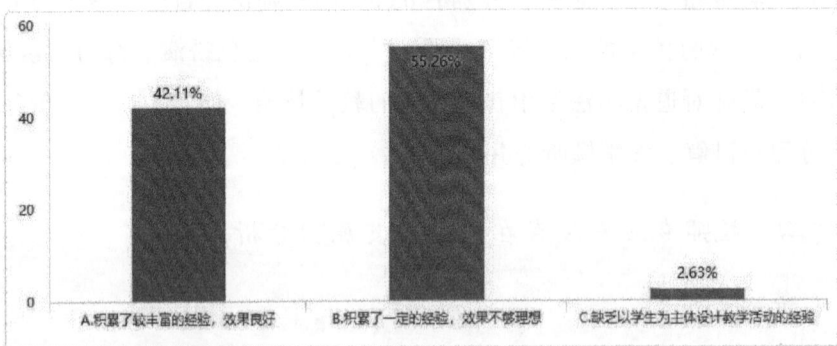

图4-20 教师以学生认识过程为主体设计教学活动情况

教师在教学设计方面存在的问题还包括：其一，重难点把握不准。其二，对难点突破的手段比较单一。其三，对学情把握不准。其四，对课程设计认识不深入。

3.教学实施

问题一：教学资源开发不足

道德与法治教学资源缺乏。座谈中许多教师提出，道德与法治教学资源比较缺乏，如上课用的课件、配套使用的教学参考书、开展实践活动的场室等不能满足。教师们普遍反映，如能有道德与法治学科的优秀课例展示或相关优质资源的参考，则会对教师们有所帮助。

问题二：教师教学技能较缺乏

问卷调查显示，教师对道德与法治中普遍使用的教学技能，如任务导向活动、合作学习、小组讨论、案例分析、角色扮演等并不擅长。观察还发现，教师对学生课堂学习评价和引导的技能也需提高。

4.教学效果

问题一：教学效果不尽如人意

调查结果显示（图4-21），55.26%的教师认为，70%的道德与法治课能达到预期的效果，自己很清楚没有达到目标的原因；34.21%的教师认为，90%的道德与法治课实现自己设计的目标并顺利完成，出现问题时调整自如；10.53%的教师认为，50%的道德与法治课达到预期的效果，自己对没有达到目标的原因存在困惑。可见，超六成的教师30%～50%的道德与法治课无法达到预期的效果，整体效果不尽如人意。

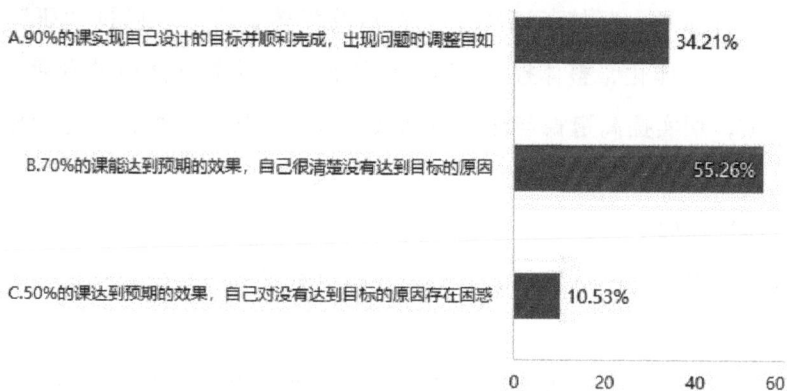

图4-21 教学实施效果

原因在于：其一，教师自身的原因。教师带班多，投入专业钻研的时间不足等。其二，教育支持和保障不足的原因。座谈中，教师普遍反映，道德与法治课兼课教师较多，同时缺乏专家引领、教学研讨等，对本学科的支持和保障力度还有待加强。

四、对策建议与培训规划

其一，建立专业教师队伍。

教师普遍反映，道德与法治课兼课教师较多，同时缺乏专家引领、教学研讨等。建议区教育主管部门会同人社部门合理公招部分专业教师，同时安排区教研员多深入学校组织教学研讨，在增强新生力量的同时，引导存量人员专业化发展。

其二，强化教学资源供给。

调查发现，道德与法治教学资源比较缺乏，如上课用的课件、配套使用的教学参考书、开展实践活动的场室等不能满足。教师们还反映，目前道德与法治学科缺乏优秀课例展示或相关优质资源可以参考。建议区政府教育主管部门牵头建设课例库，或道德与法治学科课程资源平台，搜集整理相关资源，强化教学资源供给。

其三，合理规划学科教师培训。

总体目标是：坚持革新本学科教师教育教学行为，通过"研""学""培""用"一体化，整体提升S市某区道德与法治教师队伍的专业素质和工作实绩，切实提高道德与法治教师教育教学工作的有效性，进而整体提升S市某区基础教育的质量和水平。

具体目标如下：

其一，提高初中道德与法治参训教师对教学有效性的认识，掌握有效教学的各种策略。

其二，提高初中道德与法治参训教师对课程标准的解读与整合能力，提高教学效率。

其三，提高初中道德与法治参训教师对教学问题的诊断能力，能够基于学生认识分析教学，总结、提炼有效的教学策略。

其四，引领初中道德与法治参训教师正确认识学科价值和教学功能，开阔参训教师的视野，提高参训教师的创新性思维能力和实践技能。

其五，提升初中道德与法治教师的学科教学研究能力，有效促进其专业成长。

培训内容、方法如表4-2所示。

表4-2 培训内容与方法

	道德与法治新课标案例	案例分享、现场教学
教学设计	基于学生生活的道德与法治教学设计	专家讲座、小组讨论、案例分享
	道德与法治课程教学设计案例	专家讲座、小组讨论、案例分享
教学实施	道德与法治教学实施与组织实践	专家讲座、小组讨论、案例分享
	道德与法治教学资源开发与利用	专家讲座、小组讨论、案例分享
	活动导向的道德与法治实施策略	专家讲座、小组讨论、案例分享
教学效果	道德与法治教学效果及其保证	专家讲座、小组讨论、案例分享
教学理念	道德与法治教学新思维	专家讲座、小组讨论、案例分享
教学设计	任务导向的道德与法治设计	专家讲座、小组讨论、案例分享
	道德与法治整合设计技术与实践	专家讲座、小组讨论、案例分享、现场参观
教学实施	道德与法治教学实施过程研磨（一）	专家讲座、小组研磨、案例分享
	道德与法治教学实施过程研磨（二）	专家讲座、小组研磨、案例分享
教学效果	道德与法治典范课例研讨	专家讲座、小组讨论、案例分享
教学理念	道德与法治教学新视野	专家讲座、小组讨论、案例分享
教学设计	以研究促进道德与法治设计	专家讲座、小组讨论、案例分享
教学实施	道德与法治教学实施过程研磨（三）	专家讲座、小组研磨、案例分享、现场参观

	道德与法治新课标案例	案例分享、现场教学
教学效果	道德与法治有效评价标准与技术	专家讲座、小组讨论、案例分享

注：根据实际情况，尽可能多地组织参观学习、现场观摩、小组研磨。

第五章　初中音乐教师专业发展

一、调研背景与目的

（一）调研背景

在 2020 年全国教育工作会议上，教育部部长提出，新的一年要对体育、美育、劳动教育精准发力，推动教体相融合，划出美育硬杠杠，构建劳动教育责任链条。对于加强美育，今年要在改条件、改教学、改评价上攻坚。当地高校要为本地区中小学提供持续性定向精准帮扶和志愿服务。完善大中小学相衔接的美育课程体系，把美育纳入督导评估考核体系中。

中小学音乐教育是美育的重要组成部分，中小学音乐教师队伍的能力提升是音乐教育向前发展的重中之重。在教育中教师发挥着主导作用，只有教师的教学理念不断更新、教学模式与时俱进、教学方法灵活多变，学生才会持续受益，教育才会不断向前发展。

党的十八大以来，以习近平同志为核心的党中央将教师队伍建设摆在突出位置，作出一系列重大决策部署。国务院与教育部先后出台《中共中央国务院关于全面深化新时代教师队伍建设改革的意见》、《教育部关于印发〈幼儿园教师专业标准（试行）〉〈小学教师专业标准（试行）〉和〈中学教师专业标准（试行）〉的通知》（教师〔2012〕1 号）等文件，广东省也发布了《中共广东省委广东省政府关于全面深化新时代教师队伍建设改革的实施意见》等文件，以适应教育现代化的需求，造就党和人民满意的高素质专业化创新型教师队伍。

韶关历史文化底蕴深厚，古时因舜帝南巡奏"韶乐"而得名，作为一个广东地级市，韶关地区的基础教育有着先天良好的基础和雄厚的实力，具备基础教育改革、研究的条件。S市某区义务教育中学阶段音乐学科教师专业发展需求调研正是为了落实以上各类文件中的相关要求。

（二）调研目的

此次调研将结合S市某区基础教育改革发展的需要，全面了解S市某区初中音乐教师专业发展需求，力求有针对性地创新教育培训方式，提升培训质量，以科学统筹和规划S市某区义务教育阶段的教师队伍建设，夯实S市某区教育发展基础，实现S市某区教育特色发展。了解S市某区初中音乐教师专业发展的现状，分析教师专业发展存在问题及其原因，了解初中音乐教师专业发展的培训需求，探索优化教师实现专业发展的策略，制定S市某区义务教育中学阶段音乐学科教师专业发展2021—2023三年培训建议。

二、调研过程与方法

（一）调研过程

首先调研组深入样本校第九中学、第十四中学音乐学科教师课堂进行听课，并组织授课教师进行说课和音乐学科教师访谈；然后由样本学校教学副校长牵头组织初中音乐学科（分年级）教师进行自我评价，同时由S市某区教育局组织在线发放《S市某区中学音乐学科教师专业发展需求调查问卷》，问卷发放覆盖S市某区本学段本学科所有教师。此外对义务教育质量监测报告等资料进行分析，充分挖掘S市某区初中学段音乐学科教师在教育教学中存在的不足；通过S市某区教师基本信息数据库全面分析

S市某区初中音乐学科教师人口学特征。

本调研为S市某区教育局与S学院省级中小学教师发展中心联合开展的S市某区中小学分学科教师专业发展需求调研工作的一部分。调研基本流程为：前期协调—深入样本学校—随堂听课—说课评课—座谈交流—全员问卷调查（线上问卷星）。

初中音乐学科的调研成员包括S学院音乐与舞蹈学院的陈曦老师、S市某区音乐学科教研员廖小琼老师以及S市某区教师发展中心及S市某区中小学教师莫汉维老师、夏岚老师和武莹莹老师等。此次调研工作在2020年12月4日至2020年12月8日期间完成。期间调研组向全区所有公立初中音乐教师发放了调查问卷（回收有效问卷12份），并且分别对两所样本学校进行了实地调研与课堂教学观摩，具体为：S市第十四中学（12月7日上午）；S市第九中学（12月7日下午）。

（二）调研方法

调研组成员深入两所样本学校对共计4位教师进行听课。两所学校中其中S市第十四中学为城区学校，西河学校为乡村学校。被听课的教师中包含老、中、青不同阶段的教师，平均教龄为24年，听课年级包含了七年级至九年级的全部3个年级（详见表5-1）。调研组使用课堂观察量表（详见附件1）对授课教师的教学基本功以及教学技巧进行量化打分。每所样本学校的第一位被听课的教师由调研组所有成员一起听课并相互商讨给出统一的评分标准。对教师的说课表现进行测评，通过对教师学科教学的现场教学效果进行微分析，了解教师学科教育教学中存在的问题。

本次调研综合采用多种方式进行，具体如下：

（1）课堂微分析。调研组深入初中音乐学科教师课堂进行听课，对城区、镇区不同区位学校（样本校第九中学、第十四中学）每所学校的普通教师与骨干教师课各听3节课，听课时做好课堂观察和课堂评量。调研组听完课后即对授课教师进行访谈。先由授课教师进行5—10分钟说课和访谈，然后调研组根据课程标准围绕教学理念、教学设计、教学实施、教学效果等进行访谈，通过对教师学科教学进行微分析，了解教师学科教育教学中存在的问题。

（2）自我报告法。由样本学校教学副校长牵头组织初中音乐学科教师进行自我评价，收集音乐学科教师在教育教学方面存在的不足和问题。

（3）问卷调查法。由S市某区教育局组织在线发放《S市某区中学音乐学科教师专业发展需求调查问卷》，覆盖S市某区本学段本学科所有教师。发放12份，回收12份，有效率达到100%。

（4）资料分析法。对中学统一考试资料（如统考试题）、测试资料、考核资料、义务教育质量监测报告等进行分析，充分挖掘S市某区初中学段音乐学科教师在教育教学中存在的不足。

（5）数据库分析法。通过对S市某区教师基本信息数据库进行分析等，全面分析初中学段音乐学科教师人口学特征。

三、调研结果分析

（一）S市某区义务教育初中阶段音乐学科教师队伍整体概况

1.教学单位教师分布情况

初中音乐是按照国家《教育部关于印发义务教育音乐等学科课程标准（2011年版）的通知》（教基二〔2011〕9号）在义务教育初中阶段开设的重要学科。S市某区现有义务教育初中阶段本学科教学单位8个。其中，初中6所，占比（本报告占比均指该数据占本学科该数据总数比）为75%；九年一贯制学校2所，占比为25%；城区教学单位4所，占比为50%；乡村教学单位4所，占比为50%。各教学单位本学科在岗教师12人，在编在岗教师12人，占比100%；临聘教师0人；专职教师（指所学专业与所教学科相符、所评职称与所教学科相同）12人，占比100%；兼职教师0人。

各教学单位学校类型、区位类型、教学点、在岗教师人数、在编在岗人数、临聘教师人员、专职教师人数、兼职教师人数等详见表5-1所示。

表5-1　S市某区初中音乐学科教学单位教师分布情况

序号	教学单位	学校类型	区位类型	教学点	在岗在编情况（总数等于本校全部音乐教师人数）			专职教师人数（总数等于本校全部音乐教师人数）	
					在岗教师	在编在岗教师	临聘教师	专职	兼职
1	第九中学	中学	城区	0	4	4	0	4	0
2	第十四中学	中学	城区	0	2	2	0	2	0
3	第十五中学	中学	城区	0	1	1	0	1	0
4	风烈中学	中学	城区	0	3	3	0	3	0
5	S市某区龙归中学	中学	乡村	0	1	1	0	1	0
6	S市某区江湾中学	中学	乡村	0	0	0	0	0	0
7	S市某区西河学校	九年一贯制	乡村	0	1	1	0	1	0
8	S市某区重阳学校	九年一贯制	乡村	0	0	0	0	0	0
总计					12	12	0	12	0

2.区位教师分布情况

S市某区义务教育初中阶段本学科教师中城区教师10人，占比为83.33%，城区在编在岗教师10人，占比为100%；城区临聘教师0人。乡村教师2人，占比为16.67%，乡村在编在岗教师2人，占比为100%；乡村临聘教师0人。

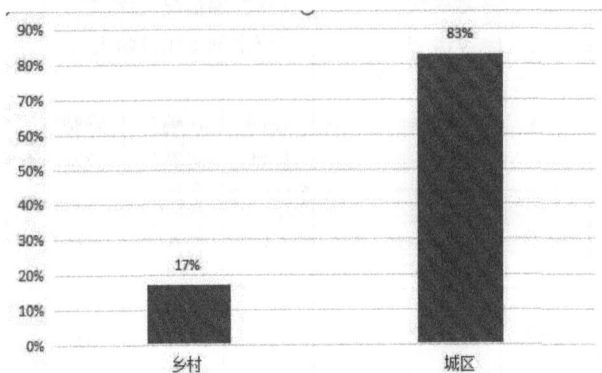

图5-1　S市某区中学音乐学科教师城乡分布情况

3.教师年龄分布情况

S市某区义务教育初中阶段共有本学科教师12人，其中20—30岁0人，占比0%；31—40岁5人，占比41.67%；41—50岁6人，占比50%；50岁以上1人，占比8.33%。

统计数据显示，S市某区义务教育初中阶段本学科教师41—50岁年龄段的教师比较多，20—30岁的年龄段没有，明显看出S市某区初中阶段本学科教师年龄结构不够合理。

统计数据显示，S市某区义务教育初中阶段本学科教师队伍中男性4人，占比为33.33%；女性8人，占比为66.67%；男女性别比例为1：2，整体看S市某区初中音乐教师男女比例失衡情况比较突出。

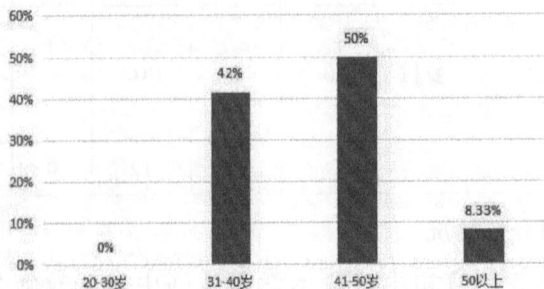

图5-2　S市某区中学音乐教师年龄分布情况

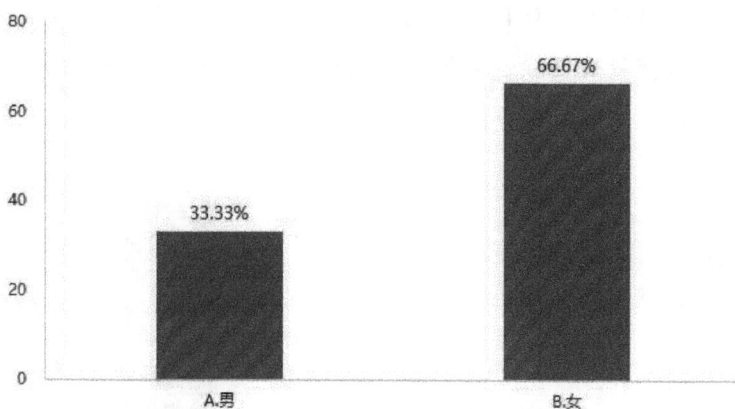

图5-3　S市某区中学音乐教师性别分布

4.教师教龄分布情况

S市某区义务教育初中阶段共有本学科教师12人，其中教龄1—5年0人；6—20年6人，占比50%；21—30年6人，占比50%；30年以上0人。

统计数据显示，S市某区义务教育初中阶段本学科教师中是没有1—5年的教师，6—30年教龄的教师为主体力量，明显看出S市某区初中阶段本学科教师青年教师非常缺乏。

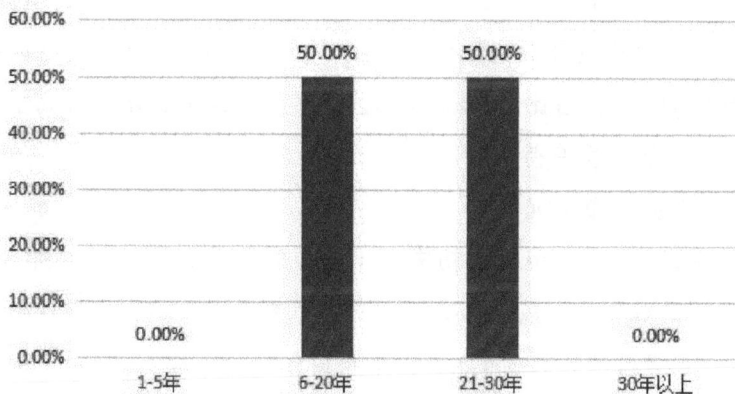

图5-4　S市某区中学音乐教师教龄情况

5.音乐学科教师专兼职情况

S市某区初中本学科共有专职教师12人，其中城区、乡村专职教师分别为10人、2人，分别占本学科教师比例为83.33%、16.67%。

初中本学科教师共有12人，有3人兼任有其他学科的教学任务，占比为25%，并且都只兼任除音乐外的一门科目，综合看S市某区初中音乐兼课情况不突出，与所学专业比较对口。

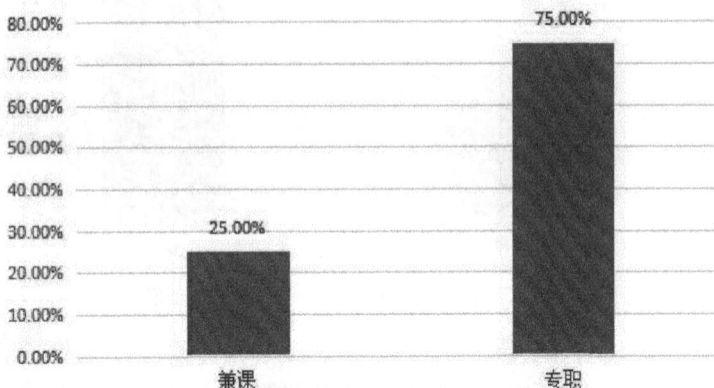

图5-5　S市某区中学音乐教师兼课情况

6.音乐学科教师学历结构情况

S市某区义务教育初中阶段本学科教师拥有最高学历为研究生的教师数量为0人，占比为0%；拥有最高学历为本科的教师数量为12人，占比为100%；拥有最高学历为专科的教师数量为0人，占比为0%；拥有最高学历为高中的教师数量为0人，占比为0%；拥有最高学历为高中阶段以下的教师数量为0人，占比为0%。综合看S市某区初中音乐教师高学历教师人数极少，学历层次有待提高。

7.教师职称分布情况

统计数据显示，S市某区初中音乐学科教师中，副高级教师人数为1人，占本学科教师总人数8.3%；一级教师人数为7人，占本学科教师总人数58.3%；二级教师人数为4人，占本学科教师总人数33.3%；三级教师人数为0人，占本学科教师总人数0%；无职称教师人数为0人，占本学科教师总人数0%。可见，S市某区初中音乐学科教师高级职称的人数较少，一级职称的教师占大多数。

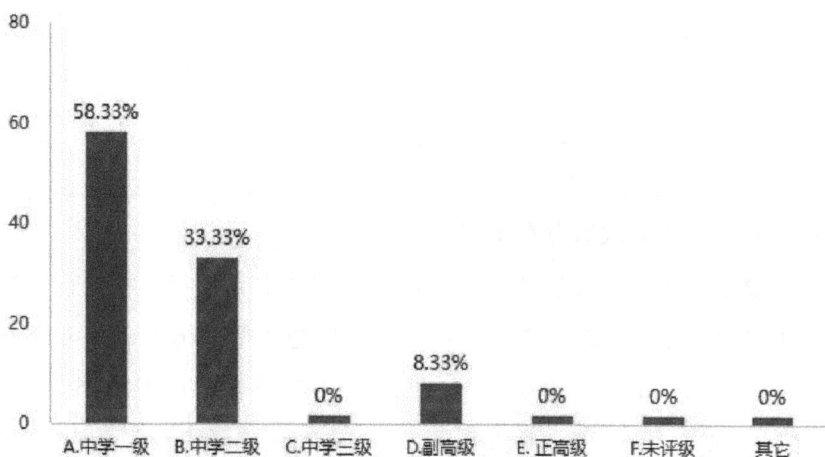

图5-6 S市某区中学音乐教师职称分布

8.教师周学习时间分布情况

统计数据显示，S市某区初中音乐学科教师中，教师周学习时间1小时以下的教师人数为1人，占初中本学科教师总人数8.33%；教师周学习时间1—2小时以下的教师人数为3人，占初中本学科教师总人数25%；教师周学习时间3—6小时以下的教师人数为5人，占初中本学科教师总人数41.67%；教师周学习时间7—10小时以下的教师人数为3人，占初中本学科教师总人数25%；教师周学习时间10小时以上的教师人数为0人，占初中本学科教师总人数0%。

可见，S市某区初中音乐学科教师每周进行7小时以上自主学习的人数较少，大多数教师学习时间不足。

表5-2 S市某区初中音乐学科教师周学习时间情况

选项	小计	比例
A.1小时以下	1	8.33%
B.1—2小时	3	25%
C.3—6小时	5	41.67%
D.7—10小时	3	25%
E.10小时以上	0	0%

选项	小计	比例
F.其他	0	0%
本题有效填写人次	12	

9.教师参加培训次数分布情况

统计数据显示，S市某区初中音乐学科教师中，每年参加培训的次数为0次的教师人数为2人，占初中本学科教师总人数16.67%；每年参加培训的次数为1次的教师人数为3人，占初中本学科教师总人数25%；每年参加培训的次数为2次的教师人数为3人，占初中本学科教师总人数25%；每年参加培训的次数为3次的教师人数为1人，占初中本学科教师总人数8.33%；每年参加培训的次数为4次的教师人数为1人，占初中本学科教师总人数8.33%；每年参加培训的次数为5次的教师人数为0人，占初中本学科教师总人数0%；每年参加培训的次数为5次以上的教师人数为1人，占初中本学科教师总人数8.33%。

可见，S市某区初中音乐学科教师每年参加培训的次数和人数都较少，大多数教师参加培训学习的需求得不到满足。

表5-3 S市某区初中音乐学科教师参加培训次数分布情况

选项	小计	比例
A.没有	2	16.67%
B.1次	3	25%
C.2次	3	25%
D.3次	1	8.33%
E.4次	1	8.33%
F.5次	0	0%
G.5次以上	1	8.33%
H.其他	1	8.33%
本题有效填写人次	12	

（二）教师专业发展存在问题及其原因分析

1.教学理念

教学理念问题表现在：未能深入理解《义务教育音乐课程标准》（2011版）理念及音乐课程的逻辑体系和本质，对现代教育的特点和课堂教学改革趋势认识不足，课堂教学未能根据核心素养理念转变教学理念，忽视对学生的思维能力、实践能力的培养，未能以学生为学习主体地位，不够注重学生的长远发展。

教学理念问题产生的原因：

（1）教师的培训需求未得到充分满足，学科培训缺乏系统性和针对性，培训内容偏重理论知识，实践操练不足，培训方式比较单一，导致难以通过培训达到更新教师教学理念的效果。在调研中，教师表达的培训需求较为强烈。调查显示，在学科专业知识方面，关于"在中学音乐教育方面，我最需要的培训内容"的选择，第一位的是"音乐教育理念、观念的引领"。

（2）教师存在普遍的职业倦怠现象，满足于常规的课堂教学要求，自主学习动力不足，调查结果显示，"在音乐教师职业发展和专业成长中存在的不足之处"最突出的体现是"对课堂教学模式的改革缺乏探索实践"。加上教学任务繁重，学习时间较短，从调查问卷教师在"每周用于学习的时间"的回答来看，33.33%的老师每周学习时间只有2小时以下，没有老师每周学习时间10小时以上。造成对本专业的前瞻性不够，阅读量少，阅读面窄。

（3）教学研究能力不足，教学反思能力比较弱，学校教研机制不够完善。调查结果显示，近三年发表或获奖的论文和县级以上课题立项的数量为0的教师占33.33%，有33.33%的音乐教师没有主持和参与过教育教学课题研究，反映了他们比较缺乏科研能力，导致对新课标理念的研究无法深入。

2.教学设计

50%的音乐教师教学设计过于简单，教学内容未能体现课标要求，教学目标不明确，教学重点难点不够突出，对于每一堂课要求学生掌握的知识点和技能不够明确。调查显示，关于"专业知识方面，我想了解的是"的选择第一位的是"课标解读与教材分析"。

教学设计问题产生的原因：

（1）对课标的解读不够深入，导致对教材理解的片面性，无法从课程体系的角度消化教材的理念。调查显示，对"在初中音乐教学中，我感到最大的压力来自于"这个问题的回答排在第一位的是"对初中音乐的课程改革、课程标准、统编教材的理解不够透彻"。教学目标缺乏实施路径，教材加工能力不足，导致信息分析整合能力、课堂生成操作能力与教学反思研究能力比较缺乏。

（2）对课程改革现状与发展趋势不了解，因此教学设计无新意，没有运用新型教学模式，仍然以讲授法为主。部分教师设计了游戏环节但并不能很好的把控课堂进行的节奏，使游戏仅为游戏，流于形式化。在学科专业知识方面，排名前两位的除了课标解读与教材分析外就是"课程改革现状与发展趋势"。

（3）对如何培养学生的学习能力关注不够充分，平时不重视音乐素养的培养，学生的基本音准与节奏无法有效建构，无法激发学生对于音乐艺术的热爱情绪，以及主动探寻音乐艺术所带来的正能量与精神愉悦。

3.教学实施

教学实施问题表现在：未能围绕教学目标有效组织课堂教学，教学策略运用不当，歌唱音准包括听力训练指导不到位。尤其是课堂活动组织探究式学习的效果比较差，未能激发学生的学习积极性，不注重启发学生思维，实现网络信息技术与音乐学科课程教学的深度融合存在较大难度。

教学实施问题产生的原因：

（1）教师课堂组织能力不足，音乐学科专业技能与教学知识比较欠缺，教学方法不够灵活，指导方法不明确。未能根据学习需要和特定学情积极组织小组合作、全班讨论等形式。教学流程安排未能紧扣知识逻辑和学生认知逻辑，未能体现教学开放性，课堂生成空间有限，课堂教学中的合作学习开展不够高效深入。

（2）教师教学技能有待提升，教学语言不够精练、生动，未能根据学情灵活进行讲解。尤其是新入职的教师对教学技能的掌握不够扎实，未能选择恰当的学习方式针对性地进行教学。

（3）对现代教育技术教学能力的培训不够普及和深入，教师对运用现代教育技术教学手段存在畏难情绪，课件制作简单，或采取简单的拿来主义。学校的现代教育技术教学条件有待提升。

4.教学效果

教学效果问题表现在：学生并不能很好地理解教师意图，对本该掌握的知识没有基础。音乐教育也变成了做题和应试，学生学习积极性变差。对知识点的掌握不扎实，教学评价不够完善（建议改为：机制尚未健全，教学评价不够科学）。

教学效果问题产生的原因：

（1）学生学习积极性低，学习习惯不好。受社会、家庭、自身多方面因素影响，部分学生厌学情况突出，对学习目标的认知不够明确。学习基础薄弱，阅读习惯差。

（2）教师观察与关注个别学生不足，未能引导和帮助学生设计个性化的学习计划，有效激发学生兴趣和学习动机的策略效果不明显。

（3）教师不重视培养学生的主动思考和合作探究能力，能力训练不足，思维能力、阅读能力、写作能力、表达能力的综合训练未能形成体系。尤其是写作教学和整本书阅读教学成为最主要的教学难点，调查结果显示，关于"我最需要的音乐学科培训专业知识"的选择前两位的是合唱指挥与课程教学模式。在"我最想提升的音乐学科专业能力方面"选择前两位的是声乐和器乐。

（4）教师职业倦怠感严重，心思未完全放在教学上，只是一味地完成任务完成考题，教学设计不新颖，教学环节衔接不得当，没有把学生综合素质的全面发展放在首位。

四、对策建议与培训规划

（一）培训目标

总目标：

依据S市某区初中音乐教师能力水平差异，进行针对性培训，通过全员培训整体提升S市某区初中音乐教师队伍的素质和工作实绩，切实提高教师音乐学科教学工作的有效性，增强教师的职业幸福感，进而整体提升S市某区基础教育的质量和水平。

具体目标：

（1）引领参训教师正确认识学科价值和教学功能，开阔参训教师的视野，提高参训教师的创新性思维能力；

（2）提升参训教师的专业技能，尤其是视唱练耳、合唱指挥等专业必备技能。

（3）提高参训教师对课堂教学有效性的认识，掌握有效教学的各种策略；

（4）提高参训教师对教材的解读与整合能力，提高课堂教学效率；

（5）提高参训教师对课堂教学问题的诊断能力，能够从学生如何学的角度来分析课堂现象，总结、提炼有效的教学策略；

（6）提升教师的学科教学研究能力，有效促进其专业成长；

（7）提高教师教育信息技术能力，能够将音乐学科教学与教育信息技术有机整合。

2022年度培训目标：

（1）进行专业对口的规划培训，尤其侧重专业技能领域的培训。引领教师制定专业发展规划，正确认识学科价值和教学功能，开阔参训教师的学科知识视野，提高参训教师的创新性思维能力；

（2）提高教师教育信息技术能力，能够将音乐学科教学与教育信息技术有机整合。

（3）教师能根据课标对文本进行高质量地（改为准确）解读，深入领会教材的编写意图，准确把握文本的特点、作者的创作意图。

2023年度培训目标：

（1）提高阅读教学和习作教学的教学设计能力。学会科学设计教学目标，合理利用教学资源和方法设计教学流程，高效解决教学重点和难点，善于引导和帮助学生设计个性化的学习计划。

（2）提高教师的教学实施能力。学会营造良好的学习环境与氛围，激发学生学习音乐的兴趣，引领学生热爱音乐；能够通过启发式、探究式、讨论式、参与式等多种方式，有效实施教学；掌握有效调控教学过程的方法，引发学生独立思考和主动探究，发展学生创新能力。

（3）提升教师的教学评价能力。学会利用评价工具，掌握多元评价方法，多视角、全过程评价学生发展，学会引导学生进行自我评价，并根据教学评价及时调整和改进教育教学工作，构建多元化、连续性、注重发展的评价体系。

2024年度培训目标：

（1）提高教师的课程开发能力。学会主动地、创造性地开发和利用一切可用的资源，有效搜集、分析、处理整合与课程教学相关的文体、媒体、图书等资源，能从社会、环境、人际交往中挖掘教育的潜在资源，根据学生的需求和能力，开发校本课程资源。

（2）提升教师的跨学科整合能力。能够指导、组织学生开展研究性学习，从自然、社会和生活中选择和确定专题进行研究，并在研究过程中主动地获取知识、应用知识、解决问题的学习活动，让学生通过实践，增强探究和创新意识，学习科学研究的方法，发展综合应用知识的能力。

（3）加强教师的教学研究能力。学会收集分析相关文献资源，针对教育教学工作中的现实需要与问题，进行探索和研究；能立足鲜活的教育实践进行校本研究、案例研究、课例研究、行动研究，能独立申报课题和进行规范的科研论文撰写。

综上所述，S市某区初中音乐教师队伍的建设要不断更新教学理念，接受先进的教学方法，促进自身的不断发展，坚持终身学习理念，革新教学行为，朝着专业化、信息化、创新化的方向发展，提高音乐教学水平和质量，实现区域内基础教育质量的高位均衡发展。

（二）培训内容、方法

严格落实国家有关教师继续教育的有关规定，加强顶层设计和科学规划，精心策划和安排好专业科目学习内容，科学有序、系统推进三年的培训任务，确保培训目标的实现。

1.立足校本全员培训，抓实、做好校本教研和片区教研

各学校要高度重视校本教研，从学校发展存在的真实问题入手，通过问题的有效解决提升学校办学质量和水平。同时，加强片区联动，形成良好的教研氛围，根据教师队伍建设规划精心组织和实施每一次教研活动，通过专家引领和培训师带动，让基层教研接地气、出实效。借助教育信息化等现代化手段，搭建教师交流、学习、监督评价平台，扎实开展教学视导、送教下乡、教学联盟体、城乡教师互换交流等各项活动，逐步提高城区薄弱学校、农村教师的业务能力，促进教育均衡发展。

2.重点抓好S市某区初中音乐教师队伍的跨年度递进式培训

依据专业精神、专业知识、专业能力三个培训目标维度开展跨年度递进式培训，根据教师能力水平分层次组织开展初中音乐骨干教师能力提升高端研修项目和初中音乐教师成长助力培训项目等。

（1）初中音乐骨干教师能力提升高端研修项目

采取高校与项目县合作，培养S市某区初中音乐骨干教师队伍，为学校开展校本培训锻造骨干。选拔各学校音乐学科带头人或骨干教师，采取理论学习、跟岗研修、网络研修、返岗实践相结合的混合研修方式，着重提升骨干教师自身的专业发展水平。项目周期为三年。每年集中培训7天（含跟岗），总共42学时，网络研修30学时。

（2）初中音乐教师成长助力培训项目

S市某区初中音乐教师队伍年龄偏大，通过专家引领，问题聚焦，名校观摩，有效激发中年教师的学习热情，克服职业倦怠，有效提升音乐教学教研能力。此外S市某区部分年轻教师的专业成长缺乏自我规划，专业水平提升缓慢。通过名师引领、课堂实践和教学反思，促进青年教师的专业发展。项目周期为三年。每年集中培训7天（含跟岗），总共42学时，网络研修30学时。

（三）培训方式

积极推进培训模式改革，积极探索适合成人学习的组织形式与方法，积极倡导参与式培训、混合式培训和项目化学习。教师培训在组织形式和教学方法方面要有示范性，多采用探究式学习、合作式学习、教学观摩与研讨、跟岗实践、课题研究、网络研修等多样化的培训方式。

1.讲座指导式

通过专题讲座学习、观看名家论坛、参与教师论坛等形式，学习、交流、操作、实践各种先进教育理念、模式和方法，落实教育教学改革对教师提出的新要求，提高教师的教育理论素养。

2.参与活动式

以参与式培训为主，主要通过高校专家与培训师一同参与培训项目设计、共同实施培训工作，变被动为主动，有效地把个人专业成长中教学所得、经验、困惑等进行分享和提炼，互相借鉴，相互促进、共同提高。

3.专题讨论式

充分发挥基层学校科组教研活动这一传统阵地的作用，认真规划好每一次教研活动的主题、方案、目标与成效等。同时，围绕教育教学中出现的一些带有共性的、有研究价值的问题，学校开展集中理论辅导，围绕某些专题，组织研究，老师们在参与、体验、反思中总结经验，提高认识，使教师个体和教师群体水平都得到提高。

4.专家进课堂

组织省内外专家、省市名师们进课堂，送教、送培训到基层学校，把脉基层学校教师的课堂教学，并给予指导；采取名师带教、同课异构、研课磨课、观课议课等方式，助力一线教师的专业成长。

第六章 初中体育教师专业发展

一、调研背景与目的

（一）调研背景

百年大计，教育为本；教育大计，教师为本。为深入贯彻落实党的十九大精神，造就党和人民满意的高素质专业化创新型教师队伍，落实立德树人根本任务，培养德智体美劳全面发展的社会主义建设者和接班人，全面提升国民素质和人力资源质量，加快教育现代化，建设教育强国，办好人民满意的教育，中共中央、国务院印发的《关于全面深化新时代教师队伍建设改革的意见》强调，要组织开展好中小学教师全员培训，促进教师终身学习和专业发展。《国家中长期教育改革和发展规划纲要（2010—2020 年）》要求深化教师教育改革，规范和引导教师教育课程与教学，培养和造就高素质专业化教师队伍，切实贯彻中共中央、国务院印发的《关于全面深化新时代教师队伍建设改革的意见》，教育部等五部门颁布的《教师教育振兴行动计划（2018—2022 年）》。

体育学科教师的职业生涯是不断积累工作经验，不断实现专业提升的持续过程，在持续学习和不断完善自身素质的过程中实现专业发展。体育学科教师在不同的专业发展阶段，具有不同的阶段性表现特征，需要有针对性地确定培训学习目标，选学不同模块的组合课程。

（二）调研目的

为了充分考虑不同发展层次的学习需求，处理好不同发展阶段的目标设定、课程构成及培训方式的关系。以体育与健康教师发展层次为基础，以专业发展能力测评为依据，根据周期性和年度发展需求，进阶式设计体育与健康教师培训课程。开展S市某区中学体育与健康学科教师的人口学构成、授课情况现状、职业规划困境及职后培训需求调研，对准确分析义务教育阶段体育与健康教师的现实状况和专业发展需求，分层分类设置体育与健康教师培训课程体系，明确各类课程的适用层次，实现精准培训，具有重要的作用。

二、调研过程与方法

（一）调研过程

前期协调—深入样本学校—随堂听课—说课评课—座谈交流—线上问卷调查。

（二）调研方法

本次调研采用多种方式进行，具体如下：

1.课堂微分析

调研团队分别选取了城区、郊区和山区中学各2所，共听课6次，并填写课堂观察和课堂评量（见附件1）。调研组听课后随即对授课教师进行了访谈。访谈先由授课教师按照说课提纲（见附件2）进行5分钟说课，然后调研组根据课程标准围绕教学理念、教学设计、教学实施、教学效果等进行访谈，通过对教师学科教学进行微分析，以了解教师在体育学科教育教学中存在的问题。

2.自我报告法

由样本学校牵头组织体育教师进行自我评价，着重说明本学段本学科教师在教育教学方面存在的不足和问题（详见附件5）。

3.问卷调查法

根据通用基础教育阶段教师专业发展需求调查问卷，编制中学体育学科适用的教师专业发展问卷，并由S市某区教育局组织在线发放，问卷发放需覆盖S市某区6所样本中学的36名教师，共回收问卷27份，回收率75%，其中有效问卷27份，有效率100%。

4.访谈法

围绕现阶段体育与健康学科教师职业发展困惑及职后培训需求的目标，拟定访谈提纲，对S市第九中学体育科组的8名老师、龙归中学体育科组的3名老师（共5名教师，其中1名老师外出培训，1名教师上课）进行现场访谈。

5.数据分析法

对在线问卷调查数据、现场听课检测的学生心率变化情况、课堂观测量表、说课量表、教师自我评价表等进行数据整理与综合分析。

三、调研结果分析

（一）人口学分析

1.教学单位教师分布情况

中学体育与健康课程（以下简称"本学科"）是按照国家《教育部关于印发义务教育语文等学科课程标准（2011年版）的通知》（教基二〔2011〕9号）在义务教育中学阶段开设的重要学科。S市某区参与本次调研的样本学校8个。其中，中学6所，占比为75%；九年一贯制学校2所，占比为25%。各教学单位本学科在岗教师32人，参与调研教师27人，占比84%。

所调研教学单位学校体育教师情况具体列表如下：

表6-1　S市某区样本初级中学体育学科教师分布情况

教学单位	调研人数	参与调研比例
A.第九中学	3	11.11%
B.第十四中学	7	25.93%
C.第十五中学	6	22.22%
D.风烈中学	4	14.81%
E.S市某区龙归中学	3	11.11%
F.S市某区江湾中学	1	3.7%
G.S市某区西河学校	1	3.7%
H.S市某区重阳学校	2	7.41%
本题有效填写人次	27	

如表6-1所示，参与填写问卷的27名教师中，S市区中的学校体育与健康任课教师较多。据了解，S市某区初中阶段体育与健康学科任课教师一共32人，在调研阶段有5名老师没有参与问卷星调查，可能与其当时出差或在外培训有关。

2.教师教龄分布情况

在参与调查的27名教师中，教龄少于或等于5年的有3人，教龄为6—10年的有3人，教龄为11—15年的有2人，16—20年的4人，超过20年的15人。整体来说，S市某区初中阶段的体育学科教师年龄较大，教龄较长。

3.教师编制类别分布情况

表6-2　S市某区样本初级中学体育学科教师编制情况

教师编制情况	人数	比例
A.正式编制教师	25	92.59%
B.临聘教师	2	7.41%
C.其他	0	0%
本题有效填写人次	27	

如表6-2所示，92.59%的体育与健康学科教师为正式编制的教师。

4.教师学历分布情况

表6-3 S市某区样本初级中学体育学科教师学历情况

教师学历教育情况	小计	比例
A.专科	3	11.11%
B.本科	24	88.89%
本题有效填写人次	27	

如表6-3所示，27名S市某区初中阶段的体育学科教师中24名具有本科学历，3名具有专科学历。说明S市某区初中阶段体育学科教师以本专科学历为主，满足体育学科教学需求。

5.教师所学专业分布

表6-4 S市某区样本初级中学体育学科教师专业情况

体育学科教师所学专业	小计	比例
A.体育	26	96.3%
B.其他	1	3.7%
本题有效填写人次	27	

如表6-4所示，参与调查的27名教师中，仅有1名教师所学专业不是体育。说明S市某区初中阶段体育学科教师专业对口率高。

6.教师所学专业与所教科目对口情况

表6-5 S市某区样本初级中学体育学科教师任教科目情况

教师任课情况	小计	比例
D.美术(含书法)	1	3.7%
F.体育与健康	23	85.19%
J.综合实践活动	1	3.7%
L.其他	4	14.81%
本题有效填写人次	27	

27名体育教师的任教科目如表6-5所示，可以发现体育学科教师的所

学专业与所教科目对口度较高。

7.教师职称分布情况

表6-6　S市某区样本初级中学体育学科教师职称情况

教师职称	小计	比例
A.中学一级	11	40.74%
B.中学二级	9	33.33%
C.中学三级	0	0%
E.副高级	5	18.52%
F.正高级	0	0%
G.未评级	1	3.7%
H.其他	1	3.7%
本题有效填写人次	27	

27名参与调查教师的职称情况如表6-6所示，可以发现体育学科教师的副高级职称和中级职称占比最高，而正高级体育教师极度缺乏。

8.教师所评职称与所教科目对口情况

调查数据显示，27名参与调查的教师所评职称均为体育类别，体育学科教师所评职称与所教科目对口。

9.教师周学习时间分布情况

表6-7　S市某区样本初级中学体育学科教师每周学习时长

体育学科教师每周学习时长	小计	比例
A.1小时以下	4	14.81%
B.1—2小时	7	25.93%
C.3—6小时	6	22.22%
D.7—10小时	7	25.93%
E.10小时以上	3	11.11%
F.其他	0	0%
本题有效填写人次	27	

表6-7数据显示，27名参与调查的体育学科教师每周都要花一定的时间来学习。

10. 教师参加培训次数分布情况

表6-8　S市某区样本初级中学体育学科教师每年参加培训次数

体育学科教师每年参加培训次数	小计	比例
A.没有	3	11.11%
B.1次	3	11.11%
C.2次	9	33.33%
D.3次	6	22.22%
E.4次	1	3.7%
F.5次	2	7.41%
G.5次以上	3	11.11%
H.其他	0	0%
本题有效填写人次	27	

表6-8调查数据显示，27名参与调查的教师每年都有机会参加各种培训学习活动，其中每年2次者占比最高。

11. 教师周工作量情况

表6-9　S市某区样本初级中学体育学科教师每周工作量情况

体育学科教师对周工作量的个人感受	小计	比例
A.很少,工作很轻松	0	0%
B.不少,但是我喜欢我的教学工作	8	29.63%
C.不是很大	2	7.41%
D.很大,感觉比较吃力	17	62.96%
本题有效填写人次	27	

表6-9调查数据显示，27名参与调查的体育教师每周的平均学时为13.6学时，最少的为9学时，最高的为19.3学时。可以看出，S市某区初中阶段的体育教师教学任务很重。这与教师们对周工作量的个人感受一致。

（二）教师专业发展存在问题及其原因分析

1.教学理念

表6-10　在学科专业知识方面,我想了解的内容(n=27)

选项	小计	比例
A.课标解读与教材分析	17	62.96%
B.学生身心与认知发展规律	19	70.37%
C.学生习惯养成的方式方法	18	66.67%
D.有效教学的标准与实施	22	81.48%
E.多元智能的理论	8	29.63%
F.学生心理健康与安全	15	55.56%
G.课程改革现状与发展趋势	14	51.85%
本题有效填写人次	27	

问题一：教学理念落后，对《体育（与健康）课程标准》解读不到位

原因分析：第一，教师年龄结构不合理，任课教师年龄偏大，习惯用传统教学理念进行教学。S市某区教师年龄结构整体上出现轻微负偏态分布，年轻教师数量偏低，在41—57岁的年龄段处于密集高峰值，明显看出S市某区教师老龄化数量较多。第二，对新课程标准研究学习不够。如上表所示，在"在学科专业知识方面，我想了解的是"中选择"课程标准与教材分析"的教师达17人，占比62.96%。仅有48%的老师表示已经认真阅读和学习过教育部颁布的2011年版《义务教育体育与健康课程标准》。

问题二：应试教育思想在九年级教学中表现突出

原因分析：按照目前的中考政策，体育学科在升中考总分中占60分，在这种背景下，初升高考试中的体育项目是七至九年级体育课的重点，尤其在九年级，体育课内容全部是考试项目的教学和训练。

问题三：教学研究水平较低，教师职业倦怠较为严重

原因分析：问卷调查数据显示，接近26%的老师有主持过教育教学课

题研究的经历，33%的老师参与过教育教学课题研究，接近41%的老师没有主持和参与过教育教学课题的研究。再结合63%的老师认为每周的教学工作量过大，难以抽出时间开展教学反思和研究。访谈中得知，体育教师们普遍认为自身的教学研究能力较弱，有心进行教科研能力的提升，但缺少途径和指导者。且目前的职称评审制度也影响了部分年轻教师的学习热情，教师职业倦怠较为严重。

2.教学设计

问题一：对学生身心与认知发展规律认识不足，培养学生体育锻炼习惯目标难以达成

问卷调查结果显示，接近70%的老师自觉需要加强对学生身心与认知发展规律的专业知识，67%的老师认为掌握"学生习惯养成的方式方法"有助于体育课堂教学效果达成。说明目前S市某区初中阶段的体育与健康学科教师对学生身心与认知发展规律认识不足，体育课堂教学以培养学生体育锻炼习惯的目标难以达成。

原因分析：应试教育的指挥棒限制了教学内容，职业倦怠又影响了教师们的教学设计动力，造成教学内容陈旧，方法单调，教学设计缺乏难以激发学生学习积极性。

问题二：信息技术在体育学科教学中应用不足

调查结果显示，有63%的老师认为自己掌握了信息技术应用能力，但在体育课堂教学中很少应用。70%的老师希望能掌握多媒体环境下的学科教学设计和多媒体课件、微课等制作与使用，提示S市某区初中阶段的体育教师渴望能掌握相关的现代信息教学技术，但目前应用于体育教学的现状并不理想。

原因分析：S市某区的体育学科教师年龄加大，教龄较长，缺乏应用多媒体等信息技术的能力，对网络教学资源和整合的能力欠佳，难以创新教学方法、内容和设计。

问题三：合理运用体育游戏的能力有待加强，优秀教学案例运用及糅合能力不足

调查结果显示，70%的老师认为自己掌握了在体育课堂中大量采用游戏的能力并应用于教学，但在现场课堂的观摩中，大部分老师的体育游戏运用并不能和课堂主题内容切合，缺少游戏的趣味性和合理性，没有教师运用音乐旋律和体育活动结合，学生在参与游戏过程中的态度较为消极。提示S市某区初中阶段体育学科教师合理运用体育游戏的能力有待加强。且调查数据显示56%的老师认为仍需加强对优秀教学案例的学习。再结合现实的课堂教学状况分析，暴露出老师们对优秀教学案例的运用和糅合能力不足。

原因分析：S市某区初中阶段体育教师教龄较长，对在线优秀教学案例利用能力较弱，基于音乐、游戏等手段综合运用于教学设计的理念和能力均存在不足。

3.教学实施

问题一：体育课堂安全意识有待加强

调查数据中显示，7%的老师较少关注学生的心理健康与安全教育，48%的老师虽然关注了学生心理健康与安全教育工作但自我感觉知识和经验均存在不足。而在现场课堂观摩中，仅有1名教师在体育课堂开始前交代学生检查身上是否有危险物品。提示S市某区初中阶段体育学科教师的课堂安全意识有待加强。

原因分析：教师对体育课堂的潜在危险性认识不足。

问题二：对学困生的关注度有待加强

原因分析：每班学生约50人，体育教师难以兼顾每个学生的课堂表现；部分教师的课堂组织能力和掌握能力有待加强。

问题三：准备活动和整理活动形式单一

原因分析：教师职业倦怠感较重，没有动力去革新课堂教学内容，较少尝试新的游戏和动作，形成准备活动和整理活动形式单一，难以激发学生学习兴趣。

4.教学效果

问题一：教学评价手段单一，过程性评价的学生参与度不高原因分析：受应试教育的影响，教学效果缺乏多元的评价手段。

问题二：不重视教学反思

原因分析：教师职业倦怠；教学反思流于形式化、任务化；体育教师教学教育工作量和其他工作量大，用于教学反思的时间少。

问题三：培养学生自觉参与体育锻炼习惯的目标达成不足

原因分析：应试教育的影响；学生对体育强身健体与育人的认识有待加强。

四、对策建议与培训规划

（一）培训目标

总目标：通过培训，促进体育教师提高使命感和责任感，掌握新的体育与健康课程教学理念，增强开发青少年体育与健康教学手段及方法能力，强化体育教学安全防范意识，提升体育课堂教学组织能力水平，增强运动训练理论基础，具备一定的体育教学教研能力，更加有效地保证体育教学的安全开展，进一步提高体育教学质量。

培训具体目标：通过培训，深刻理解《义务教育体育与健康课程标准》，提升体育教师的使命感和责任感，形成追求卓越的意识和动力。通过培训，更新体育教师课程教学理念，强化体育教学安全防范意识，提升体育课堂教学设计和组织能力水平。通过培训，增强体育教师运动训练理论基础，提升体育教学教研能力。

（二）培训内容、方法

表6-11　S市某区初级中学体育学科教师三年培训内容与方法

培训主题	培训内容	培训天数	培训学时	培训方法
体育与健康课程教学能力培养及水平提升	新时代体育教师的使命	0.5	4	专家讲座、小组讨论
	优秀体育教师成长经验分享	0.5	4	专家讲座、小组讨论、案例分析
	《义务教育体育与健康课程标准》解读	0.5	4	专家讲座、小组讨论、案例分析
	中小学体育教学新方法	0.5	4	专家讲座、小组讨论、案例分析
	体育课堂有效性评价的生理学基础及应用	0.5	4	专家讲座、小组讨论、案例分析
	中小学体育教学课堂评价新手段	0.5	4	专家讲座、小组讨论、案例分析
	优秀体育示范课观摩及评课	0.5	4	实践、小组讨论
	优秀教学案例剖析	0.5	4	小组讨论，汇报
	教学设计及模拟授课考核	1	8	实践、考核
体育课堂教学安全及新项目的编排和运用	体育课堂常见安全隐患及注意事项	0.5	4	专家讲座、小组讨论、案例分析
	体育课常见运动损伤的预防及应急处理	0.5	4	专家讲座、案例分析、实践
	青少年运动训练方案设计与实操	0.5	4	专家讲座、案例分析、实践

续 表

培训主题	培训内容	培训天数	培训学时	培训方法
体育课堂教学安全及新项目的编排和运用	信息化技术在中小学体育教学中的应用与实操	0.5	4	专家讲座、案例分析、实践
	体育游戏(含拓展训练)在体育课堂中的运用及实操	0.5	4	专家讲座、案例分析、实践
	健身操的编排及在中小学体育课堂中的应用	0.5	4	专家讲座、案例分析、实践
	定向运动的组织及技术要点	0.5	4	专家讲座、案例分析、实践
	音乐及故事在中小学体育课堂中的运动及实操	0.5	4	专家讲座、案例分析、实践
	体育课堂教学设计及说课考核	1	8	实践、考核
体育教师教学改革研究能力培养及提升	教学反思的作用和意义	0.5	4	专家讲座、小组讨论、案例分析
	如何进行有效的教学反思	0.5	4	专家讲座、案例分析、实践
体育教师教学改革研究能力培养及提升	中小学体育教学研究课题的选题和挖掘	0.5	4	专家讲座、案例分析、实践
	中小学体育教学课题的申报书撰写及指导	0.5	4	专家讲座、案例分析、实践
	中小学体育教学课题的方案设计与实施注意事项	0.5	4	专家讲座、案例分析、实践

培训主题	培训内容	培训天数	培训学时	培训方法
体育教师教学改革研究能力培养及提升	中小学体育教学课题结题报告撰写与指导	0.5	4	专家讲座、案例分析、实践
	教学论文的撰写与指导	0.5	4	专家讲座、案例分析、实践
	优秀中小学体育教研课题案例剖析	0.5	4	专家讲座、案例分析、实践
	体育教科研课题开题及实施模拟	1	8	实践、考核

第七章　初中美术（含书法）教师专业发展

一、调研背景与目的

教师肩负着塑造灵魂、塑造生命、塑造人的时代重任，是教育发展的第一资源。党的十八大以来，以习近平同志为核心的党中央将教师队伍建设摆在突出位置，作出一系列重大决策部署。为贯彻落实《中共中央国务院关于全面深化新时代教师队伍建设改革的意见》、《教育部关于印发〈幼儿园教师专业标准（试行）〉〈小学教师专业标准（试行）〉和〈中学教师专业标准（试行）〉的通知》（教师〔2012〕1号），广东省关于加强教师队伍建设相关文件的精神，结合S市某区基础教育改革发展的需要，全面了解S市某区义务教育阶段美术学科中学教师专业发展需求，科学统筹和规划S市某区义务教育阶段的美术教师队伍建设，夯实S市某区教育发展基础，实现S市某区教育特色发展，S市某区教育局及S学院省级中小学教师发展中心共同组织实施本次调研活动。

二、调研过程与方法

1.调研过程

前期协调—深入样本学校—随堂听课—说课评课—座谈交流—全员问卷调查（线上问卷星）。

2.调研方法

本次调研综合采用多种方式进行，具体如下：

（1）课堂微分析。深入S市第十四中学、S市龙归中学美术学科教师课堂进行听课，并做好课堂观察和课堂评量（见附件1）。调研组听完课后即对授课教师进行访谈，先由授课教师按照提纲（见附件2）进行5分钟说课，然后调研组根据美术课程标准围绕教学理念、教学设计、教学实施、教学效果等进行访谈等，通过对美术教师学科教学进行微分析了解教师学科教育教学中存在的问题。

（2）自我报告法。由样本学校教师副校长牵头组织美术学科（分年级）教师进行自我评价，着重说明本学段本学科教师在教育教学方面存在的不足和问题（见附件5）。

（3）问卷调查法。中学美术问卷由S市某区教育局组织在线发放，需覆盖S市某区美术学科所有教师。

（4）资料分析法。对美术考试资料（如统考试题）、测试资料、考核资料、义务教育质量监测报告等进行分析，充分挖掘S市某区中学美术学科教师在教育教学中存在的不足。

（5）数据库分析法。通过对S市某区美术学科教师基本信息数据库进行分析等，全面分析美术学科教师人口学特征。

三、调研结果分析

（一）人口学分析

1.教学单位教师分布情况

本报告调查S市某区中学阶段本学科教学单位8个。城区教学单位4所，占比为50%；乡镇教学单位4所，占比为50%。各教学单位本学科在岗教师10人，在编在岗教师10人，占比100%，临聘教师1人，占比10%。专职教师（指所学专业与所教学科相符、所评职称与所教学科相同）9人，占比90%；兼职教师1人，占比1%。各教学单位学校类型、区位类型、教学点、在岗教师人数、在编在岗人数、临聘教师人员、专职教师人数、兼职教师人数等列表如下：

表7-1　S市某区中学美术学科教学单位教师分布情况

序号	教学单位	学校类型	区位类型	在岗教师	在编在岗	临聘教师	专职教师	兼职教师
1	第九中学	中学	城区	2	2	0	2	0
2	第十四中学	中学	城区	2	2	0	2	0
3	第十五中学	中学	城区	2	1	1	2	0
4	风烈中学	中学	城区	1	2	0	1	1
5	S市某区龙归中学	中学	乡镇	1	1	0	1	1
6	S市某区江湾中学	中学	乡镇	1	1	0	0	1
7	S市某区西河学校	中学	乡镇	1	1	0	0	0
8	S市某区重阳学校	中学	乡镇	0	0	0	0	0

2.区位、城乡教师分布情况

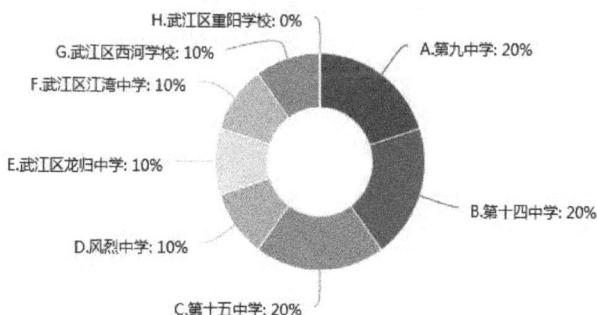

图7-1　区位、城乡教师分布

由统计数据可知（图7-1），中学阶段本学科教师共10人，其中城区教师7人，占比为70%，城区在编在岗教师10人，占比为100%，城区临聘教师1人，占比为10%。乡镇教师3人，占比为30%，乡镇在编在岗教师3人，占比为100%，乡镇临聘教师0人，占比为0%，可见城区师资力量比乡村的要雄厚。

3.教师教龄分布情况

统计数据显示，S市某区中学阶段本学科教师年龄结构不均匀，中老教师较多，年轻教师较少，本学科教师的平均年龄为43岁。40岁以下3人，占30%；40—50年龄段4人，占40%；50—60岁的年龄段3人，占30%；从数据来看，平均年龄还比较年轻，但由于教师人数较少，有一位新入职教师（24岁），教师平均年龄不具备研究参考价值。

4.教师编制类别分布情况

统计数据显示，S市某区中学阶段本学科正式编制教师9人，占比90%，其中乡镇地区的老师编制覆盖率30%，重阳中学为0人，总体来看，S市某区中学阶段本学科教师缺乏编制保障力度。

5.教师学历学位分布情况

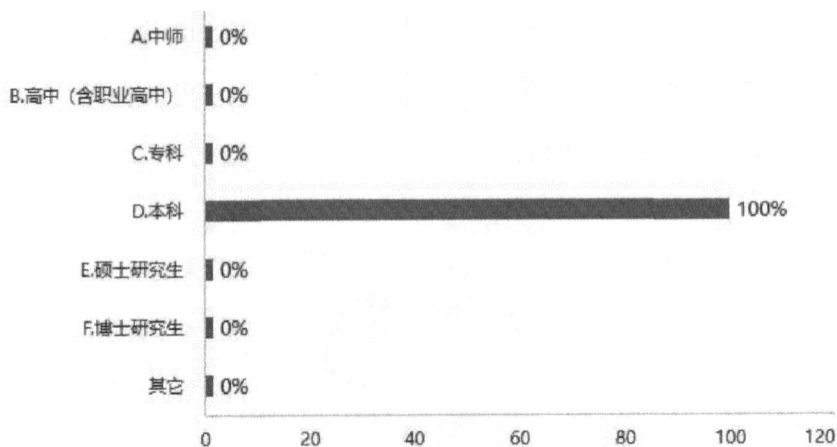

图7-2 教师学历学位分布

统计数据显示（图7-2），S市某区中学阶段本学科教师拥有最高学历为研究生的教师数量为0人，占比为0%；拥有最高学历为本科的教师数量为10人，占比为100%；S市某区中学阶段本学科教师学历水平一般。

6.教师所学专业分布和所教学科对口情况

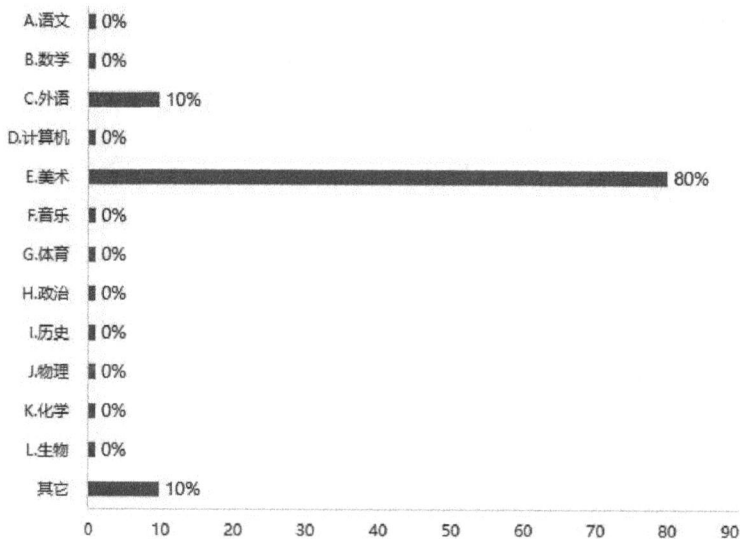

图7-3 教师专业分布和学科对口

统计数据显示（图7-3），S市某区中学阶段本学科教师所学专业为美术的教师数量为9人，占比为80%；而所学专业为其他的教师数量为1人，占比为10%。所教授科目为美术（对口）的教师数量为10人，占比为90%；所学专业不是美术而所教授科目为美术（不对口）的教师为1人，占比高达20%。可见，S市某区中学阶段本学科教师专业对口率较低，本学科教师的专业化水平有待提高。

7.教师职称分布情况

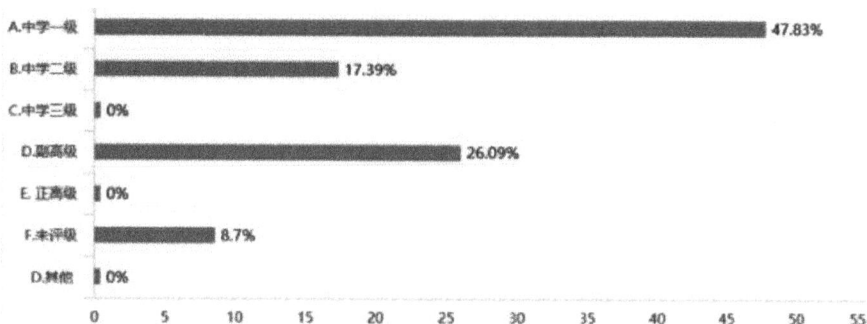

图7-4 教师职称分布

统计数据显示（图7-4），S市某区中学阶段本学科教师中，职称为正高级、中学三级的教师数量为0，占中学本学科教师总人数0%；副高级的教师数量为1人，占比为10%；中学一级教师人数为5人，占比为50%；二级教师人数为3人，占比为30%；无职称教师人数为1人，占比为10%。可见，S市某区中学美术学科教师职称主要集中在中学一级，上升空间大。

8.教师所评职称与所教科目对口情况

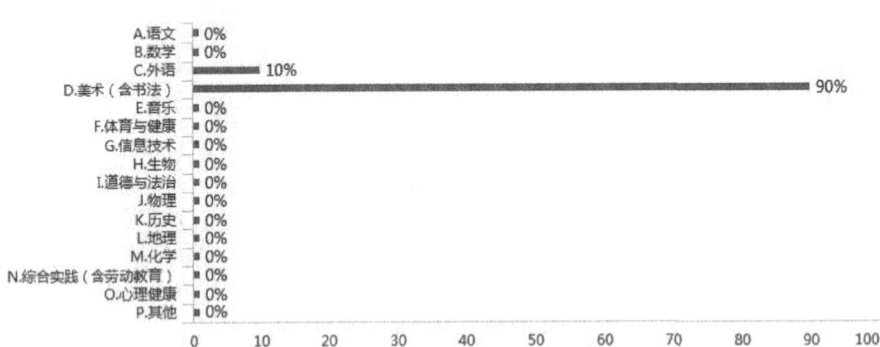

图7-5　教师职称与科目对口

统计数据显示（图7-5），S市某区中学阶段本学科教师所评职称与所教科目对口的教师数量为9人，占比为90%；所评职称与教科目不对口的教师数量为1人，占比10%。S市某区中学阶段本学科教师所评职称考虑美术科目的数量还有待提高。

9.教师周学习时间分布情况

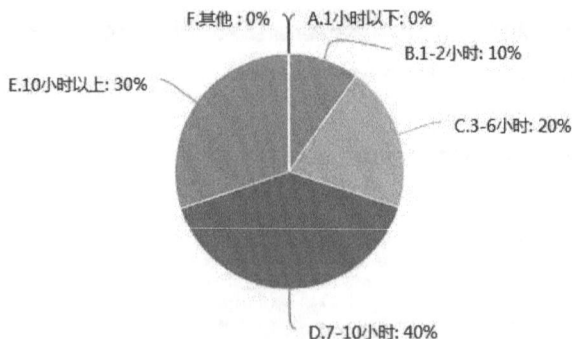

图7-6　教师周学习时间分布

统计数据显示（图7-6），S市某区中学阶段本学科教师每周学习时间为1—2小时的教师数量有1人，占比10%；学习时间3—6小时的教师数量为2人，占比20%；学习时间为7—10小时的教师数量有4人，占比40%；学习时间为10小时以上的教师数量有3人，占比30%；每周学习时间花费在1小时以下（即一天不足1小时）的比例为0%。可见本地区中学阶段本学科教师周学习的时间较长，在提高自己的专业知识或素养的时间上投入较多。

10.教师参加培训次数分布情况

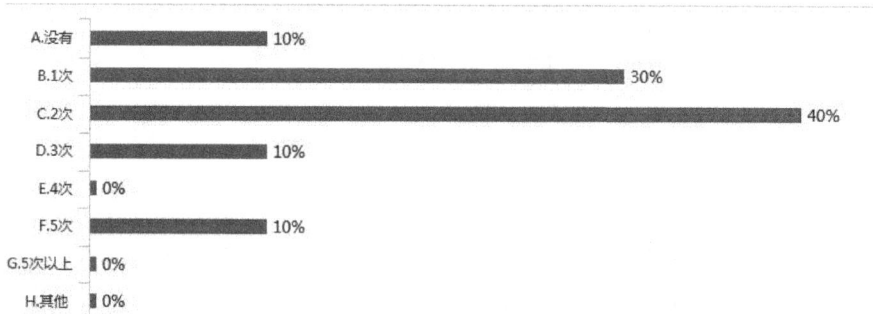

图7-7　教师培训次数分布

统计数据显示（图7-7），S市某区中学阶段本学科教师没有参加培训的教师数量为1人，占比10%；参加过1次培训的教师数量为3人，占比30%；参加过2次培训的教师数量为4人，占比40%；参加过3次培训的教师数量为1人，占比为10%；参加过4次培训的教师数量为0人，占比为0%；参加过5次培训的城区的教师数量为1人，占比为10%。参加过5次以上培训的教师数量为0人，占比为0%。可见，美术教师参与培训的机会还是比较大。

（二）教师专业发展存在问题及其原因分析

1.教学理念

问题一：教学理念落后，在美术教学环节中落实美术课程标准理念不到位、不清晰原因分析：第一，教师年龄结构不合理，任课教师年龄偏大，习惯用传统教学理念进行教学。S市某区教师年龄结构整体上出现轻微负偏态分布，年轻教师数量偏低，41—57岁的年龄段处于密集高峰值，明显看出S市某区教师老龄化数量较多。对新课程标准研究学习不够。

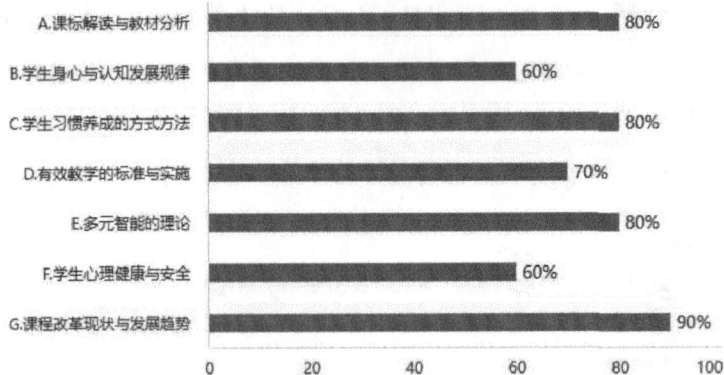

图7-8　学科专业知识方面调查

通过问卷结果（图7-8）来看，在"在学科专业知识方面，我想了解的是"中选择课程标准与教材分析的教师达8人，占比80%；选择有效教学的标准与实施的教师7人，占比70%；选择课程改革与发展趋势的教师9人，占比90%。美术教师由于各种原因，缺乏对美术课程标准和美术教学的研究的主动性和积极性，没有很好了解美术新课程标准理念。

问题二：美术学科的专业知识、技能、素养欠佳

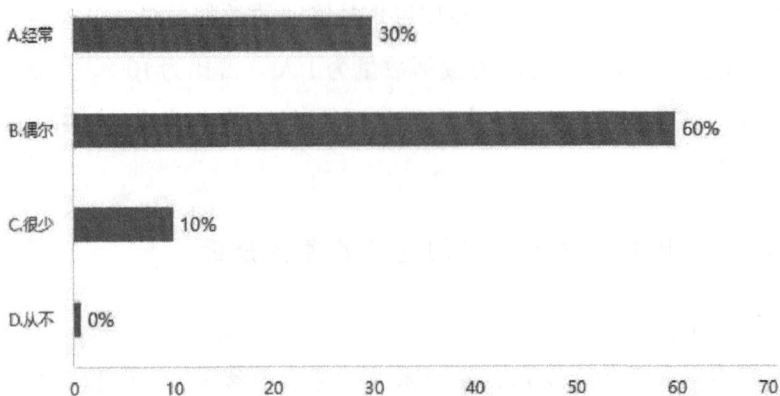

图7-9　美术专业知识学习调查

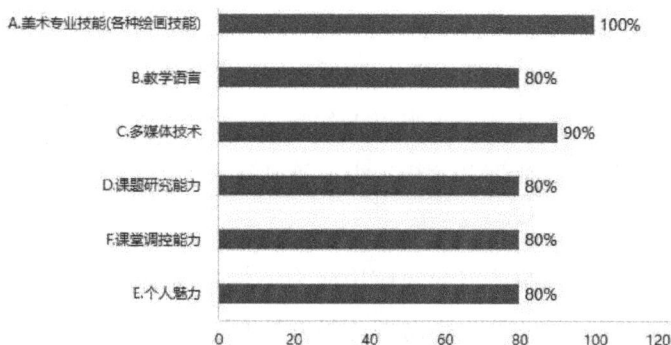

图7-10 如何提升核心素养调查

通过问卷结果来看，在"你认为应该从哪些方面提升自己的核心素养"中选择"美术专业技能（各种绘画技能）"占100%；在"您是否关注美术领域的最新动态和发展，关注全国、省级美术作品展览"中选择偶尔的占比60%，选择很少的10%，只有30%的教师关注。

原因分析：美术学科是以专业实践能力为主的学科，大多数老师长时间不动手，示范能力较差，长时间坚持绘画习惯的教师不多。数据显示S市某区美术学科教师毕业前所学的专业是美术专业的比例较小（90%）。因为上级规定的美术教学任务要完成，而现有的师资状况又满足不了，导致目前不少的美术课安排其他所谓主科教师兼任，这些兼任美术老师因为没有受过系统的美术知识训练，无法更深入地去研究美术教学，对新课标背景下的美术教法认识与应用不足。

问题三：教学研究水平较低

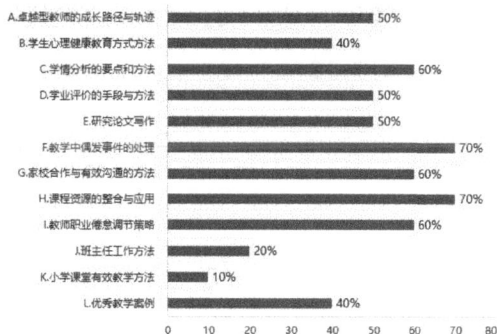

图7-11 教师需要提升的方面

通过问卷结果来看，S市某区美术教师，没有主持和参与教育教学课题研究的人数达4人，占比40%；仅有4人主持过教育科学课题研究。

原因分析：调查显示，一半以上的教师没有主持和参与过教育教学课题研究。教育科研上教师自发行为少、被动行为多。

2.教学设计

问题一：课程资源的整合与应用能力不强。通过问卷结果来看，美术教师认为课程资源的整合与应用需要提升的有7人，占比70%。

原因分析：第一，美术教师对课标、教材、学生等研究和学习不够深入；第二，不会课程资源的整合与应用的方法。

问题二：现代化教学手段与学科教学融合不够深入

原因分析：由于S市某区的学科美术教师大多为年龄大的教师，缺乏应用多媒体等信息技术的能力，对网络教学资源和整合的能力欠佳，大多数时候仅靠单一的教学手段，无法激发学生的学习兴趣和注意力。很多教师特别是乡镇年龄较大的教师没有掌握或不能熟练掌握现代化教学手段，现代化教学手段与学科教学融合示范教学较少。

问题三：以学生为主体设计的教学活动，效果不够理想

原因分析：为了适应新课堂改革，注重了课堂的气氛和学生的感受，但是由于教师缺乏必要经验，过分强调以"学生为中心"而忽视了教师作为教学活动的主导地位，教学内容偏离轨道，教学效果差强人意，教学活动流于形式。很多美术教师在"以学生的认识过程为主体设计教学活动方面"中50%的教师选择了效果不理想，还有10%的教师选择缺乏以学生为主体设计教学活动经验（图7-12）。

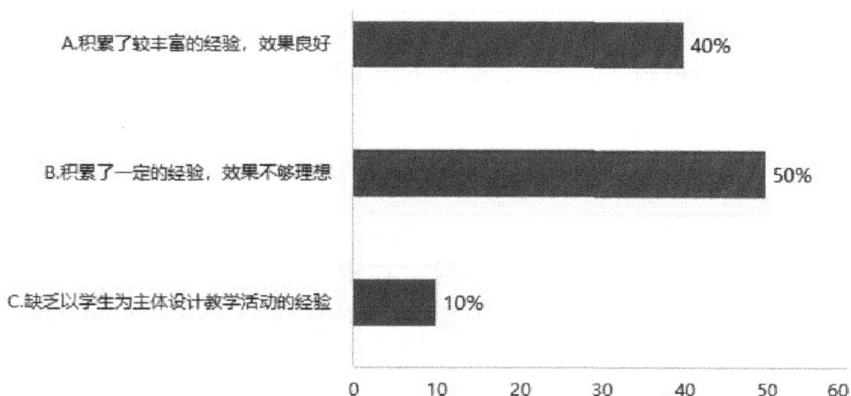

图7-12 以学生为主体设计的教学活动的效果

3.教学实施

问题一:照本宣科的方式无法满足学生需要

原因分析:美术课程特别强调专业技能和动手示范能力(特别是在造型与表现学习领域),很多教师在进行美术教学时,还是采取以往的宣教式,没有充分的准备,教学时一成不变地宣读课本内容。甚至有些教师在教学中很少进行内容的讲解,学生机械地学习课本上的内容。以"讲授法"作为主要的教学手段,教学手法较为单一,与广泛倡导的"教师主导、学生主体、师生共同参与"的教学模式相背离。

问题二:教学方法比较单一,缺乏知识的生成过程,学生兴趣很难被激发

原因分析:美术教师在进行初中美术教学时,教学方法还比较单一,没有针对教学需要进行方法的创新,教学方法长时间不变,无法满足学生学习需要和教学需要。教师在教学过程中的出发点往往是自己的主观意识,没有注意学生的感受,这种教学模式比较僵化,很难满足学生对美术学习的实际需要。随着新课改的进行,美术教学也愈加重视自主学习和合作探究,但并未真正落实。教学过程中,教师讲授还是主要的方式,学生并没有真正的合作,自主探究的机会也比较少,学生学习兴趣没有得到真正的激发,教学有效性也没有真正提高。

许多教师虽然能使用课件辅助教学,但是大多满足于从网上下载,仅

做少许改动甚至不改动便完成备课任务，既没有发挥网络优秀资源的优点，也没有根据学情进行研究，教学方法一般仍是讲授为主，即使安排了小组探究、讨论等也流于形式。

问题三：在美术教学中运用信息技术进行教学能力较弱（图7-15）

原因分析：第一，教师年龄结构偏大，学习和运用信息技术存在困难。第二，学校信息技术设备存在老化现象，影响教师使用信息技术设备进行教学的积极性。第三，相关信息技术设备使用培训不到位。教师不会用或不能熟练使用。

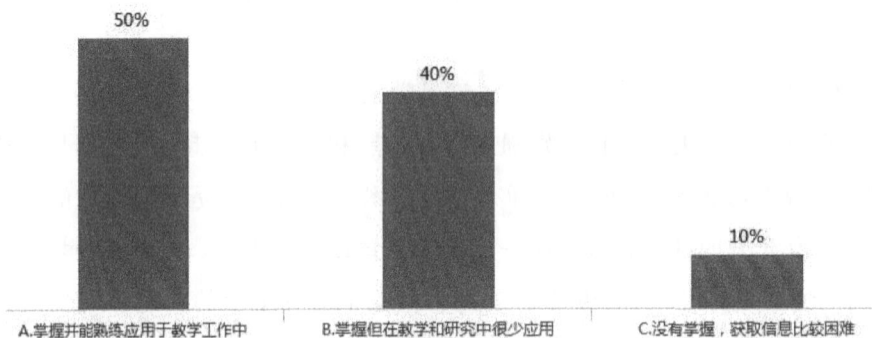

图7-15

4.教学效果

问题一：教学评价方式、手段单一，主要是以练习和考试为主，缺乏过程性评价，学生的主体性作用没有明显体现

原因分析：受应试教育的影响，教学效果缺乏多元的评价手段。大部分美术教师都认识到学生在课堂上合作、自主、探究是学习方式，自主学习的重要性，教师应给孩子留足思考与自主学习的空间，一定要关注学生，注重学生的自主探究、合作探讨等能力培养。但还有不少教师不敢放手。

问题二：教学评价中个体评价体现不够突出

原因分析：第一，课堂以问题、练习、考试为主，教师只能提问部分学生。第二，不会运用现代化技术了解全体学生的学习效果。

问题三：不重视教学反思

原因分析：第一，教师职业倦怠；第二，教学反思流于形式化、任务化；第三，教师教学教育工作量和其他工作量大，用于教学反思的时间少。

问题四：对核心素养下的课堂教学把握不足

原因分析：落实美术学科核心素养目标，评价学生美术学习的主要指标是学生在面对美术学习主题时，能够初步建立起图像识读、审美判断、文化理解等能力。但是从现场调查和实地听课的情况来看，"素养"也没有在课堂上得到很好的落实。

四、对策建议与培训规划

针对问卷调查、走访，项目组专家、一线优秀美术教师、地方艺术教研员调研分析整理情况，得出基础教育美术教师专业的成长以及培训建议需要满足以下四个方面的需求。（1）知识的需求。对知识的需求主要集中在美术学科专业知识与技能、学科教学法知识和现代教育技术知识三方面，对教育理论知识和科研知识的需求程度居中。这主要是由于欠发达地区的美术学科教师大都属于"半路改行"，后续学历者居多，对美术学科的专业知识与技能、教学方法还不甚精通，亟待提高。相比之下作为专业发展必不可少的教育理论和教育科研知识便退居到次要位置。（2）能力的需求。经调查对能力的需求依次为：课堂教学能力、教育科研能力、学生管理能力、利用现代教育技术能力、把握新教材实施新课改的能力。其中提高教师驾驭美术课堂教学的能力仍然是欠发达地区美术教师培训的重点。另外，如何把握新教材、实施新课改，也是困扰教师们的重大难题。至于教育科研能力也开始引起他们的重视。（3）培训方式的需求。培训方式是影响培训效果的重要因素之一，随着教育理论的发展和实践工作的探索，培训方式也趋向于多元化，经调查，培训对象所喜欢的培训方式依次为：系统讲授；专题讲座；交流研讨；课题研究；教育考察；说课评课；跟岗学习；自主学习。（4）培训师资的需求。对培训师资的需求依次为：培训院校专业教师；中小学优秀教师；教育科研人员；教育理论专家；教育行政领导。其中，培训院校的师资适应他们获取专业知识的需求，中小学优秀教师适应其获取教学法知识和提高实施课改能力的需求，科研人员适合其提高教研能力的需求，使培训更有针对性。聚焦新课程修订思想和专业发展，修炼中小学美术骨干教师德行和教学特色，提升美术教学创新和指导实践的能力，培养一批新时期精专业技能、懂美术教学、善教学研究的种子教师，使他们在课程改革与教师发展中发挥示范引领作用。

（一）培训目标

1.总目标

立足于粤北基础美术教育的实际，引导、激励和帮助中小学美术教师增强终身学习和主动学习的意识，在现有起点上持续发展。提升学员对教师标准和小学美术教师职业的理解及认同，树立新的学生观、新的教师观、新的教育观和高尚品质。提高学员全面美术学科素养、人文素养和娴熟的美术技能，形成高品位审美素养。提高学员教育教学能力和终身发展能力，形成专业成长意识和教育教学研究意识。提升学员做好学科带头人的能力，形成教育教学经验的传播能力，校本研修组织能力和成长共同体的建构能力。

2.具体目标

（1）绩效目标——提高教师的师德修养和专业能力。基于培训主题和模块内容，重点强化中小学美术教师的职业责任感和专业发展意识；通过专家讲座、技能选修、小组研修、观摩研讨等多种形式，解决教师在工作实践和专业发展中遇到的关键问题和发展瓶颈，以实效性和针对性教师培训锤炼优秀教师、历练优质课堂、精炼优良教学。

（2）资源目标——形成以解决问题为特色的教学案例和研修成果。基于项目实施和管理运行机制，梳理中小学美术教师的教学经验和特色，收集和形成一批以教学案例和研修报告为主要形式的生成性培训资源和教育教学成果，"强师工程资源包"汇编为一套培训文集，为广大美术教师解决"大班额美术教学、职业发展倦怠、课程资源开发、美术科研开展"等共性问题提供有效参考。

（3）辐射目标——建立"种子教师—教师群体—学生发展"的发展机制。基于对培训成果的宣传推广，基于对课程、平台等培训资源的深入开发利用，基于对培训学员的追踪指导，借助"强师工程"，激发美术学科教师的发展潜能，并以"种子"教师的力量带动所在地区、学校的身边教师共同提高，培养更多在阳光下从事伟大事业的美术教师之翘楚，共同促进学生的全面健康发展，尽力打造一批中小学美术教学名师，促进当地教育事业的发展。

（二）培训内容、方法

根据三年培训建议的主题和目标，培训内容设计四个模块，项目培训采取培训混合模式分段进行。

1.第一阶段（第一年）（42学时）

模块一：职业责任修炼模块

（1）优秀美术教师成长之路。（省市级中小学优秀美术教师讲座）感悟特级教师教学经验和成长；分析促进优秀美术教师成长的因素。

（2）新时期我国学校中小学美术发展形势教育。认真学习贯彻党的关于"改进美育教学，提升学生审美和人文素养"精神，明确中小学美术教育今后工作任务，清楚美术教师的工作使命。

模块二：课标理念修炼模块

（1）课程理念转化为优质教学的案例实施。把握课程理念与实践转换的关键；解决课标理念在教学实施中的共性问题。

（2）义务教育美术课程标准修订核心问题对比研究。分析美术课程标准（修订）十个要点问题；清楚美术教师应掌握的真本事。

模块三：教学魅力修炼模块

（1）美术课程教学资源与校本课程的开发。理解美术课程教学资源开发的原则；掌握美术课程教学资源开发的方法；观摩与研讨特色校本课程。

（2）专家指导下的自身教学经验与特色梳理。现场教学与观摩；梳理挖掘自身教学经验；形成反映教学特色的案例成果。中小学美术课堂教学策略研究；初中美术疑难问题解析等。

2. 第二阶段（42学时）

模块四：专业技能修炼模块（一）

（1）纸造型艺术与教学技巧、案例研究；（2）版画艺术与教学技巧、案例研究。专业技能修炼模块（一）主要完成以下主要内容：纸艺、版画主要技能与教学方法的指导、手段的创新；教学案例分析与课例实践；各类项目教材教法指导。

3. 第三阶段（42学时）

模块四：专业技能修炼模块（二）

（1）泥塑艺术与教学技巧、案例研究；（2）水彩艺术与教学技巧、案例研究。专业技能修炼模块（二）主要完成以下主要内容：泥塑、水彩画艺术主要技能与教学方法的指导、手段的创新；教学案例分析与课例实践；各类项目教材教法指导。

第八章 初中信息技术教师专业发展

一、调研的背景与目的

国家发展、民族振兴依靠人才，人才培养、素质提高依靠教师，教师是推动教育改革创新，办好人民满意教育的关键所在。教育的存在与发展，首要前提就是要有一支数量充足、结构合理、素质优良的教育者队伍。教师是立教之本、兴教之源，承担着让每个孩子健康成长、办好人民满意教育的重任。中共中央 国务院高度重视教育工作，陆续颁发了《中共中央 国务院关于全面深化新时代教师队伍建设改革的意见》、《教育部关于印发〈幼儿园教师专业标准（试行）〉〈小学教师专业标准（试行）〉和〈中学教师专业标准（试行）〉的通知》（教师〔2012〕1号）等教育文件，广东省也颁发了相关的教育文件，强调大力加强教师队伍建设。信息技术的发展给现代教育带来了发展的动力，为现代教育提供了丰富的信息资源与工具，信息技术的应用已成为现代教育技术的特征之一。以教育信息化全面推动教育现代化，将成为今后相当长一段时间内我国教育改革发展的重要主题，引起了各级教育行政部门和各级各类教育机构的充分重视和高度关注。

二、调研的过程与方法

（一）调研方法与过程

本次调研综合采用多种方式进行，具体如下：①课堂微分析。深入信息技术学科教师课堂进行听课，并做好课堂观察和课堂评量。调研组听完课后即对授课教师进行访谈，先由授课教师按照提纲进行5分钟说课，然后调研组根据信息技术课程标准围绕教学理念、教学设计、教学实施、教学效果等进行访谈等。②自我报告法。由信息技术学科教师进行自我评价，着重说明本学段本学科教师在教育教学方面存在的不足和问题。③数据库分析法。通过对S市某区信息技术学科教师基本信息数据库进行分析等，全面分析信息技术学科教师人口学特征。④问卷调查法。初中信息技术问卷由S市某区教育局组织在线发放，覆盖S市某区信息技术学科所有教师。本次调研大致可分为三个阶段：第一阶段，前期准备。第二阶段，实地调研，包括深入样本学校随堂听课、说课评课、座谈交流；第三阶段，全员问卷调查（线上问卷星）。

（二）样本特征

本调研抽取的样本学校有6所。从学制类型看，九年制学校2所，完全中学4所；从所处位置看，农村中学3所，城市中学3所，详见表8-1所示。

表8-1　样本学校

学段	学校
中学	第九中学、第十四中学、龙归中学、西河学校（中学）、重阳学校（中学）、江湾中学

三、调研结果分析

（一）信息技术教师队伍状况

1.教学单位教师分布情况

S市某区现有义务教育初中阶段本学科教学单位8个。其中，初级中学6所，占比（本报告占比均指该数据占本学科该数据总数比）为75%；九年一贯制学校2所，占比为25%；城区教学单位4所，占比为50%；镇区3所，占比为37.50%；乡村教学单位1所，占比为12.50%。各教学单位本学科在岗教师16人，占比100%；在编在岗教师15人，占比93.75%；临聘教师1人，占比6.25%；专职教师（指所学专业与所教学科相符、所评职称与所教学科相同）13人，占比81.25%；兼职教师3人，占比18.75%。各教学单位学校类型、区位类型、教学点、在岗教师人数、在编在岗人数、临聘教师人员、专职教师人数、兼职教师人数等，详见表8-2所示。

表8-2　S市某区初中信息技术学科教学单位教师分布情况

序号	教学单位	学校类型	区位类型	教学点	在岗教师	在编在岗	临聘教师	专职教师	兼职教师
1	S市某区重阳学校	九年一贯制学校	镇区	2	1	1	0	1	0
2	S市某区西河学校	九年一贯制学校	乡村	2	1	1	0	1	0
3	S市第十五中学	初级中学	城区	0	4	4	0	2	2
4	S市第十四中学	初级中学	城区	0	3	3	0	3	0
5	S市某区龙归中学	初级中学	镇区	0	2	2	0	1	1

续 表

序号	教学单位	学校类型	区位类型	教学点	在岗教师	在编在岗	临聘教师	专职教师	兼职教师
6	S市第十一中学	初级中学	城区	0	1	0	1	1	0
7	S市第九中学	初级中学	城区	0	3	3	0	3	0
8	S市某区江湾中学	初级中学	镇区	0	1	1	0	1	0

2.区位教师分布情况

S市某区义务教育初中阶段本学科教师中城区教师11人，占比为68.75%，城区在编在岗教师10人，占比为62.50%；城区临聘教师1人，占比为6.25%。镇区教师4人，占比为25%，镇区在编在岗教师4人，占比为25%；镇区临聘教师0人，占比为0%。乡村教师1人，占比为6.25%；乡村在编在岗教师1人，占比为6.25%；乡村临聘教师0人，占比为0%。S市某区初中信息技术学科教师城乡区域分布人数及占比情况如图8-1所示。

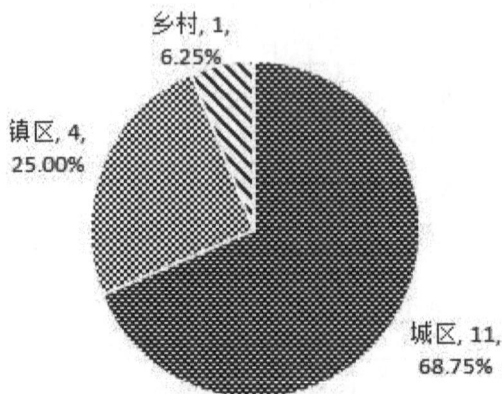

图8-1　S市某区初中信息技术学科教师城乡分布情况

3.教师年龄分布情况

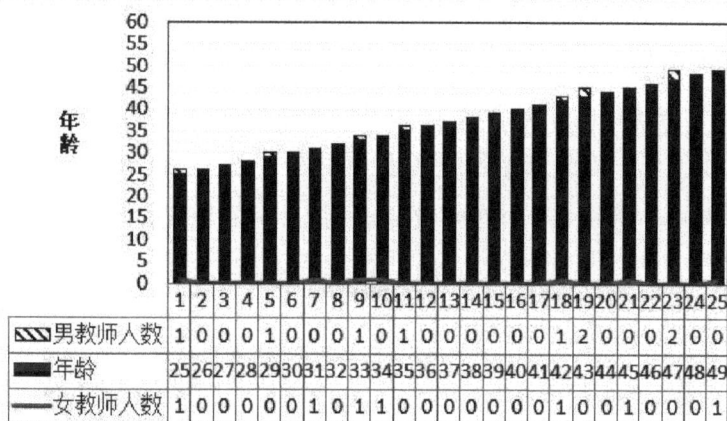

	1	2	3	4	5	6	7	8	9	10	11	12	13	14	15	16	17	18	19	20	21	22	23	24	25
男教师人数	1	0	0	0	1	0	0	0	1	0	1	0	0	0	0	0	0	1	2	0	0	0	2	0	0
年龄	25	26	27	28	29	30	31	32	33	34	35	36	37	38	39	40	41	42	43	44	45	46	47	48	49
女教师人数	1	0	0	0	0	0	1	0	1	1	0	0	0	0	0	0	0	1	0	0	1	0	0	0	1

图8-2　S市某区初中信息技术学科教师年龄结构详细分布情况

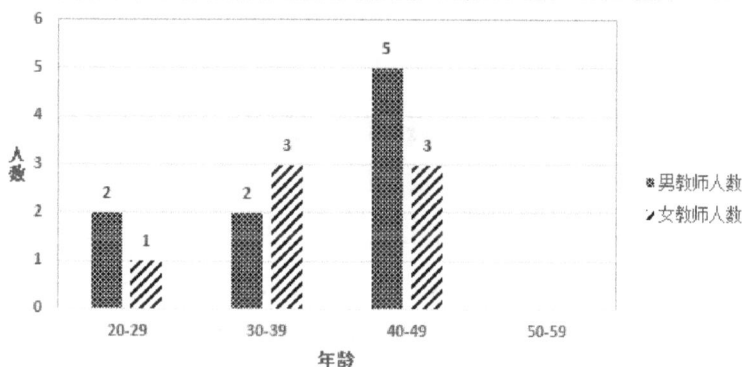

图8-3　S市某区初中信息技术学科男女教师年龄段结构分布情况

S市某区初中信息技术学科教师年龄结构详细分布情况如图8-2所示，根据调查统计的数据显示，S市某区义务教育初中阶段本学科教师平均年龄为37.69岁，男教师平均年龄为38.22岁，女教师平均年龄为37岁，男女年龄相当，不存在性别差异。在图8-3男女教师按年龄段的统计结果显示，教师年龄主要集中分布在30—50岁，30岁以下只有3人，50岁及以上没有人，在30—50岁年龄段中，有13名教师，其中女教师和男教师分别为6人和7人，占比达到了81.25%，中青年教师是S市某区初中信息技术学科的主要力量。另外，据统计数据显示，S市某区义务教育初中阶段本学科教师队伍中男性9人，占比为56.25%；女性7人，占比为43.75%，男女教师的比例基本均衡。

4.教师教龄分布情况

根据调查统计的数据显示，S市某区义务教育初中阶段本学科教师平均教龄为13.25年，男教师平均教龄为12.56年，女教师平均教龄为14.14年，S市某区初中信息技术学科教师教龄结构具体分布情况，如图8-4所示。

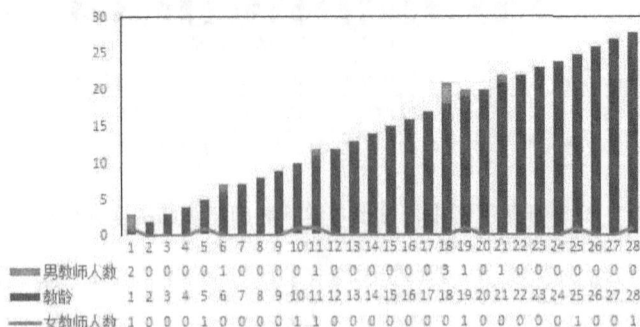

图8-4　S市某区初中信息技术学科教师教龄具体分布情况

根据对男女教师教龄按年龄段进行统计，如图8-5所示。结果显示，5年及以下教龄的教师有4人，占比25%，10年及以上教龄的教师有10人，其中男教师和女教师分别为6人和4人，总占比达到了62.5%，教龄在20年及以上的教师有3人，占比为18.75%，教龄最长的达到了28年，说明S市某区初中信息技术学科教育起步比较早。另外，从整体来看教师教龄及人数分布均匀，中学信息技术学科师资稳定。

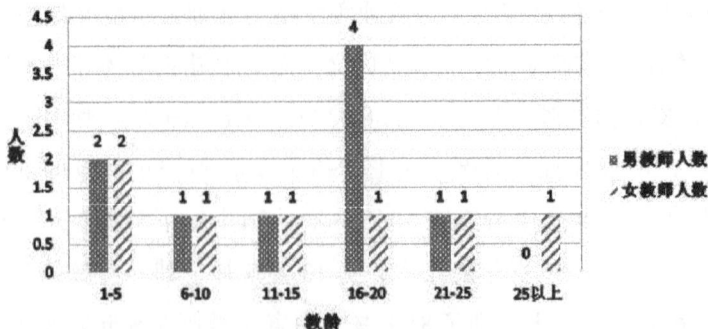

图8-5　S市某区初中信息技术学科男女教师教龄分段分布情况

5.本学科教师专兼职情况

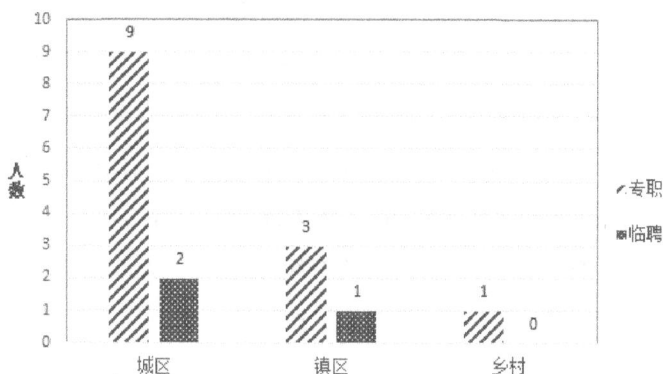

图8-6　S市某区初中信息技术教师专兼职总体情况

参与本次调查统计教师有16名，专职教师有13名，临聘教师3名，S市某区初中信息技术教师专兼职总体情况如图8-6所示。根据调查统计的数据显示，S市某区初中本学科共有专职教师13人，占本学科教师比例81.25%，其中城区、镇区、乡村专职教师分别为9人、3人、1人，具体占比情况如图8-7所示，分别是69.23%、23.08%、7.69%；高级、一级、二级、三级、未评级职称专职教师分别为2人、4人、7人、0人、3人，分别占本学科教师比例为12.5%、25%、43.75%、0%、18.75%。初中本学科共有兼职教师3人，其中城区、镇区、乡村兼职教师分别为2人、1人、0人，分别占本学科教师比例为12.5%、6.25%、0%；高级、一级、二级、三级等不同职称兼职教师分别为0人、1人、2人、0人，分别占本学科教师比例为0%、6.25%、12.5%、0%。

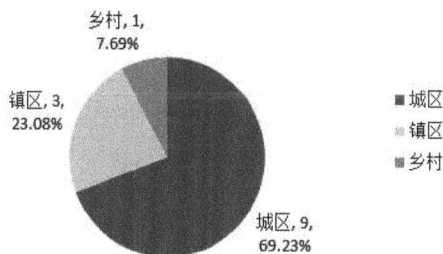

图8-7　S市某区初中信息技术专职教师分布情况

在参与调查的本学科教师中大学毕业的专业有10人是计算机专业，占比为62.5%，2人毕业于物理专业，占比为12.5%，1人毕业于体育专业，占比为6.25%，3人毕业于其他专业，占比为18.75%，详见图8-8所示。可见，本学科教师大部分都是计算机专业毕业的，与从事的教学科目基本匹配。目前担任计算机专业有10人，占比达62.5%，担任的物理学科的2人占比12.5%，同时还有1名教师兼任了体育专业。本学科教师毕业专业与目前从事教学科学以及兼任学科的调查统计显示，大部分教师还是专职专教，从事与所学专业匹配的学科教学工作。

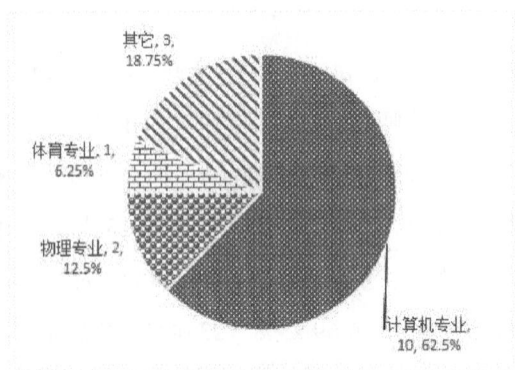

图8-8　本学科教师毕业的专业情况

6.本学科教师学历结构情况

调查统计的数据显示，S市某区义务教育初中阶段本学科教师拥有最高学历为研究生的教师数量为1人，占比为6.25%；拥有最高学历为本科的教师数量为15人，占比为93.75%，详见图8-9。可见，S市某区初中信息技术教师学历达标率整体较高。

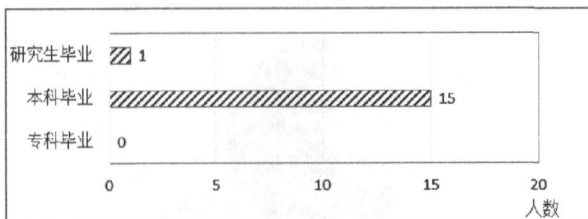

图8-9　S市某区中学信息技术学科教师学历结构分布情况

统计发现，本学科教师中普通教师14人，占比为74.51%，校级骨干教师（教研组长等）1人，占比为11.76%，区（县）骨干教师1人，占比为13.73%，市级骨干教师及以上0人，详见表8-3。可见，S市某区初中本学科学历虽高，但骨干教师的占比相对较低，这可能与学科在中学教育中受重视的程度有关。

表8-3　S市某区中学信息技术学科教师学历结构分布情况

选项	小计	比例
A.普通教师	15	88.24%
B.校级骨干教师(教研组长等)	1	5.88%
C.区(县)骨干教师	1	5.88%
D.市级骨干教师	0	0%
E.省级骨干教师	0	0%
F.国家级骨干教师	0	0%
本题有效填写人次	17	

7.教师职称分布情况

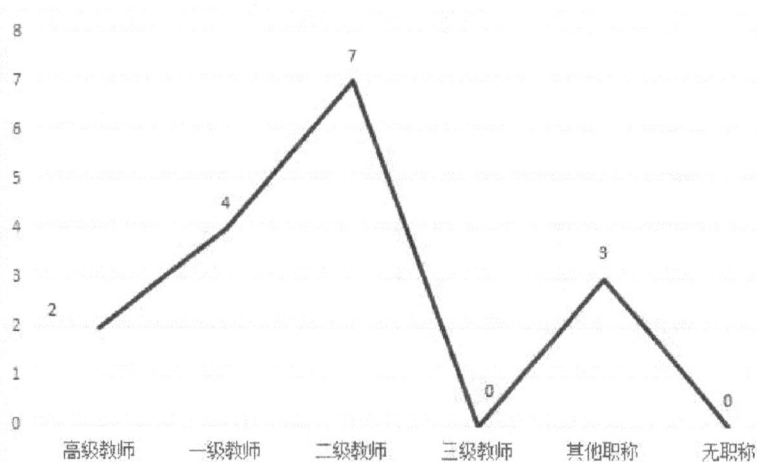

图8-10　教师职称总体分布情况

S市某区初中信息技术教师高级教师人数为2，占初中本学科教师总人数12.5%；一级教师人数为4人，占初中本学科教师总人数25%；二级教师人数为7人，占初中本学科教师总人数43.75%；三级教师人数为0人，占初中本学科教师总人数0%；其他职称教师人数为3人，占初中本学科教师总人数18.75%，详见图8-10。可见，S市某区初中信息技术高级职称教师数量较少。

从地区分布看，城区、镇区、乡村高级教师人数分别为2人、0人和0人；城区、镇区、乡村一级教师分别人数为3人、1人、0人，分别占初中本学科教师总人数18.7%、6.25%、0%；城区、镇区、乡村高级二级教师人数为4人、0人、1人，分别占初中本学科教师总人数25%、0%、6.25%；城区三级教师人数有0人；城区、镇区、乡村无职称教师人数有1人、2人、0人，分别占初中本学科教师总人数6.25%、12.5%、0%，详见图8-11。可见，S市某区初中信息技术教师城区的教师拥有高级职称较多，乡村教师职称相对较低，镇区无职称的教师最多。

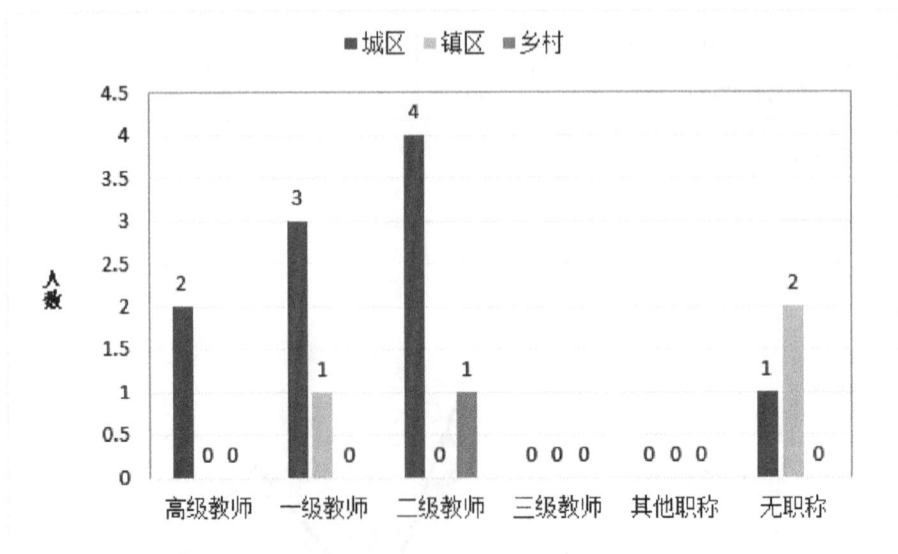

图8-11 S市某区城镇乡初中信息技术教师职称具体分布情况

在评职称的学科方向上，有14名教师是信息技术专业，占比82.35%，有2名评的物理学科，占比11.76%，有1名是体育与健康学科，占比5.88%，详见表8-4。可见，本学科教师评职称的学科基本与所学的专业及所教的学科一致，体现教师专业、专职、专教的特点。

表8-4 本学科教师评职称学科情况

选项	小计	比例
A.语文	0	0%
B.数学	0	0%
C.外语	0	0%
D.美术(含书法)	0	0%
E.音乐	0	0%
F.体育与健康	1	5.88%
G.信息技术	14	82.35%
H.生物	0	0%
I.道德与法治	0	0%
J.物理	2	11.76%
K.历史	0	0%
L.地理	0	0%
M.化学	0	0%
N.综合实践(含劳动教育)	0	0%
O.心理健康	0	0%
P.其他	0	0%
本题有效填写人次	17	

8.自我完善需求方面

本学科参与统计调查教师中，有8人每周学习的时间大约是3—6小时，占比47.06%；1—2小时5人，占比29.41%；7—10小时3人，占比17.65%；10小时以上12人，占0%，详如图8-12。可见，S市某区大部分初中信息技术教师每周学习时间低于6小时。

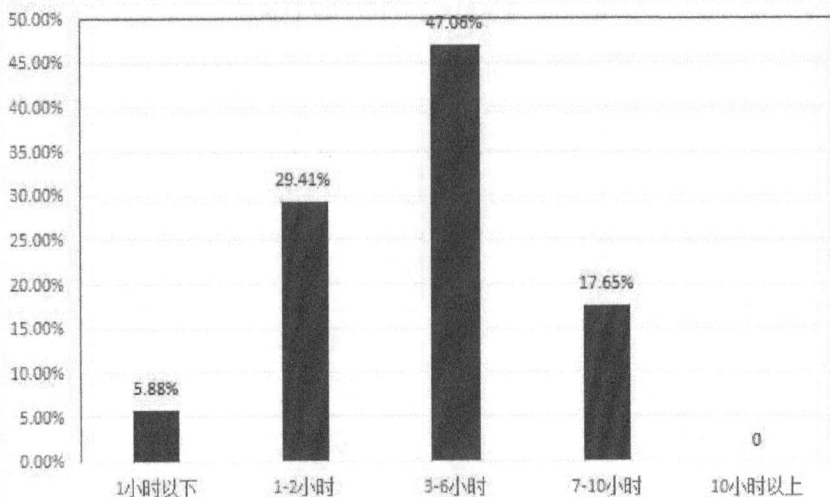

图8-12　本学科教师每周学习时长情况

　　每年参加培训的次数情况，没有参加1人，占5.88%；1次3人，占17.65%；2次4人，占23.53%；5次1人，占5.88%；5次以上8人，占47.06%，详见表8-5。可见，S市某区初中信息技术参与培训频次较高。

表8-5　本学科教师参与培训情况

选项	小计(人)	比例
A.没有	1	5.88%
B.1次	3	17.65%
C.2次	4	23.53%
D.3次	0	0%
E.4次	0	0%
F.5次	1	5.88%
G.5次以上	8	47.06%
H.其他	0	0%
本题有效填写人次	17	

　　在学科专业知识方面，有82.35%的教师对课程改革现状与发展趋势感兴趣，其次分别是，课标解读与教材分析76.47%，有效教学的标准与实施

76.47%，学生身心与认知发展规律64.71%，学生心理健康与安全52.94%，多元智能的理论35.29%，详见表8-6。可见，大部分教师对课程改革现状与发展趋势、有效教学的标准与实施、课标解读与教材分析等学科专业知识提升具有需求。

表8-6 本学科教师在学科专业知识的需求

选项	小计(人)	比例
A.课标解读与教材分析	13	76.47%
B.学生身心与认知发展规律	11	64.71%
C.学生习惯养成的方式方法	9	52.94%
D.有效教学的标准与实施	13	76.47%
E.多元智能的理论	6	35.29%
F.学生心理健康与安全	9	52.94%
G.课程改革现状与发展趋势	14	82.35%
本题有效填写人次	16	

在提升专业能力方面的需求方面，需求最高的是优秀教学案例的提升，占比达到了64.71%；其次课程资源的整合与应用、教学中偶发事件的处理和学生心理健康教育方式方法的需求同等，占比为52.94%；再次是47.06%卓越型教师的成长路径与轨迹和学业评价的手段与方法，41.18%研究论文写，35.29%学情分析的要点和方法和家校合作与有效沟通的方法，29.41%教师职业倦怠调节策略，11.76%小学课堂有效教学方法和班主任工作方法。详见图8-13所示。

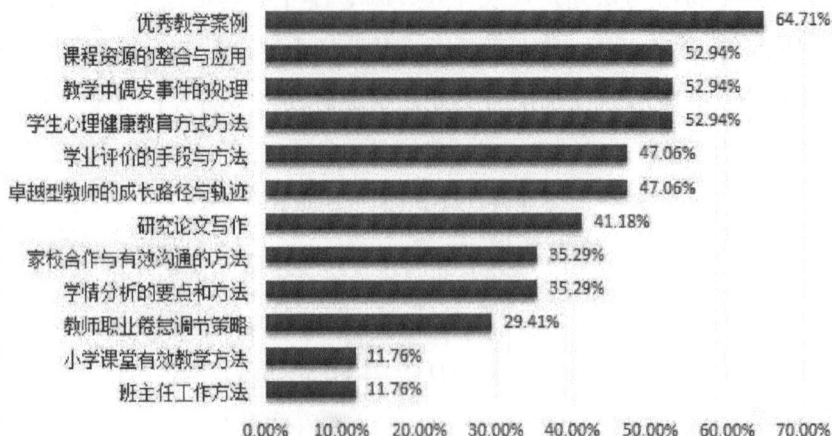

图8-13　本学科教师专业能力方面的需求情况

在信息技术应用方面，各有70.59%的教师渴望掌握网络教学资源的获取与利用的方法、学会多媒体课件、微课等制作与使用，58.82%的教师对技术支持的教学评价与学习评价有需求，52.94%的教师对新教学媒体和多媒体环境下的学科教学设计有需求，47.06%的教师对网络教学平台的应用有需求，详见图8-14。可见，绝大部分S市某区信息技术教师对网络教学资源获取和利用、微课制作与使用提升有培训诉求。

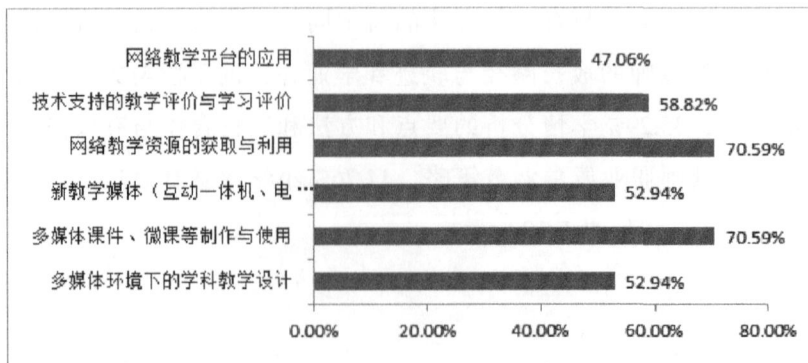

图8-14　本学科教师希望提升的方面

作为信息技术教师，有70.59%的教师认为需要从课堂调控能力提升自己的业务素质，有88.24%的教师认为需要从课题研究中提升，有64.71%的教师认为需要提升论文撰写能力，有52.94%的教师认为需要从课堂教学语言能力方面提升，有70.59%的教师认为需要从信息技术专业技能（如编程能力等）方面提升，统计的数据表明，本学科教师还是希望从本专业出发为学生提供专业的教学服务，详见表8-7所示。

表8-7　本学科教师需要提升的方面

选项	小计	比例
A.课堂调控能力	12	70.59%
B.课题研究能力	15	88.24%
C.论文撰写能力	11	64.71%
D.课堂教学语言能力	9	52.94%
E.信息技术专业技能（如编程能力等）	12	70.59%
本题有效填写人次	17	

9.教情学情方面

关于教学目标设计，按学情设计教学目标，教师和学生都能达到目标4人，23.53%，按照教参定教学目标，并关注学生是否达到目标13人，占76.47%，详见图8-15。可见，S市某区大部分教师能够按照教参定教学目标关注学生达到目标情况。

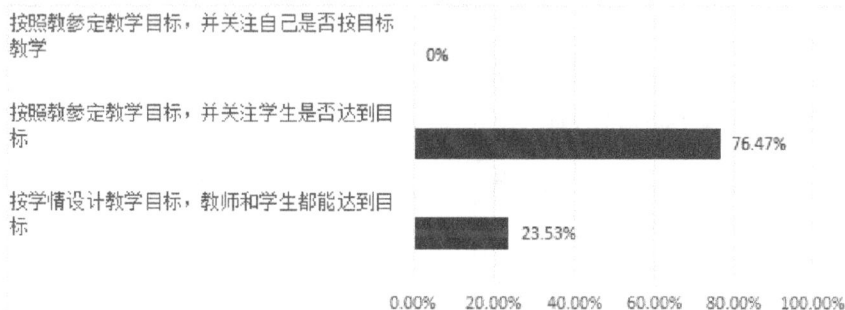

图8-15　教学目标设计情况

在教学内容的把握及教学效果方面，有2人觉得对教学内容理解透彻，85%的学生掌握得很好，占比11.76%；11人按教参要求教学，65%的学生能够掌握；4人对教学内容熟悉，但50%学生有时掌握困难，详见图8-16。可见，S市某区大部分教师能够按教参要求教学，让大部分学生掌握教学内容。

图8-16　教学认识及教学内容方面情况

在教学实施方面，90%的课实现自己设计的目标并顺利完成，出现问题时调整自如0人，占0%；70%的课能达到预期的效果，自己很清楚没有达到目标的原因15人，占88.24%；50%的课达到预期的效果，自己对没有达到目标的原因存在困惑2人，占11.76%，详见表8-8。可见，S市某区大部分教师的课能够达到预期的效果，对没有达到预期效果自己很清楚原因。

表8-8　本学科教师教学实施情况

选项	小计(人)	比例
A.90%的课实现自己设计的目标并顺利完成，出现问题时调整自如	0	0%
B.70%的课能达到预期的效果，自己很清楚没有达到目标的原因	15	88.24%
C.50%的课达到预期的效果，自己对没有达到目标的原因存在困惑	2	11.76%
本题有效填写人次	17	

在教育教学反思方面的情况是，29.41%的教师有时能够反思教育教学工作，有些经验是通过反思得到的，这是好的情况，70.59%的教师掌握反思的方法并形成习惯，对工作有明显的促进作用，详见图8-17。可见，S

市某区大部分教师能够反思教育教学，但是形成反思习惯的教师还是较少。

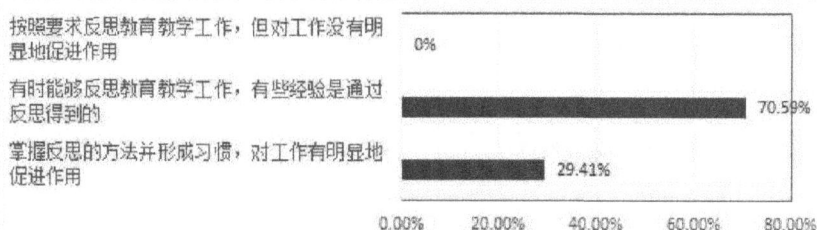

图8-17 教育教学反思情况

在与学生的沟通方面的情况是，17.65%的教师随时观察和把握学生的思想、行为变化，能够采取有效的措施管理；76.47%的教师关注学生，诊断问题经常遇到困惑，学生管理效果受到影响；5.88%的教师在了解学生、诊断问题方面缺乏有效的方法，详见表8-9。

表8-9 与学生沟通情况

选项	小计(人)	比例
A.随时观察和把握学生的思想、行为变化,能够采取有效的措施管理	3	17.65%
B.关注学生,诊断问题经常遇到困惑,学生管理效果受到影响	13	76.47%
C.在了解学生、诊断问题方面缺乏有效的方法	1	5.88%

在与家长的沟通和联系方面的情况是，58.82%的教师注意与家长的联系，但是家长在学生成长中的作用很有限；23.53%的教师在与家长联系中缺乏有效的渠道和方法；17.65%的教师有一定的渠道和方法，能够充分发挥家长在学生成长中的作用。详见表8-10所示。

表8-10 与家长的沟通和联系情况

选项	小计(人)	比例
A.有一定的渠道和方法,能够充分发挥家长在学生成长中的作用	3	17.65%

续　表

选项	小计(人)	比例
B.注意与家长的联系,但是家长在学生成长中的作用很有限	10	58.82%
C.在与家长联系中缺乏有效的渠道和方法	4	23.53%
本题有效填写人次	17	

在学生心理健康与安全教育工作方面的情况是，82.35%的教师关注但感觉知识和经验不足，5.88%的教师关注并积累了丰富的经验，11.76%的教师比较少关注，详见表8-11。可见，S市某区初中信息技术教师在学生心理健康与安全教育方面经验不足，并不能很好地胜任这方面工作。

表8-11　本学科教师学生心理健康与安全教育情况

选项	小计	比例
A.关注并积累了丰富的经验	1	5.88%
B.关注但感觉知识和经验不足	14	82.35%
C.比较少关注	2	11.76%
本题有效填写人次	17	

近3年平均每学期能参加信息技术观摩课或听课、评课活动情况是，有4人在1课时及以下，占23.53%；有9人在1—3课时，占52.94%；有3人是3—8课时，占17.65%；有1人8课时以上，占比5.88%，详见图8-18。可见，大部分S市某区初中信息技术教师能够积极参与观摩课或听课、评课活动。

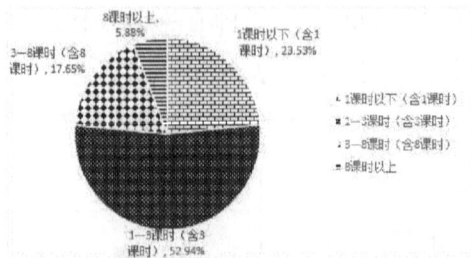

图8-18　每学期平均参加观摩课用时情况

近3年我承担信息技术公开课或优质课评比的情况，52.94%的教师没有参加国公开课或优质课评比，29.41%的教师参与过1节课，11.76%参与过2节课，5.88%的教师参与过3节课，没有教师参与三节课以上教学评比，详见表8-12。可见，S市某区初中信息技术教师参与教学课程评比活动还不是很积极。

表8-12　本科学教师承担信息技术公开课或优质课评比情况

选项	小计(人)	比例
A.无	9	52.94%
B.1节	5	29.41%
C.2节	2	11.76%
D.3节	1	5.88%
E.3节以上	0	0%
本题有效填写人次	17	

相对于传统讲授式教学模式，对线上线下混合学习教学模式的看法是，29.41%的教师认为可以提高教学效率，愿意积极参与；58.82%的教师认为虽然可以提高教学效率，但准备工作烦琐，可以偶尔尝试；11.76%的教师比较排斥；没有人认为无所谓，详见表8-13。可见，很大一部分S市某区信息技术教师对线上线下混合学习教学模式还不是很认可。

表8-13　对线上线下混合学习教学模式的看法

选项	小计(人)	比例
A.可以提高教学效率,愿意积极参与	5	29.41%
B.虽然可以提高教学效率,但准备工作烦琐,可以偶尔尝试	10	58.82%
C.比较排斥	2	11.76%
D.无所谓	0	0%
本题有效填写人次	17	

在课堂组织纪律方面，5.88%的教师认为课堂纪律非常好，动静结合，

能保证每位学生全身心投入；82.35%的教师认为课堂纪律良好，绝大多数学生能有兴趣并全身心投入；11.76%的教师认为课堂纪律较差，没有掌握准确方法管理班级。详见表8-14。可见，绝大多数学生课堂纪律良好能全身心投入学习。

表8-14　课堂组织纪律情况

选项	小计(人)	比例
A.课堂纪律非常好,动静结合,能保证每位学生全身心投入	1	5.88%
B.课堂纪律良好,绝大多数学生能有兴趣并全身心投入	14	82.35%
C.课堂纪律较差,没有掌握准确方法管理班级	2	11.76%
D.完全不太清楚怎样管好班集体以保证上课效果	0	0%
本题有效填写人次	17	

在信息技术应用能力提升培训方面，41.18%的教师希望仅现场培训，并注重实践性和操作性；47.06的教师觉得最好现场培训和网络培训相结合的方式，11.76%的教师仅喜欢网络培训的方式，能反复观看培训内容。详见表8-15。可见，大部分S市某区信息技术教师倾向于现场培训和网络培训相结合的培训方式。

表8-15　本学科信息技术应用能力提升培训需求

选项	小计(人)	比例
A.仅现场培训,并注重实践性和操作性	7	41.18%
B.最好现场培训和网络培训相结合的方式	8	47.06%
C.仅喜欢网络培训的方式,能反复观看培训内容	2	11.76%
本题有效填写人次	17	

在信息技术课堂设计与应用学习领域的课程教学方面，有41.18%的教师认为需要提升编程类，23.53%的教师需要提升创客类，17.65%的教师希望是电脑绘画、动画，电子板报等数字创作类，17.65%的教师希望是视频制作类，详见图8-19所示。可见，S市某区信息技术教师对编程类技术提升培训需求较大。

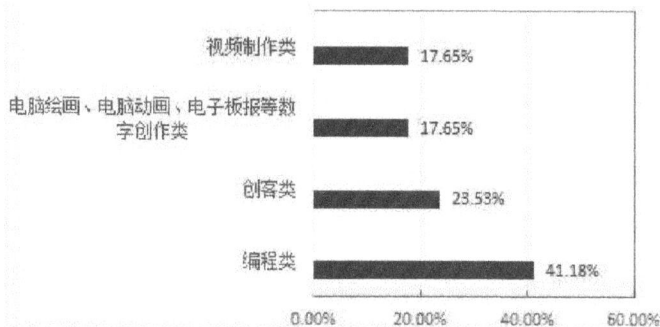

图8-19 本学科教师知识与技术提升需求

在本学科教师经常采用的上课模式中，41.18%的教师采用的方法是教师演示，学生看教师操作，然后跟着步骤来做；5.88%的教师采用的方法是教师演示一步，学生跟着做一步；11.76%的教师将微课视频下发，学生根据微课视频制作；41.18%的教师采用的是教师布置任务，学生独立操作或分组协作完成，教师在适当时候做指导的模式。详见表8-16。可见，S市某区信息技术教师在教学模式上由传统的"教师教学生学"在向"教师引导学生自主学习"转变，比较重视培养学生自主学习能力。

表8-16 本学科教师知识与技术提升需求

选项	小计(人)	比例
A.教师演示,学生看教师操作,然后跟着步骤来做	7	41.18%
B.教师演示一步,学生跟着做一步	1	5.88%
C.微课视频下发,学生根据微课视频制作	2	11.76%

续　表

选项	小计(人)	比例
D.教师布置任务,学生独立操作或分组协作完成,教师在适当时候做指导	7	41.18%
E.其他	0	0%
本题有效填写人次	17	

（二）信息技术教师专业发展存在问题

1.教师信息技术运用意识不足

在参加调查的本学科教师中，有9人可以将信息技术掌握并能熟练应用于教学工作中，占比52.94%，达到一半；掌握但在教学和研究中很少应用8人，47.06%。详见表8-17。可见，S市某区接近一半教师掌握信息技术，但在教学和研究中很少应用。其原因大致在于：其一，这部分教师对现代教育的特点和当下的课堂教学改革趋势认识不足，满足于常规的课堂教学要求；其二，由于绩效工资微薄或得不到体现，这部分工作积极性受挫；其三，部分中年教师满足于现状，不愿改变，奉行"过得去就行"的哲学。

表8-17　本学科教师信息技术掌握与应用情况

选项	小计(人)	比例
A.掌握并能熟练应用于教学工作中	9	52.94%
B.掌握但在教学和研究中很少应用	8	47.06%
C.没有掌握,获取信息比较困难	0	0%
本题有效填写人次	17	

2.教师教研能力不强

调查发现，S市某区初中信息技术教师主持过教育教学课题研究有2人，占11.76%；参与过教育教学课题研究有2人，占11.76%；没有主持和参与过教育教学课题研究13人，占76.47%。详见图8-20。可见，大部分初中信息技术教师没有主持和参与过教育教学课题研究，教研能力亟待提升。S市某区初中信息技术教师教研能力不强，主要的影响因素在于：其一，信息技术教师普遍年龄偏大，科研动力不足；其二，部分学校由于信息技术教师少，校内教研氛围不浓，教师不愿意投入时间和精力开展教学研究；其三，缺乏引导，几位骨干教师想提高教研能力，但缺乏指导。

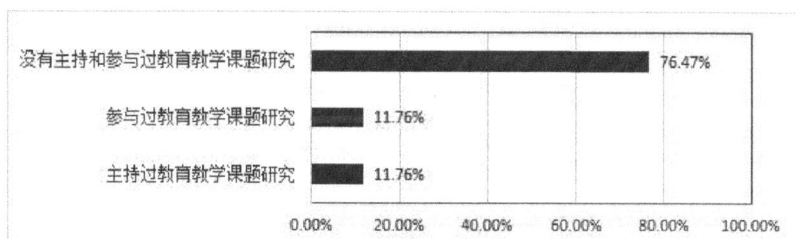

图8-20　教师教育研究情况

3.教师专业能力待提高

部分信息技术教师缺乏学习动力，在编程方面、教学设计方面、课堂组织方面、信息技术发展前沿方面，存在较大欠账，专业能力有待提升。以学生认识过程为主体设计教学活动为例，积累了较丰富的经验、效果良好仅2人，占11.76%；积累了一定的经验、效果不够理想有14人，占82.35%；缺乏的经验1人，占5.88%。详见图8-21。可见，很多信息技术教师并没有掌握以学生为主体设计教学活动这一专业能力。

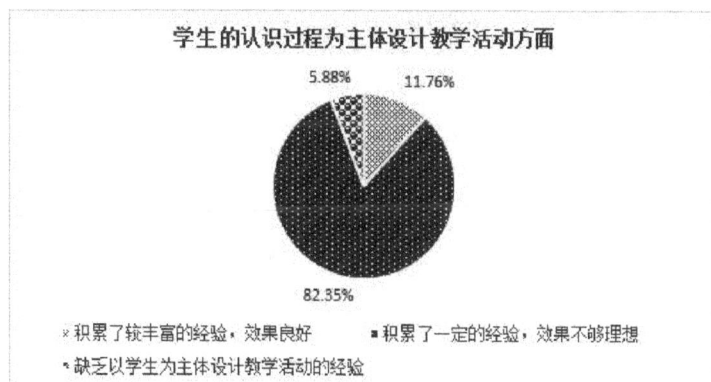

图8-21　以学生认识过程为主体设计教学活动情况

在辅导信息技术类学生竞赛评比活动方面，17.65%的教师擅长并积极参与编程、人工智能辅导工作，11.76%的教师参与创客、STEM、STEAM，23.53%的教师参与脑绘画、电脑动画、3D设计、创意设计、网页制作、电子报刊辅导，23.53%的教师参与视频制作类辅导，41.18%的教师基本未参与或很少参与，详见图8-22。可见，S市某区信息技术教师参与辅导信息技术类学生竞赛评比活动人数较少，且无人辅导学生参与无人机、机器人等竞赛，指导学生参赛这一专业能力尚存在提升空间。

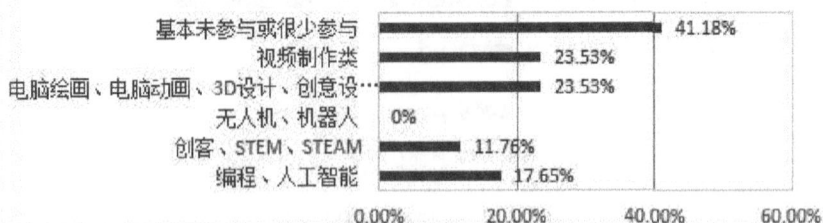

图8-22 参与辅导信息类学生竞赛评比活动情况

对于教学中的过程性评价，设计了过程性评价，学生参与评价，效果理想1人，占5.88%；设计了过程评价，但是学生参与的效果一般14人；占82.35%，对于如何开展过程性评价存在一些困惑2人，占11.76%；很少关注过程性评价0人，占比0%。详见表8-18。可见，S市某区大部分教师教学过程有设计过程评价，但学生参与效果一般，教师的过程评价这一专业能力有待加强。

表8-18 本学科教师教学过程性评价情况

选项	小计(人)	比例
A.设计了过程性评价,学生参与评价,效果理想	1	5.88%
B.设计了过程评价,但是学生参与的效果一般	14	82.35%
C.对于如何开展过程性评价存在一些困惑	2	11.76%

选项	小计(人)	比例
D.很少关注过程性评价	0	0%
本题有效填写人次	17	

四、对策建议与培训规划

其一，加大信息技术教师培训。

针对调查发现，信息技术教师参加培训的机会偏少，尤其是外出接受正规的、专业的培训机会少；现有的信息技术教师培训多以网络学习进行校本培训，实际收效不明显。访谈时，教师所表达的培训需求较为强烈，希望能有机会走出去学习和观摩，多听名师讲课，希望能有机会到大学接受专业培训，希望能有机会让专家深入本校课堂听评课，围绕学校存在的问题或教师教学中存在的问题，进行有针对性的培训，引领教育教学改革。因此，建议区政府加大教师培训投入力度，加大教师培训力度。

其二，合理规划和安排培训。

信息技术教师的培训总目标：通过全员培训整体提升义务教育初中阶段信息技术教师队伍的素质和工作实绩，切实提高教师教育教学水平。

具体目标：提高参训教师对信息技术课堂教学有效性的认识，掌握有效教学的各种信息技术策略；提高参训教师对信息技术教材的解读与整合能力，提高信息技术课堂教学效率；提高参训教师对信息技术课堂教学问题的诊断能力，能够从学生学的角度来分析信息技术课堂现象，总结、提炼有效的教学策略；引领参训信息技术教师正确认识学科价值和教学功能，开阔参训信息技术教师的视野，提高参训教师的创新性思维能力；提升信息技术教师的学科教学研究能力，有效促进其专业成长；提高教师教育信息技术专业能力，提升教师辅导学生参加各类竞赛活动的能力。

培训内容、方法如下：

表8-19 培训内容与方法

培训主题	培训内容	培训天数	培训学时	培训方法
教学理念	信息技术新课标解读	0.5	4	专家讲座、小组讨论、案例分享
	信息技术新课标案例	0.5	4	案例分享、现场教学
教学设计	基于学生生活的信息技术教学设计	0.5	4	专家讲座、小组讨论、案例分享
	信息技术课程教学设计案例	0.5	4	专家讲座、小组讨论、案例分享
教学实施	信息技术教学实施与组织实践	0.5	4	专家讲座、小组讨论、案例分享
	信息技术教学资源开发与利用	0.5	4	专家讲座、小组讨论、案例分享
	任务导向的信息技术实施策略	0.5	4	专家讲座、小组讨论、案例分享
教学效果	信息技术教学效果及其保证	0.5	4	专家讲座、小组讨论、案例分享
教学理念	信息技术教学新思维	0.5	4	专家讲座、小组讨论、案例分享
教学设计	任务导向的信息技术设计	0.5	4	专家讲座、小组讨论、案例分享
	信息技术整合设计技术与实践	0.5	4	专家讲座、小组讨论、案例分享、现场参观
教学实施	信息技术教学实施过程研磨(一)	1	8	专家讲座、小组研磨、案例分享
	信息技术教学实施过程研磨(二)	1	8	专家讲座、小组研磨、案例分享

培训主题	培训内容	培训天数	培训学时	培训方法
教学效果	信息技术典范课例研讨	0.5	4	专家讲座、小组讨论、案例分享
教学理念	信息技术教学新视野	0.5	4	专家讲座、小组讨论、案例分享
教学设计	以研究促进信息技术设计	0.5	4	专家讲座、小组讨论、案例分享
教学实施	信息技术教学实施过程研磨(三)	1	8	专家讲座、小组研磨、案例分享、现场参观
教学效果	信息技术有效评价标准与技术	0.5	4	专家讲座、小组讨论、案例分享

注：根据实际情况，尽可能多地参观学习、现场观摩、小组研磨。

第九章　初中综合实践活动教师专业发展

一、调研背景与目的

综合实践活动是国家义务教育课程方案规定的必修课程，是基础教育课程体系的重要组成部分。2017年10月，教育部印发《中小学综合实践活动课程指导纲要》（简称为《纲要》）要求：综合实践活动由地方统筹管理和指导，具体内容以学校开发为主，自初中一年级至高中三年级全面实施。初中1—2年级，平均每周不少于1课时；初中3—6年级，平均每周不少于2课时。《纲要》提到，综合实践活动是从学生的真实生活和发展需要出发，从生活情境中发现问题，转化为活动主题，通过探究、服务、制作、体验等方式，培养学生综合素质的跨学科实践性课程。由于综合实践活动是跨学科实践性课程，对教师提出了更高要求。本调研旨在全面了解S市某区义务教育阶段综合实践活动学科中学教师专业发展需求，科学统筹和规划S市某区义务教育阶段的综合实践活动教师队伍建设，夯实S市某区教育发展基础，实现S市某区教育特色发展。

二、调研过程与方法

1.调研过程

本次调研大致可分为三个阶段：第一阶段，前期准备。第二阶段，实地调研，包括深入样本学校随堂听课、说课评课、座谈交流。第三阶段，全员问卷调查（线上问卷星）。

2.调研方法

本次调研综合采用多种方式进行，具体如下：①课堂微分析。深入初中综合实践活动学科教师课堂进行听课，并做好课堂观察和课堂评量。调研组听完课后即对授课教师进行访谈，先由授课教师按照提纲进行5分钟说课，然后调研组根据初中综合实践活动课程标准围绕教学理念、教学设计、教学实施、教学效果等进行访谈。②自我报告法。由初中综合实践活动学科教师进行自我评价，着重说明本学段综合实践活动教师在教育教学方面存在的不足和问题。③数据库分析法。通过对S市某区综合实践活动学科教师基本信息数据库进行分析等，全面分析综合实践活动学科教师人口学特征。④问卷调查法。初中综合实践活动问卷由S市某区教育局组织在线发放，覆盖S市某区初中综合实践活动学科所有教师。

三、调研结果分析

1.教学单位教师分布

中学综合实践活动学科是按照国家《教育部关于印发义务教育语文等学科课程标准（2011年版）的通知》（教基二〔2011〕9号）在义务教育初中阶段开设的重要学科。本报告调查S市某区初中综合实践活动教学单位8个。城区教学单位4所，占比为50%；乡镇教学单位4所，占比为50%。专职教师（指所学专业与所教学科相符、所评职称与所教学科相同）0人，占比0.00%；兼职教师27人，占比47.83%。城区教师17人，占比为73.91%，农村教师10人，占比为37.03%。各教学单位学校类型、区位类型、教师人数等详见表9-1所示。

表9-1　S市某区中学综合实践活动学科教学单位教师分布

序号	教学单位	学校类型	区位类型	人数
1	第九中学	中学	城区	1
2	第十四中学	中学	城区	12
3	第十五中学	中学	城区	1
4	凤烈中学	中学	城区	3
5	S市某区龙归中学	中学	乡镇	3
6	S市某区江湾中学	中学	乡镇	1
7	S市某区西河学校	中学	乡镇	2
8	S市某区重阳学校	中学	乡镇	4

2.教师荣誉称号

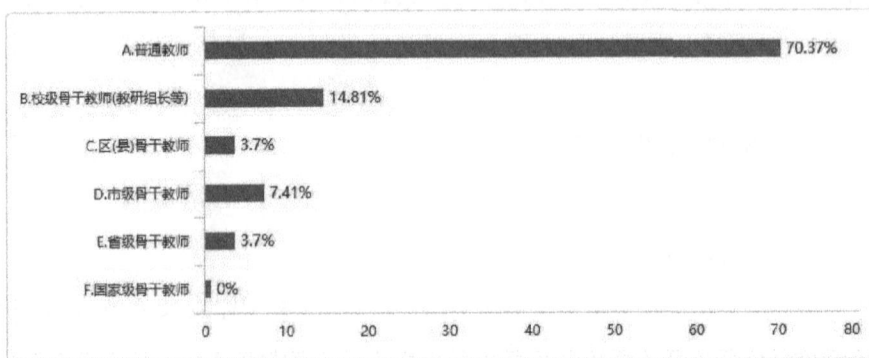

图9-1　教师荣誉称号

统计数据（图9-1）显示，S市某区初中综合实践活动教师中普通教师有19人，占比为70.37%；校级骨干教师4人，占比为14.81%；市级骨干教师2人，占比为7.41%；区级骨干教师和省级骨干教师分别为1人，占比为3.70%；国家级骨干教师0人，占比为0.00%。可见，本学科教师以普通教师为主，具有区（县）骨干教师以上荣誉称号的教师较少。

3.教师兼课情况

统计数据（图9-2）显示，S市某区初中综合实践活动教师兼综合实践活动课程（含劳动教育）者为16人，占比为59.26%；兼外语、数学、体育与健康者为3人，分别占比为11.11%；兼美术、道德与法治、历史等者为2人，分别占比为7.41%。由此可见，S市某区中学综合实践活动教师兼课较多，影响综合实践活动专业投入。

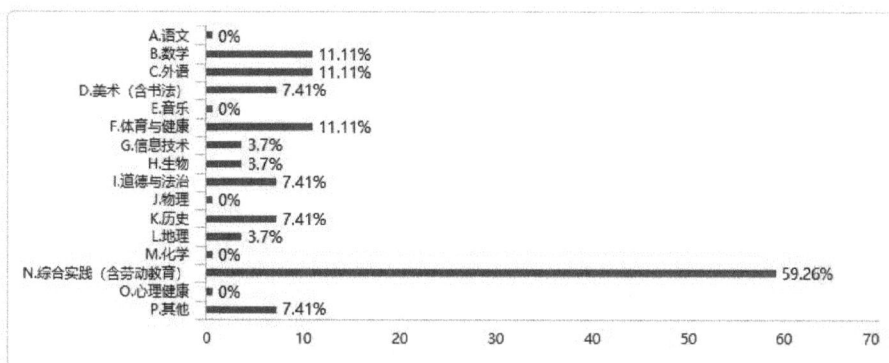

图9-2 教师兼课情况

4.教师编制情况

统计数据（图9-3）显示，S市某区初中综合实践活动教师正式编制人员26人，占比为96.30%；临聘教师为1人，占比为3.70%。可见，S市某区中学综合实践活动教师以正式编制教师为主，临聘教师很少，说明综合实践活动教师编制保障力度大。

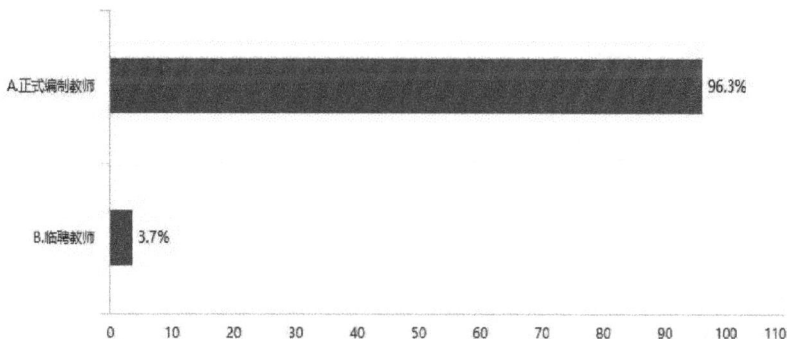

图9-3 教师编制情况

5.教师教龄情况

统计数据（图9-4）显示，S市某区初中综合实践活动教师以年纪较大教师为主，教龄达30年的教师有6人；教龄在20—30年的教师有12人；教龄不足20年只有2人。由此可见，S市某区初中综合实践活动教师教龄明显偏长，说明其年龄也偏大。

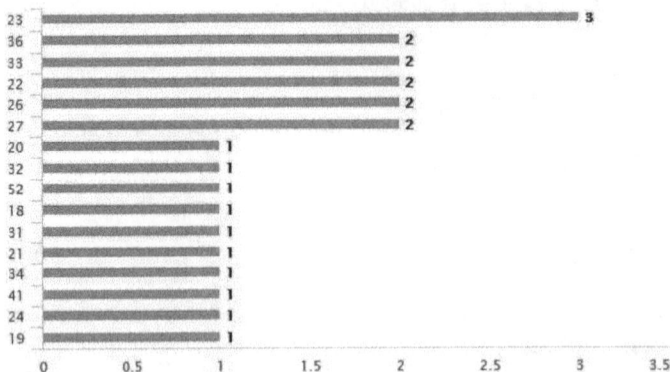

图9-4　教师教龄情况

6.教师学历学位情况

统计数据（图9-5）显示，S市某区初中综合实践活动教师拥有最高学历为研究生的教师数量为0人，占比为0.00%；拥有最高学历为本科的教师数量为24人，占比为88.89%；拥有最高学历为专科的教师数量为3人，占比为11.11%。总体来看，S市某区初中综合实践活动教师学历达标率较高，但是高一级学历人数缺乏。

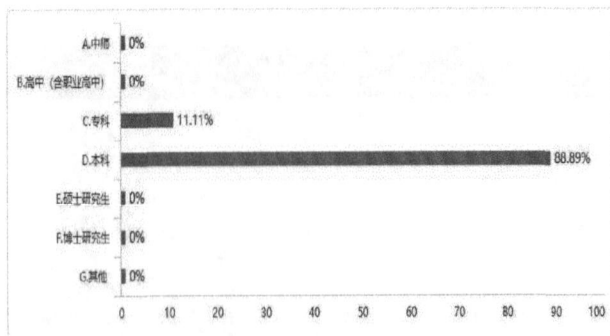

图9-5　教师学历学位情况

7.教师所学专业分布

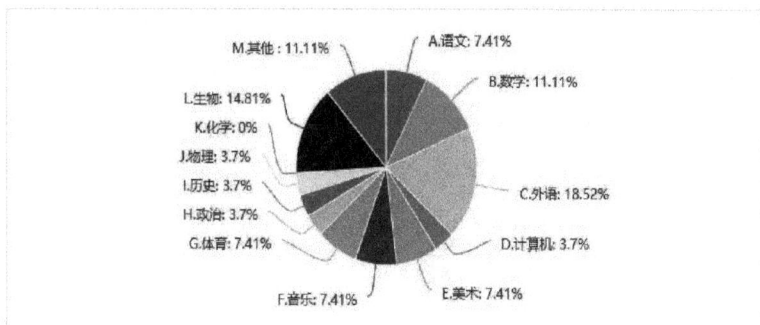

图9-6　教师所学专业分布

统计数据（图9-6）显示，S市某区初中综合实践活动教师所学专业为外语的数量为5人，占比为18.51%；所学专业为生物的教师数量为4人，占比为14.81%；所学专业为数学的教师数量为3人，占比为11.11%；所学专业为语文的教师数量为2人，占比为7.41%。所学专业为美术、音乐、体育的数量为2人，占比为7.41%；所学专业为数学的人数为3人，占比为11.11%；所学专业为计算机、政治、历史、物理的数量为1人，占比为3.70%；所学专业为其他的教师数量为3人，占比为11.11%。可见，S市某区初中综合实践活动教师所学专业类型较多，学外语、数学、生物专业的教师相对较多。

8.教师职称分布

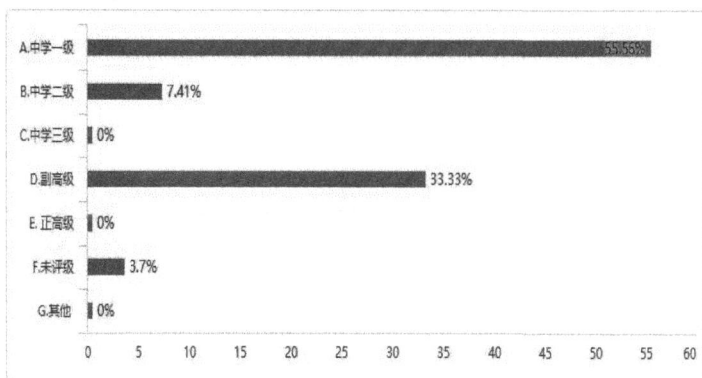

图9-7　教师职称分布

统计数据（图9-7）显示，S市某区初中综合实践活动教师中，职称为正高级、中学三级的教师数量为0人，占中学综合实践活动教师总人数0.00%；副高级的教师数量为9人，占比为33.33%；中学一级教师人数为15人，占比为55.56%；二级教师人数为2人，占比为7.41%；无职称教师人数为1人，占比为3.70%。可见，S市某区初中某学科教师职称主要集中在中学一级上，高级职称教师较为缺乏。

9.教师所评职称与所教科目对口情况

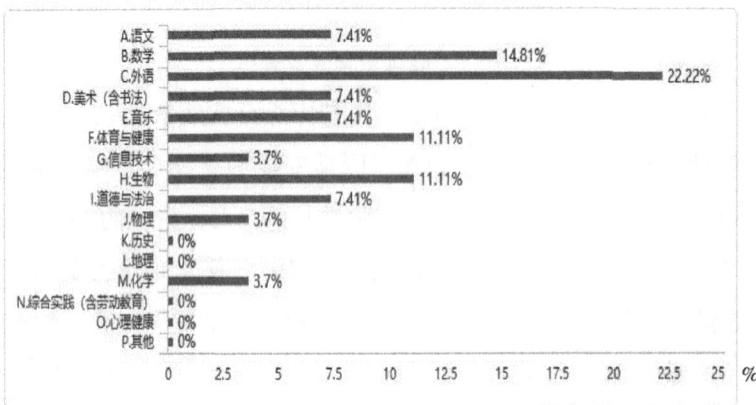

图9-8　教师所评职称与所教科目对口情况

统计数据（图9-8）显示，S市某区初中综合实践活动教师所评职称与所教科目对口的教师数量为0人，占比为0.00%；所评职称与教科目不对口的教师数量为27人，占比为100.00%。可见，S市某区初中综合实践活动没有教师评相关职称，说明综合实践活动专业化发展的教师缺失。

10.综合实践活动课的学科地位认识

统计数据（图9-9）显示，S市某区初中综合实践活动44.44%的教师认为综合实践活动课的学科地位非常重要，25.93%的教师认为综合实践活动课的学科地位重要，22.22%的教师认为综合实践活动课的学科地位比较重要，3.70%的教师认为综合实践活动课的学科地位不重要，3.70%的教师认为综合实践活动课的学科地位理论上重要但实际上不重要。可见，综合实践活动大部分教师对综合实践活动课学科的重要性有清晰认识。

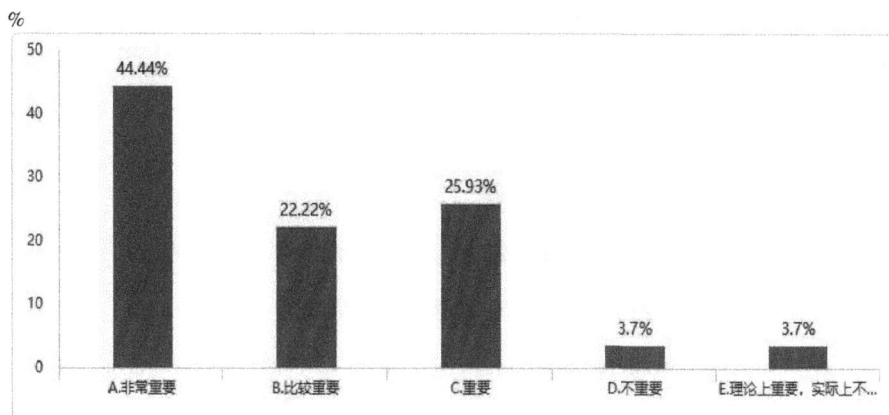

图9-9 综合实践活动课的学科地位认识

11.教师周课时量

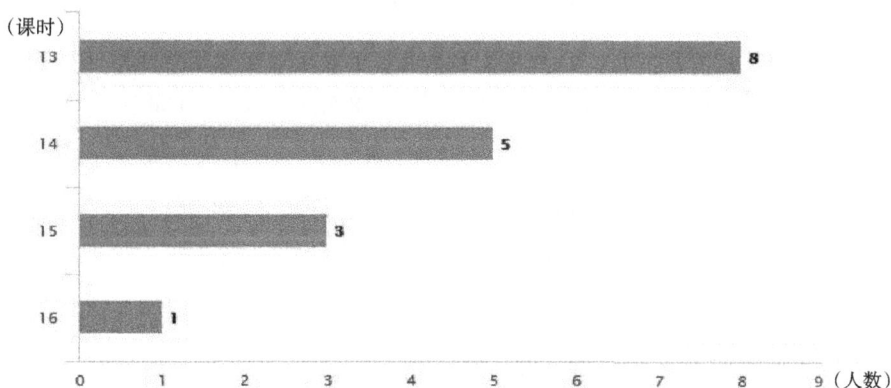

图9-10 教师周课时量

统计数据（图9-10）显示，S市某区初中综合实践活动教师周课时量达13节者有8人，周课时量达14节者有5人，周课时量达15节者有3人，周课时量达16节者有1人。由此可见，S市某区初中综合实践活动教师周课时量较多，对综合实践活动专业研修带来负面影响。

12.教师周学习时间分布情况

(学习时间)

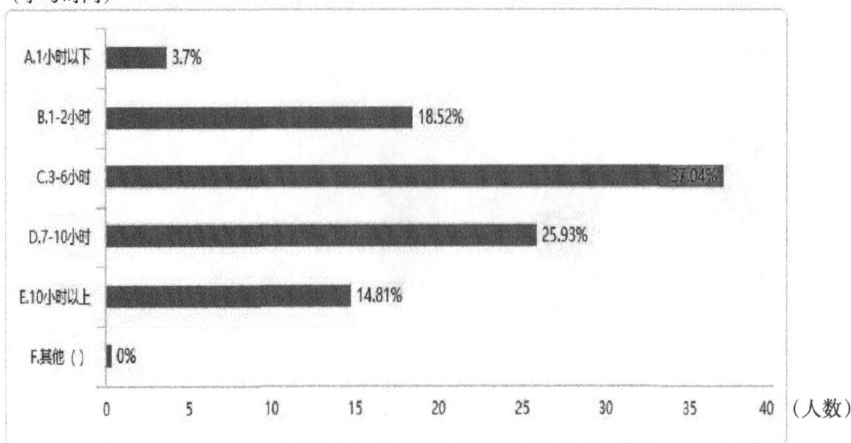

图9-11 教师周学习时间

统计数据（图9-11）显示，S市某区初中综合实践活动教师每周学习时间为1—2小时的教师数量有2人，占比18.52%；学习时间3—6小时的教师数量为10人，占比37.04%；学习时间为7—10小时的教师数量有7人，占比25.93%；学习时间为10小时以上的教师数量有4人，占比14.81%；每周学习时间花费在1小时以下的1人，占比3.70%。可见，本地区初中综合实践活动教师周学习的时间较短，近六成教师用于综合实践活动课程学习的时间平均每天不足1小时。

13.教师每年参加培训次数分布

统计数据（图9-12）显示，S市某区初中综合实践活动教师没有参加培训的教师数量为3人，占比为11.11%；参加过1次培训的教师数量为4人，占比为14.81%；参加过2次培训的教师数量为9人，占比为33.33%；参加过3次培训的教师数量为5人，占比为18.52%；参加过5次以上的教师数量为1人，占比为7.4%。可见，综合实践活动教师每年获得增长专业技能和获得职业发展的机会不均衡，且较少，超四成的教师每年参与培训次数为1—2次，超一成的教师没有培训机会。

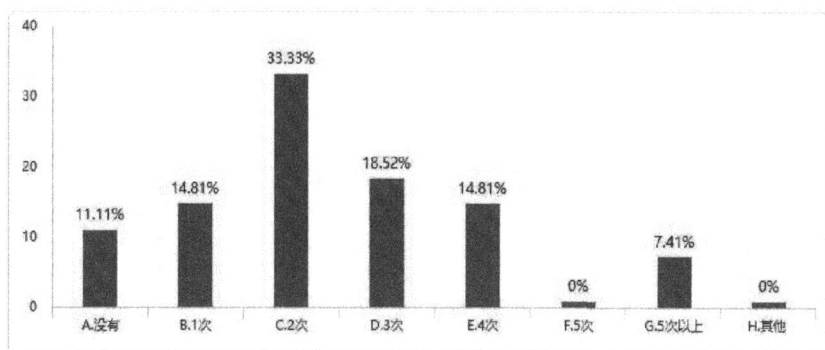

图9-12 教师每年参与参训次数

14.教师对国家相关政策的关注

统计数据显示（图9-13），S市某区初中综合实践活动教师中，对国家关于综合实践活动课教学的相关政策文件的经常关注的教师数量为16人，占比为59.26%；对国家关于综合实践活动课教学的相关政策文件的偶尔关注的教师数量为10人，占比为37.04%；对国家关于综合实践活动课教学的相关政策文件的不经常关注的教师数量为1人，占比为3.70%。可见，大部分教师能够关注国家综合实践活动课教学的相关政策文件，但超四成教师仍对相关政策关注不够。

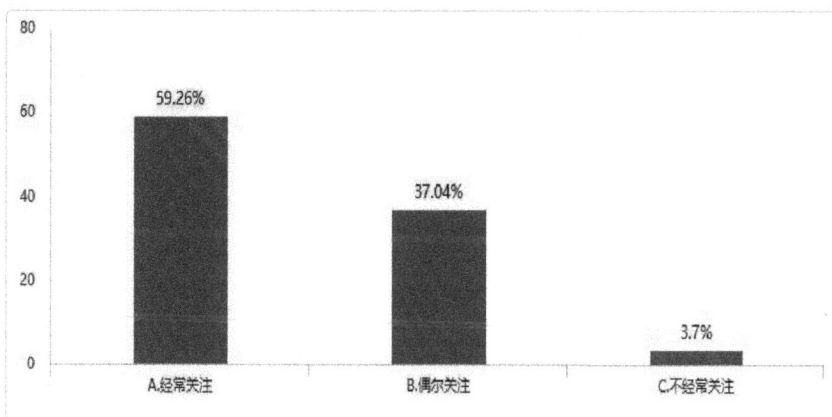

图9-13 教师对国家相关政策的关注

15.影响教师综合实践活动课专业发展的主要障碍

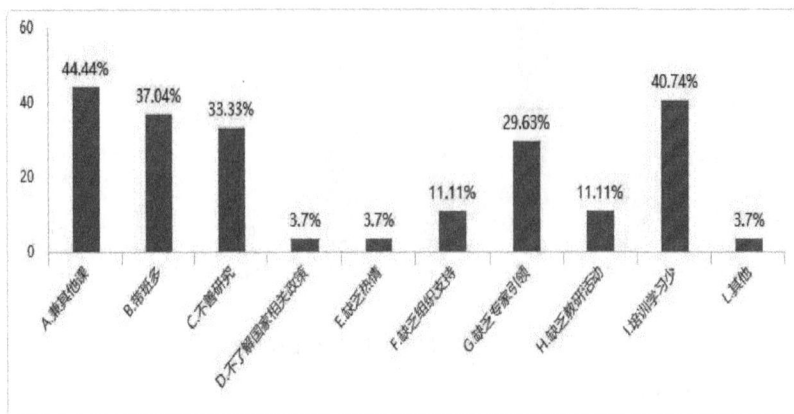

图9-14 影响教师综合实践活动课专业发展的主要障碍

统计数据（图9-14）显示，S市某区初中综合实践活动影响教师综合实践活动课专业发展的主要障碍依次是：兼其他课（占比44.44%）、培训学习少（占比40.74%）、带班多（占比37.04%）、不善研究（占比33.33%）、缺乏组织支持与教研活动（占比11.11%）、缺乏热情和不了解政策（占比3.70%）。可见，培训学习少是制约综合实践活动课教师专业发展的重要因素。

16.教师在学科专业知识方面想了解的内容

选项	小计	比例
A.课标解读与教材分析	17	62.96%
B.学生身心与认知发展规律	17	62.96%
C.学生习惯养成的方式方法	19	70.37%
D.有效教学的标准与实施	18	66.67%
E.多元智能的理论	9	33.33%
F.学生心理健康与安全	14	51.85%
G.课程改革现状与发展趋势	12	44.44%
本题有效填写人次	27	

图9-15 教师在学科专业知识方面想了解的内容

统计数据（图9-15）显示，S市某区初中综合实践活动教师在学科专业知识方面想了解的内容依次是：学生习惯养成的方式方法（占比70.37%）、有效教学的标准与实施（占比66.67%）、课标解读与教材分析（占比62.96%）、学生身心与认知发展规律（占比62.96%）、学生心理健康与安全（占比51.85%）、课程改革现状与发展趋势（占比44.44%）、多元智能的理论（占比33.33%）。可见，教师在学科专业知识方面想了解的内容趋于多元，想了解学生习惯养成的方式方法、有效教学的标准与实施、课标解读与教材分析、学生身心与认识发展规律的需求较强。

17.综合实践活动课时用于其他课程学习情况

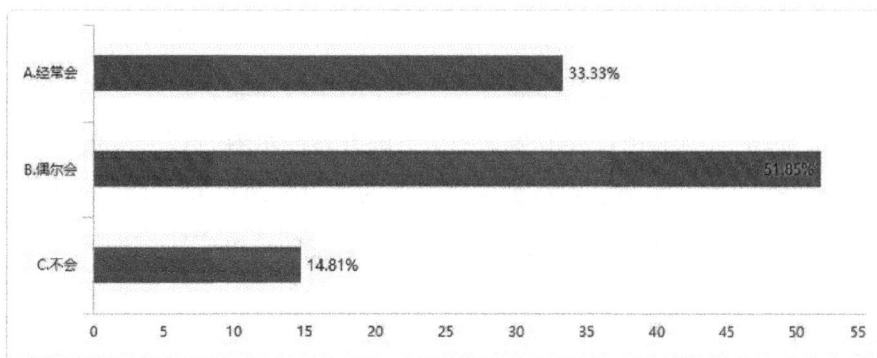

图9-16　综合实践活动课时用于其他课程学习情况

统计数据（图9-16）显示，S市某区初中综合实践活动33.33%的教师经常会将综合实践活动课时用于其他课程的学习，51.85%的教师会偶尔将综合实践活动课时用于其他课程的学习，14.81%的教师不会将综合实践活动课时用于其他课程的学习。可见，综合实践活动课时保证还有待强化。

18.教学实施过程最为关注学生的方面

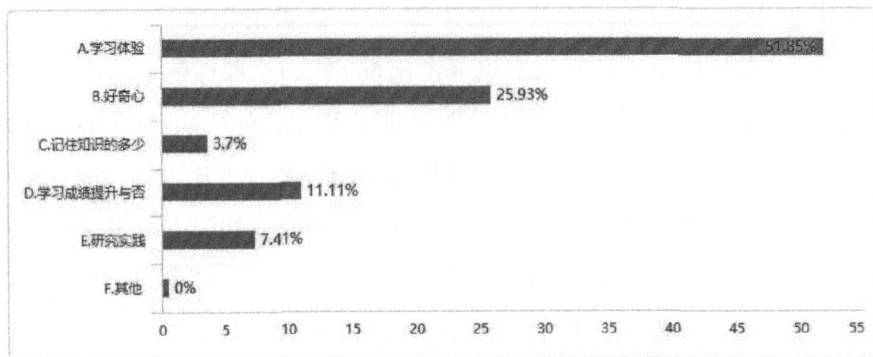

图9-17　教学实施过程最为关注学生的方面

统计数据（图9-17）显示，S市某区初中综合实践活动51.85%的教师在综合实践活动教学实施过程最为关注学生的学习体验，25.93%的教师在综合实践活动教学实施过程最为关注学生的好奇心培养，11.11%的教师在综合实践活动教学实施过程最为关注学生的学习成绩提升与否，7.41%的教师在综合实践活动教学实施过程最为关注学生的研究实践。可见，关注学生学习体验的教师较多，关注学生好奇心培养和研究实践的教师相对较少。

19.综合实践活动课组织过程中最擅长方面

统计数据（图9-18）显示，S市某区初中综合实践活动44.44%的教师在综合实践活动课组织过程中最擅长的是方法指导，33.33%的教师在综合实践活动课组织过程中最擅长的是知识讲解，29.63%的教师在综合实践活动课组织过程中最擅长引领探究，25.93%的教师在综合实践活动课组织过程中最擅长实践调研，18.52%的教师在综合实践活动课组织过程中最擅长确定选题，14.81%的教师在综合实践活动课组织过程中最擅长社区活动。可见，综合实践活动教师较多比较擅长的方法指导和知识讲解，较少教师擅长社会活动、确定选题、实践调研、引领探究。

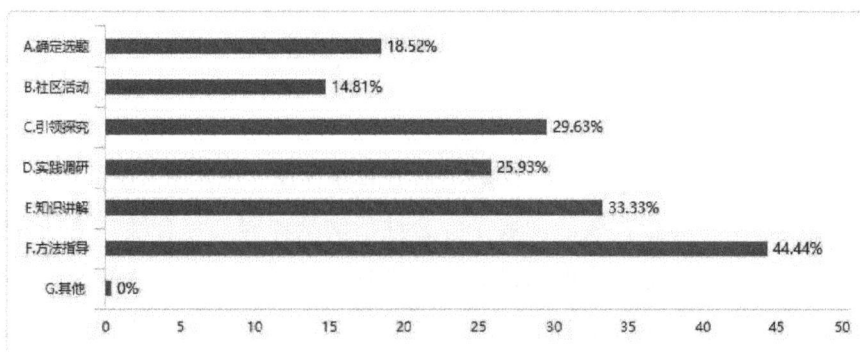

图 9-18　教师擅长的教学模式或策略

20.教师最擅长的教学模式或策略

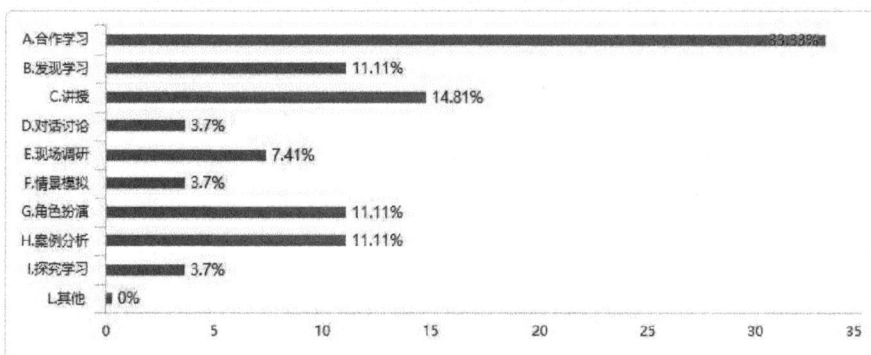

图 9-19　综合实践活动课组织过程中最擅长方面

问卷调查（图 9-19）显示，综合实践活动 33.33％的教师认为自己最擅长的综合实践活动课课堂的教学模式或者策略是合作学习，14.81％的教师认为自己最擅长的综合实践活动课课堂的教学模式或者策略是讲授，分别有 11.11％的教师认为自己最擅长的综合实践活动课课堂的教学模式或者策略是发现学习、角色扮演、案例分析，7.41％的教师认为自己最擅长的综合实践活动课课堂的教学模式或者策略是现场调研，分别有 3.70％的教师认为自己最擅长的综合实践活动课课堂的教学模式或者策略是对话讨论、情景模拟、探究学习。综合看，教师对综合实践活动中普遍使用的教学技能，如合作学习、发现学习、案例分析、现场调研、探究学习等并不擅长。

（二）教师专业发展存在问题及其原因分析

1.教学理念

问题：综合实践活动不受重视，教学的综合性、活动性不强。

原因在于：综合实践活动属于综合性活动型课程，综合性、活动性是其根本特征。由于综合实践活动是无须考试的学科，在学校、学生、家长的眼里被认为是不重要的科目。受应试教育的影响，综合实践活动学科没有得到应有的重视，难以取得各方的支持与配合，加上教师普遍缺乏专业引领和支持，教学的综合性、活动性普遍存在问题。

2.教学设计

问题：缺乏较为专业的设计。

原因在于：其一，没有专业教师。S市某区初中综合实践活动没有专职教师任教，教师都是由其他科目的教师兼任综合实践活动课，没有专业的师资。其二，教师兼课较多。综合实践活动课课前准备及课后整理耗费的精力要比其他科目大得多，但是综合实践活动课不需要考试，教师们倾向于把主要精力放在要考试的科目上，没有将较多的精力投入在综合实践活动课教学设计上。其三，缺乏专业训练。教师均由其他学科教师兼任，教师普遍没有或很少接受综合实践活动课设计相关训练。

3.教学实施

问题一：教学普遍缺乏资源支持。

综合实践活动教学资源缺乏。座谈中许多教师提出，综合实践活动教学资源比较缺乏，如上课用的课件、配套使用的教学参考书、开展实践活动的场室等不能满足。教师们普遍反映，如能有综合实践活动学科的优秀课例展示或相关优质资源的参考，则会对教师们有所帮助。

问题二：教师教学实施技能较缺乏。

问卷调查显示，教师对综合实践活动中普遍使用的教学技能如合作学习、发现学习、案例分析、现场调研、探究学习等并不擅长。访谈还发现，教师指导学生收集、整理和分析资料的技能，学生学习评价的技能，也需提高。

4.教学效果

问题一：教学效果差强人意。

调查结果显示（如图9-20），44.44%的教师认为，70%的综合实践活动课能达到预期的效果，自己很清楚没有达到目标的原因；40.74%的教师认为，90%的综合实践活动课实现自己设计的目标并顺利完成，出现问题时调整自如；14.81%的教师认为，50%的综合实践活动课达到预期的效果，自己对没有达到目标的原因存在困惑。可见，近六成的教师30%~50%的综合实践活动课无法达到预期的效果，整体效果差强人意。

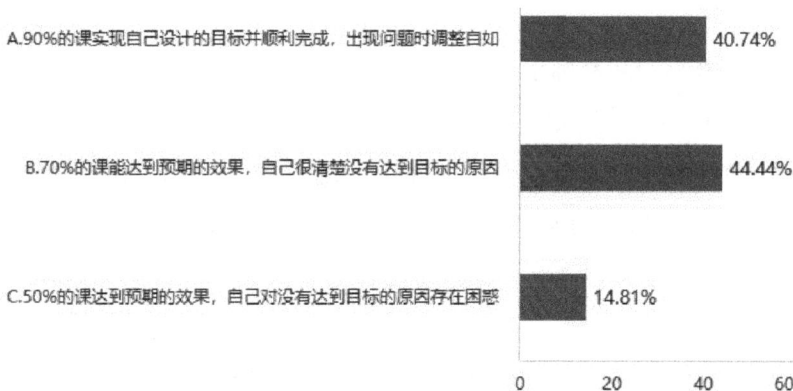

图9-20　教学实施效果

原因在于：其一，教师自身的原因。教师多为兼职，缺乏相关的专业训练，教师如何弥补教学能力要求与实际能力之间的差距，对教师来说存在巨大挑战。其二，教育支持和保障不足的原因。综合实践活动课对师资、教学参考、活动用品、设施设备等要求较高，这些是开展好综合实践活动课的前提与保障。S市某区对综合实践活动的支持力度还有待加强。

四、对策建议与培训规划

其一，建立专职教师队伍。S市某区综合实践活动教师专业发展培训建议首先要解决初中综合实践活动教师的专业化、专职化问题，否则培训将失去意义。目前，S市某区初中综合实践活动教师专业化率很低；综合实践活动教学教师队伍很不稳定，很多时候是临时由其他学科教师兼任。由于种种原因，兼任教师不可能长期从事综合实践活动教学，甚至出现今年兼任综合实践活动，明年兼任其他学科的情况。这种情况严重影响了初中综合实践活动的教学质量，如不加以改变，再多的培训也只能是治"标"。

其二，开足课程的同时保证课时。由于中考不考综合实践活动，综合实践活动学科的生存空间在初中学段越来越小，几乎所有学校的综合实践活动课都不同程度地存在挪作他用的情况。目前这两方面问题亟须加大力度解决。

其三，合理规划教师培训。

总体目标是：坚持革新综合实践活动教师教育教学行为，通过"研""学""培""用"一体化，整体提升S市某区综合实践活动教师队伍的专业素质和工作实绩，切实提高综合实践活动教师教育教学工作的有效性，进而整体提升S市某区基础教育的质量和水平。

具体目标如下：

其一，提高初中综合实践活动参训教师对教学有效性的认识，掌握有效教学的各种策略。

其二，提高初中综合实践活动参训教师对课程标准的解读与整合能力，提高教学效率。

其三，提高初中综合实践活动参训教师对教学问题的诊断能力，能够从学生学的角度来分析教学，总结、提炼有效的教学策略。

其四，引领初中综合实践活动参训教师正确认识学科价值和教学功能，开阔参训教师的视野，提高参训教师的创新性思维能力。

其五，提升初中综合实践活动教师的学科教学研究能力，有效促进其专业成长。

培训内容、方法如下：

表9-2　培训内容与方法

培训主题	培训内容	培训天数	培训学时	培训方法
教学理念	综合实践活动新课标解读	0.5	4	专家讲座、小组讨论、案例分享
	综合实践活动新课标案例	0.5	4	案例分享、现场教学
教学设计	综合实践活动教学设计	0.5	4	专家讲座、小组讨论、案例分享
	综合实践活动课程教学设计案例	0.5	4	专家讲座、小组讨论、案例分享
教学实施	综合实践活动教学实施与组织实践	0.5	4	专家讲座、小组讨论、案例分享
	综合实践活动教学资源开发与利用	0.5	4	专家讲座、小组讨论、案例分享
	综合实践活动资料收集与分析技术	0.5	4	专家讲座、小组讨论、案例分享
教学效果	综合实践活动教学效果及其保证	0.5	4	专家讲座、小组讨论、案例分享、现场参观
教学理念	综合实践活动教学新思维	0.5	4	专家讲座、小组讨论、案例分享
教学设计	任务导向的综合实践活动设计	0.5	4	专家讲座、小组讨论、案例分享
	综合实践活动融合设计思路与实践	0.5	4	专家讲座、小组讨论、案例分享、现场参观
教学实施	综合实践活动教学实施过程研磨（一）	1	8	专家讲座、小组研磨、案例分享
	综合实践活动教学实施过程研磨（二）	1	8	专家讲座、小组研磨、案例分享

培训主题	培训内容	培训天数	培训学时	培训方法
教学效果	综合实践活动典范课例研讨	0.5	4	专家讲座、小组讨论、案例分享
教学理念	综合实践活动教学新视野	0.5	4	专家讲座、小组讨论、案例分享
教学设计	以研究促进综合实践活动设计	0.5	4	专家讲座、小组讨论、案例分享
教学实施	综合实践活动教学实施过程研磨(三)	1	8	专家讲座、小组研磨、案例分享、现场参观
教学效果	综合实践活动有效评价标准与技术	0.5	4	专家讲座、小组讨论、案例分享

注：根据实际情况，尽可能多地参观学习、现场观摩、小组研磨。

第十章　初中地理教师专业发展

一、调研背景与目的

教师肩负着塑造灵魂、塑造生命、塑造人的时代重任，是教育发展的第一资源。党的十八大以来，以习近平同志为核心的党中央将教师队伍建设摆在突出位置，作出一系列重大决策部署。

为贯彻落实《中共中央 国务院关于全面深化新时代教师队伍建设改革的意见》、《教育部关于印发〈幼儿园教师专业标准（试行）〉〈小学教师专业标准（试行）〉和〈中学教师专业标准（试行）〉的通知》（教师〔2012〕1号），广东省关于加强教师队伍建设相关文件的精神，结合S市某区基础教育改革发展的需要，全面了解S市某区义务教育阶段地理学科中学教师专业发展需求，科学统筹和规划S市某区义务教育阶段的地理教师队伍建设，夯实S市某区教育发展基础，实现S市某区教育特色发展，S市某区教育局及S学院省级中小学教师发展中心共同组织实施本次调研活动。

二、调研过程与方法

（一）调研过程

本次调研采取"前期协调—深入样本学校—随堂听课—说课评课—座谈交流—全员问卷调查（线上问卷星）"方式进行。

1.前期协调

S学院省级中小学教师发展中心与S市某区教育局对接，商讨好调研相关事项，并由S学院教授、博士及S市某区教研员、中学一线地理教师共同组成调研团队负责此次调研工作。

2.选择样本学校

由调研团队共同选定S市第九中学（城区）、龙归中学（乡镇）作为本次线下调研的样本学校。

3.随堂听课

调研团队深入样本学校随堂听取地理老师的授课情况，每个样本学校随机听取两堂地理课。

4.说课评课及座谈交流

调研团队听完样本学校两位地理老师的授课之后，由学校组织说课评课及座谈交流，详见调研方法之课堂微分析。

5.全员问卷调查

对S市某区所有地理任课老师进行线上问卷调查，详见调研方法之问卷调查法。

（二）调研方法

本次调研综合采用多种方式进行，具体如下：

1.课堂微分析

深入S市第九中学、S市龙归中学地理学科教师课堂进行听课，并做好课堂观察和课堂评量（见附件1）。调研组听完课后即对授课教师进行访谈，先由授课教师按照提纲（见附件2）进行5分钟说课，然后调研组根据地理课程标准围绕教学理念、教学设计、教学实施、教学效果等进行访谈，通过对地理教师学科教学进行微分析，了解教师学科教育教学中存在的问题。

2.自我报告法

由样本学校教师副校长牵头组织地理学科（分年级）教师进行自我评价，着重说明本学段本学科教师在教育教学方面存在的不足和问题（详见附件5）。

3.问卷调查法

中学地理问卷由S市某区教育局组织在线发放（https://www.wjx.cn/wjx/design/previewmobile.aspx?activity=99461855&s=1），需覆盖S市某区地理学科所有教师。

4.资料分析法

对地理考试资料（如统考试题）、测试资料、考核资料、义务教育质量监测报告等进行分析，充分挖掘S市某区中学地理学科教师在教育教学中存在的不足。

5.数据库分析法

通过对S市某区地理学科教师基本信息数据库进行分析等，全面分析地理学科教师人口学特征。

三、调研结果分析

（一）人口学分析

1.教学单位教师分布情况

中学地理学科（下称为"本学科"）是按照国家《教育部关于印发义务教育语文等学科课程标准（2011年版）的通知》（教基二〔2011〕9号）

在义务教育中学阶段开设的重要学科。本报告调查S市某区中学阶段本学科教学单位8个。城区教学单位4所，占比为50%；乡镇教学单位4所，占比为50%。各教学单位本学科在岗教师23人，在编在岗教师21，占比91.30%，临聘教师2人，占比8.70%。专职教师（指所学专业与所教学科相符、所评职称与所教学科相同）9人，占比41%；兼职教师13人，占比59%。

各教学单位学校类型、区位类型、教学点、在岗教师人数、在编在岗人数、临聘教师人员、专职教师人数、兼职教师人数等详见表10-1所示。

表10-1　S市某区中学地理学科教学单位教师分布情况

序号	教学单位	学校类型	区位类型	在岗教师	在编在岗	临聘教师	专职教师	兼职教师
1	第九中学	中学	城区	6	5	1	3	3
2	第十四中学	中学	城区	5	4	1	4	1
3	第十五中学	中学	城区	4	4	0	0	3
4	风烈中学	中学	城区	2	2	0	1	1
5	S市某区龙归中学	中学	乡镇	3	3	0	1	2
6	S市某区江湾中学	中学	乡镇	1	1	0	0	1
7	S市某区西河学校	中学	乡镇	1	1	0	0	1
8	S市某区重阳学校	中学	乡镇	1	1	0	0	1

2.区位教师分布情况

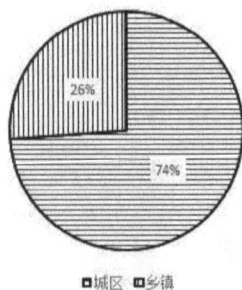

图10-1　教师区位分布

由统计数据可知（图10-1），中学阶段本学科教师共23人，其中城区教师17人，占比为73.91%；城区在编在岗教师15人；占比为88.24%；城区临聘教师2人，占比为11.76%。乡镇教师6人，占比为26.09%；乡镇在编在岗教师6人，占比为100%；乡镇临聘教师0人，占比为0%。可见城区师资力量比乡村的要雄厚。

3.教师专职人数与区位教师分布

比例（%）

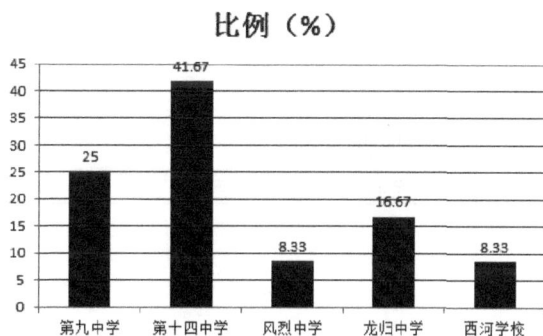

图10-2 专职教师区位分布

统计数据显示（图10-2），S市某区中学阶段本学科专职教师数量为12人，其中专职教师中，城区9人，占比达75%；乡镇3人，占比为25%。由此可见，城区教育基础好，对地理专业教师的要求高，师资较为充足；而乡镇经济落后，师资薄弱。

4.教师教龄分布情况

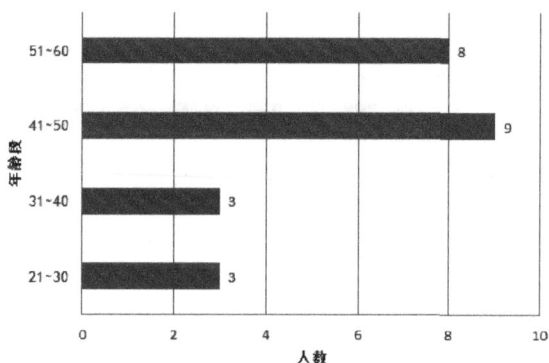

图10-3 教龄分布

统计数据显示（图10-3），S市某区中学阶段本学科教师年龄结构不均匀，中老年教师较多，年轻教师较少，本学科教师的平均年龄为45岁，在41—60岁的年龄段处于密集高峰值，明显看出S市某区中学阶段本学科教师趋向老年化。

5.教师编制类别分布情况

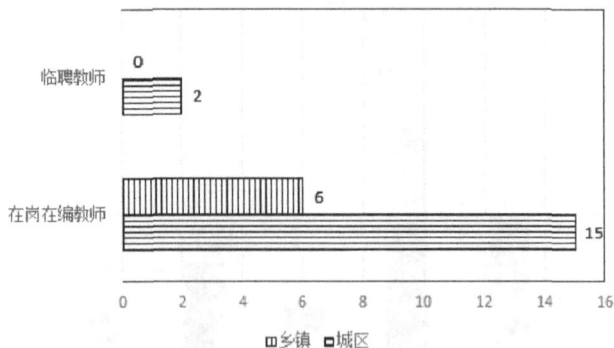

图10-4　教师编制类别分布

统计数据显示（图10-4），S市某区中学阶段本学科正式编制教师21人，占比91.30%，其中乡镇地区的老师编制覆盖率100%，总体来看，S市某区中学阶段本学科教师编制保障力度大。

6.教师学历学位分布情况

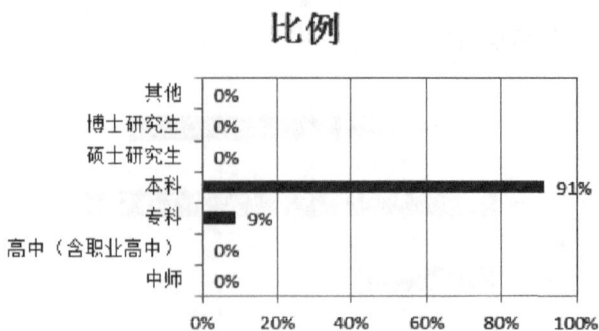

图10-5　教师学历分布

统计数据显示（图10-5），S市某区中学阶段本学科教师拥有最高学历为研究生的教师数量为0人，占比为0%；拥有最高学历为本科的教师数量为21人，占比为91.30%；拥有最高学历为专科的教师数量为2人，占比为8.70%；拥有最高学历为中师、高中、博士研究生和其他情况的教师数量都为0人，占比为0%。总体来看，S市某区中学阶段本学科教师学历水平一般。

7.教师所学专业分布

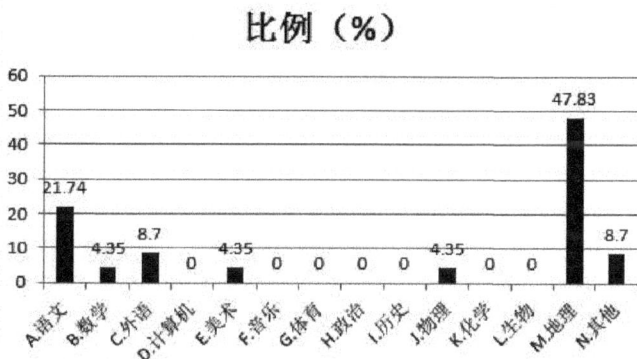

比例（%）

图10-6 教师专业分布

统计数据显示（图10-6），S市某区中学阶段本学科教师所学专业为地理的教师数量为11人，占比为47.83%；所学专业为语文的教师数量为5人，占比为21.74%；所学专业为物理的教师数量为1人，占比为4.35%；所学专业为数学的人数为1，占比为4.35%；所学专业为外语人数为2人，占比为8.70%；所学专业为美术人数为1人，占比为4.35%；所学专业为计算机、音乐、体育、政治、历史、化学、生物的人数为0人，占比为0%；而所学专业为其他的（经济管理、公共管理和会计等）的教师数量为2人，占比为8.70%。可见，S市某区中学阶段本学科教师所学专业类型较多，本学科教师的专业化水平有待提高。

8.教师所学专业与所教科目对口情况

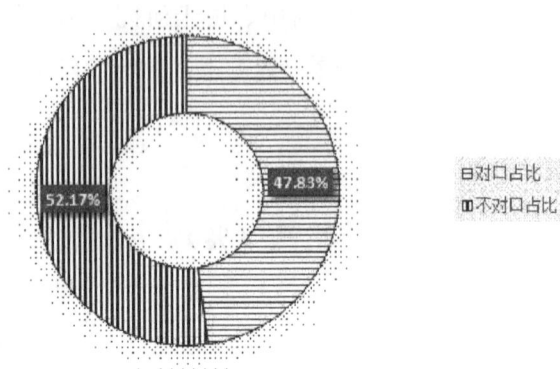

图10-7　教师专业对口情况

统计数据显示（图10-7），S市某区中学阶段本学科教师所学专业为地理与所教授科目为地理（对口）的教师数量为11人，占比为47.83%；所学专业不是地理而所教授科目为地理（不对口）的教师为12人，占比高达52.17%。可见，S市某区中学阶段本学科教师专业对口率较低，本学科教师的专业化水平有待提高。

9.教师职称分布情况

比例（%）

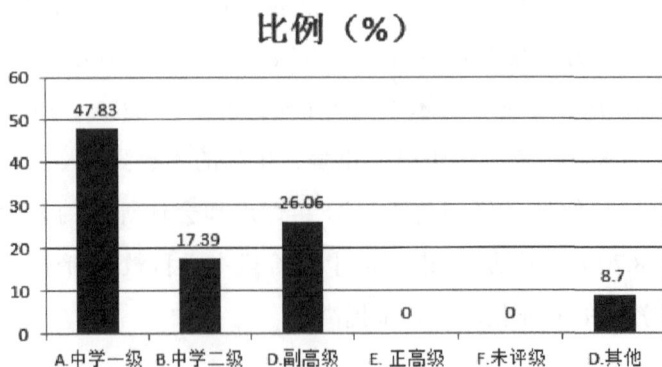

图10-8　教师职称分布

统计数据显示（图10-8），S市某区中学阶段本学科教师中，职称为正高级教师数量为0，占中学本学科教师总人数0%；副高级的教师数量为6人，占比为26.09%；中学一级教师人数为11人，占比为47.83%；二级教师人数为4人，占比为17.39%；无职称教师人数为2人，占比为8.70%。可见，S市某区中学地理学科教师职称主要集中在中学一级，上升空间大。

10. 教师所评职称与所教科目对口情况

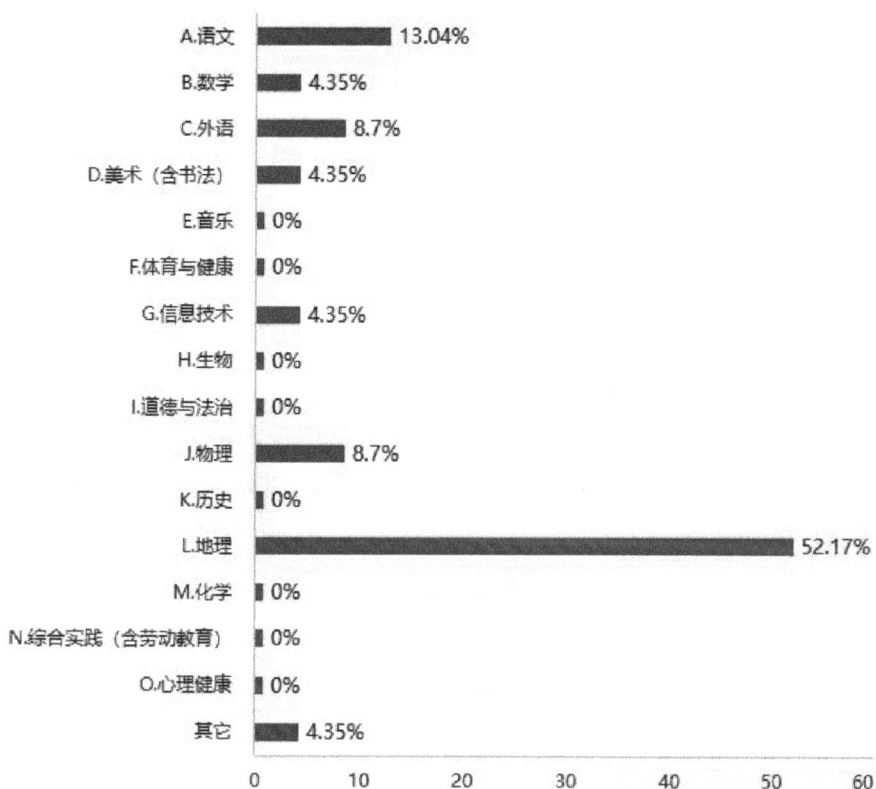

图10-9　教师职称对口情况

统计数据显示（图10-9），S市某区中学阶段本学科教师所评职称与所教科目对口的教师数量为12人，占比为52.17%；所评职称与教科目不对口的教师数量为11人，占比为47.83%。S市某区中学阶段本学科教师所评职称考虑地理科目的数量还有待提高。

11.教师周学习时间分布情况

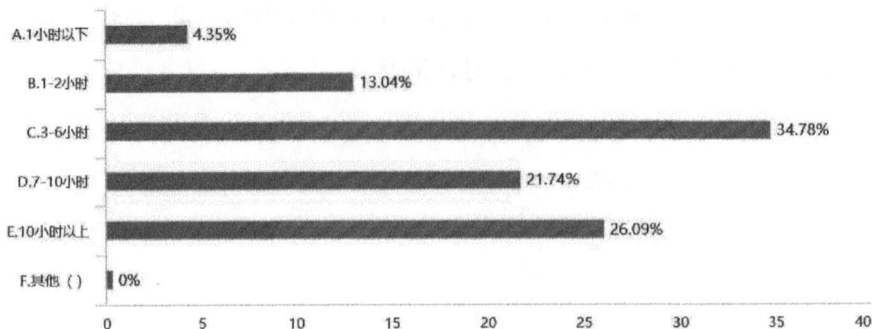

图10-10　教师周学习时间分布

统计数据显示（图10-10），S市某区中学阶段本学科教师每周学习时间为1—2小时的教师数量有3人，占比13.04%；学习时间3—6小时的教师数量为8人，占比34.78%；学习时间为7—10小时的教师数量有5人，占比21.74%；学习时间为10小时以上的教师数量有6人，占比26.09%；每周学习时间花费在1小时以下（即一天不足1小时）的比例为4.35%。可见本地区中学阶段本学科教师周学习的时间较长，在提高自己的专业知识或素养的时间上投入较多。

12.教师每年参加培训次数分布情况

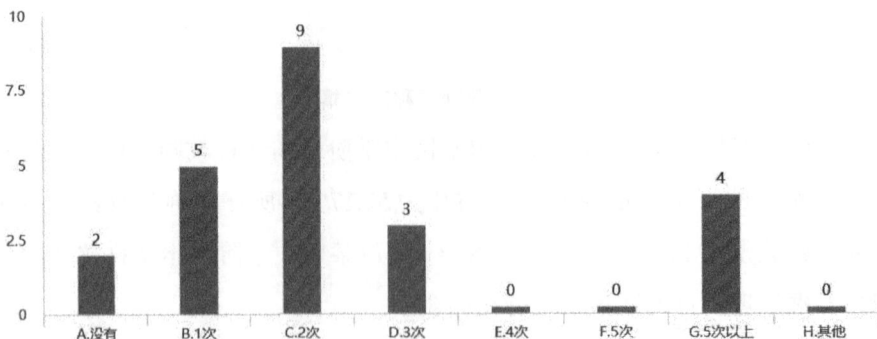

图10-11　教师年参加培训次数

统计数据显示（图10-11），S市某区中学阶段本学科教师没有参加培训的教师数量为2人，占比为8.70%；参加过1次培训的教师数量为5人，占比为21.74%；参加过2次培训的教师数量为9人，占比为39.13%；参加过3次培训的教师数量为3人，占比为13.04%；参加过5次以上的教师数量为4人，占比为17.39%。本学科教师每年参与的培训次数主要集中在1—2次，占比为60.87%，可见教师每年获得增长专业技能和获得职业发展的机会较少。

13.教师每年参加培训次数与区位教师分布情况

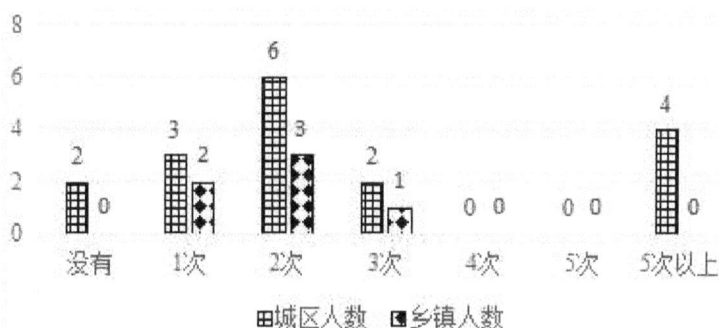

图10-12 教师参加培训次数的区位分布

从地区划分，S市某区中学阶段本学科教师没有参加培训的城区教师数量为2人，占比11.76%；参加过1次培训的城区和乡镇教师数量分别为3人和2人，占比分别位为17.65和33.33%；参加过2次培训的城区、乡镇教师数量分别为6人和3人，占比分别为35.29%和50.00%；参加过3次培训的城区、乡镇的教师数量分别为2人和1人，占比分别为11.76%和16.67%；参加过4次培训的城区、乡镇的教师数量分别为0人和0人，占比分别为0%和0%；参加过5次培训的城区、乡镇的教师数量分别为0人和0人，占比分别为0%和0%。参加过5次以上培训的城区、乡镇教师数量分别为4人和0人，占比分别为23.53%和0%。可见，城区比乡镇每年培训的次数多，得到提升的机会大。

14.教师每周课时量安排情况

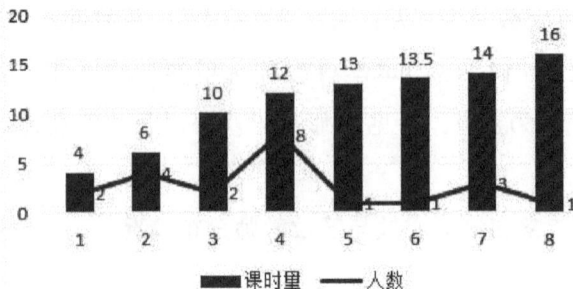

图10-13　教师周课时安排

统计数据显示（图10-13），S市某区中学阶段本学科教师每周课时量主要集中在6课时、12课时以及14课时，教师数量分别为4人、8人和3人，占比分别为17.39%、34.78%和13.04%。每周课时量在12—16课时的占比高达60.87%，此可见S市某区中学阶段本学科教师每周课时量压力大。

（二）教师专业发展存在问题及其原因分析

1.教学理念

问题一：教学理念落后，在地理教学环节中落实地理课程标准理念不到位、不清晰

原因分析：第一，教师年龄结构不合理，任课教师年龄偏大，习惯用传统教学理念进行教学。S市某区教师年龄结构整体上出现轻微负偏态分布，年轻教师数量偏低，在41—57岁的年龄段处于密集高峰值，明显看出S市某区教师老龄化数量较多。第二，对新课程标准研究学习不够。通过问卷结果来看，在"在学科专业知识方面，我想了解的是"中选择"课标解读与教材分析"的教师达17人，占比73.91%（图10-14）。地理教师由于各种原因，缺乏对地理课程标准和地理教学的研究的主动性和积极性、没有很好地理解地理新课程标准理念。

比例（%）

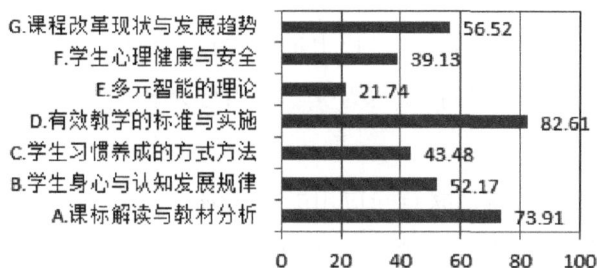

图 10-14　教学理念占比情况

问题二：应试教育思想在地理教学中表现比较突出。

原因分析：很多中学还存在严重的应试教育理念，在这种背景下，进行初中地理教学时，教师比较重视学生对知识的掌握，而对学生的学习能力提高和综合素质提高不够重视，将学习成绩当成衡量学生的唯一标准。

问题三：地理学科的专业知识、技能、素养欠佳

原因分析：数据显示S市某区地理学科教师毕业前所学的专业是地理专业的比例较小（47.83%）。因为上级规定的地理教学任务要完成，而现有的师资状况又满足不了，导致目前不少的地理课安排其他所谓主科教师兼任，这些兼任地理老师因为没有受过系统的地理知识训练，无法更深入地去研究地理教学，对新课标背景下的地理教法认识与应用不足。

问题四：教学研究水平较低（图10-15）。

比例（%）

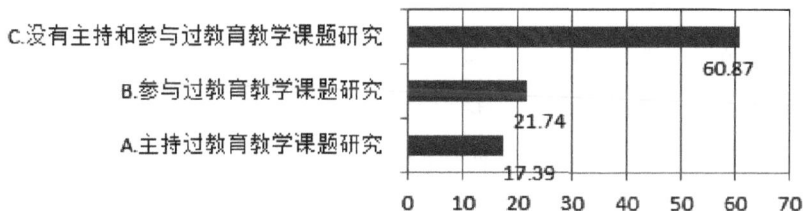

图 10-15　教师科研情况

通过问卷结果来看，S市某区地理教师，没有主持和参与教育教学课

题研究的人数达14人，占比60.87%；仅有17.39%的地理教师主持过教育教学课题研究。

原因分析：调查显示，一半以上的教师没有主持和参与过教育教学课题研究。教育科研上教师自发行为少、被动行为多。

2.教学设计

问题一：课程资源的整合与应用能力不强

通过问卷结果来看，地理教师认为课程资源的整合与应用需要提升的有17人，占比69.57%（图10-16）。

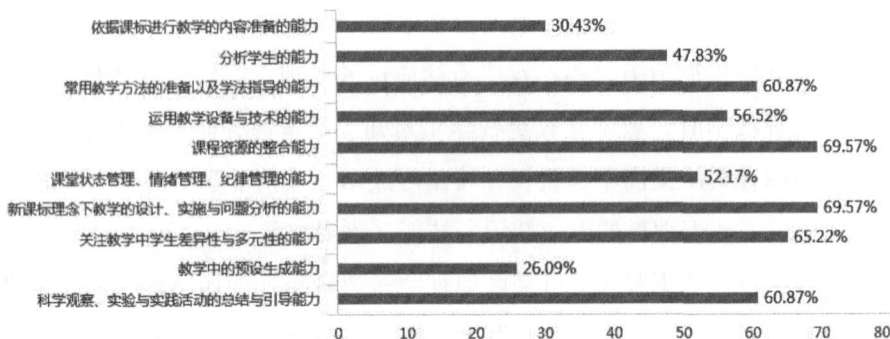

图10-16　课程资源整合、应用能力

原因分析：第一，地理教师对课标、教材、学生等研究和学习不够深入；第二，不会课程资源的整合与应用的方法。

问题二：现代化教学手段与学科教学融合不够深入

原因分析：由于S市某区的学科地理教师大多为年龄大的教师，缺乏应用多媒体等信息技术的能力，对网络教学资源和整合的能力欠佳，大多数时候仅靠单一的教学手段，无法激发学生的学习兴趣和注意力。很多教师特别是乡镇年龄较大的教师没有掌握或不能熟练掌握现代化教学手段，现代化教学手段与学科教学融合示范教学较少。

问题三：以学生为主体设计的教学活动，效果不够理想（图10-17）

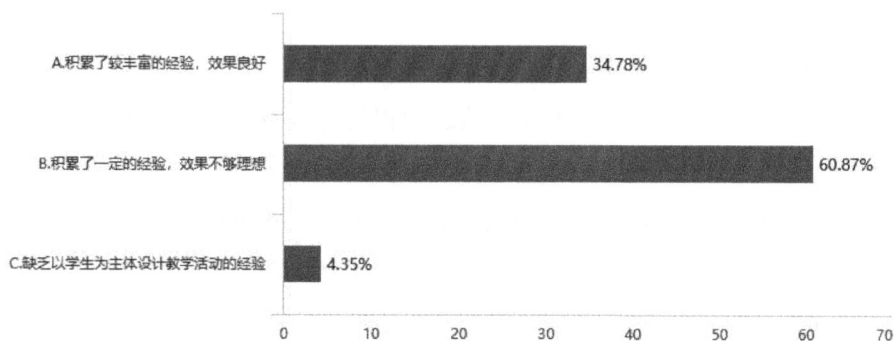

图10-17　教学活动效果

原因分析：为了适应新课堂改革，注重了课堂的气氛和学生的感受，但是由于教师缺乏必要经验，过分强调以"学生为中心"而忽视了教师作为教学活动的主导地位，教学内容偏离轨道，教学效果差强人意，教学活动流于形式。很多地理教师（60.87%）在"地理教学设计基本功"中最希望得到提高的选项中选择了学生活动设计（图10-18）。

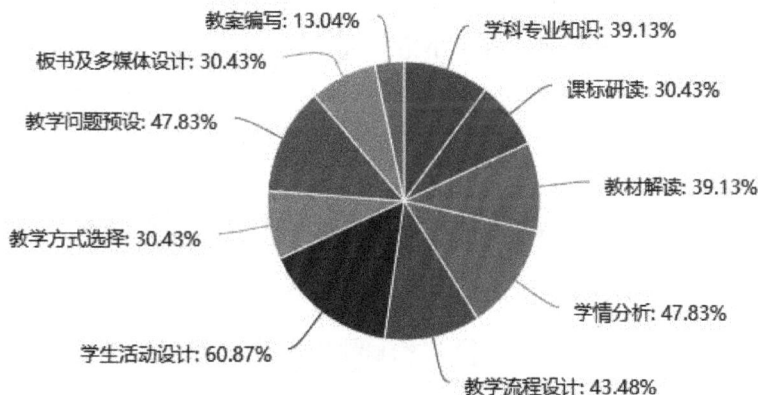

图10-18　教学设计基本功

3.教学实施

问题一：照本宣科的方式无法满足学生需要

原因分析：很多教师在进行地理教学时，还是采取以往的宣教式，没有充分的准备，教学时一成不变地宣读课本内容。甚至有些教师在教学中很少进行内容的讲解，学生机械地学习课本上的内容。以"讲授法"作为主要的教学手段，教学手法较为单一，与广泛倡导的"教师主导、学生主体、师生共同参与"的教学模式相背离。

问题二：教学方法比较单一，缺乏知识的生成过程，学生兴趣很难被激发

原因分析：地理教师在进行初中地理教学时，教学方法还比较单一，没有针对教学需要进行方法的创新，教学方法长时间不变，无法满足学生学习需要和教学需要。教师在教学过程中的出发点往往是自己的主观意识，没有注意学生的感受，这种教学模式比较僵化，很难满足学生对地理学习的实际需要。随着新课改的进行，地理教学也愈加重视自主学习和合作探究，但并未真正落实。教学过程中，教师讲授还是主要的方式，学生并没有真正的合作，自主探究的机会也比较少，学生学习兴趣没有得到真正的激发，教学有效性也没有真正提高。许多教师虽然能使用课件辅助教学，但是大多满足于从网上下载，仅做少许改动甚至不改动便完成备课任务，既没有发挥网络优秀资源的优点，也没有根据学情进行研究，教学方法一般仍是讲授为主，即使安排了小组探究、讨论等也流于形式。

问题三：在地理教学中运用信息技术进行教学能力较弱（图10-19、10-20）

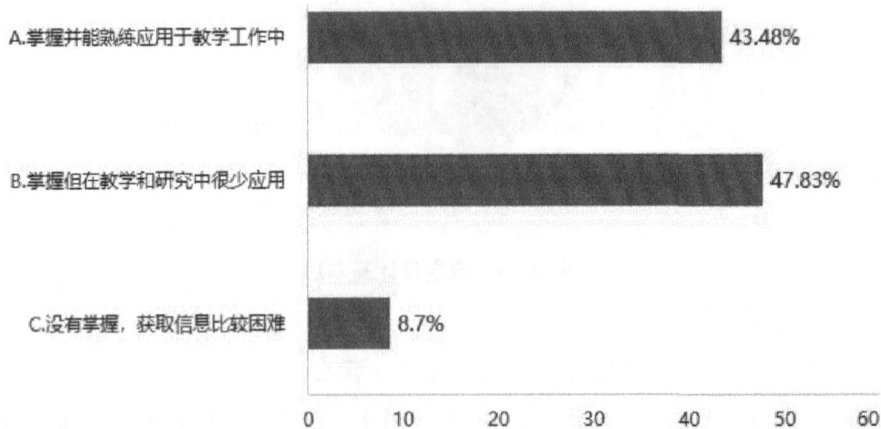

图10-19

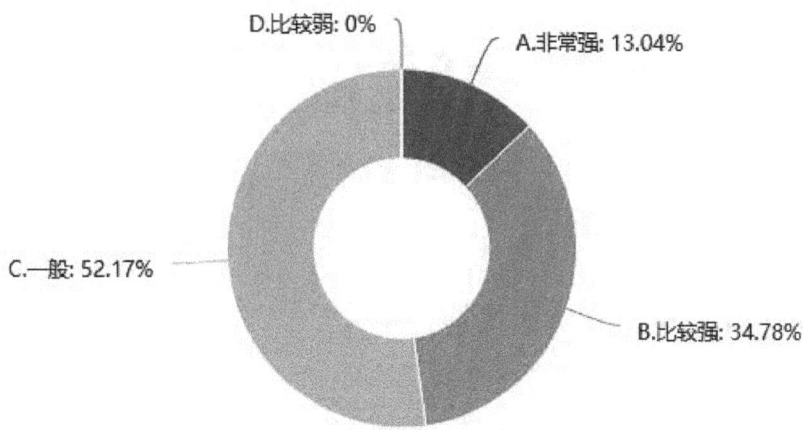

图10-20　运用信息技术进行教学的能力

原因分析：第一，教师年龄结构偏大，学习和运用信息技术存在困难。第二，学校信息技术设备存在老化现象，影响教师使用信息技术设备进行教学的积极性。第三，相关信息技术设备使用培训不到位，教师不会用或不能熟练使用。

4.教学效果

问题一：教学评价方式、手段单一，主要是以练习和考试为主，缺乏过程性评价，学生的主体性作用没有明显体现

原因分析：受应试教育的影响，教学效果缺乏多元的评价手段。大部分地理教师都认识到学生在课堂上合作、自主、探究是学习方式，自主学习的重要性，教师应给孩子留足思考与自主学习的空间，一定要关注学生，注重学生的自主探究、合作探讨等能力培养。但还有不少教师不敢放手。

问题二：教学评价中个体评价体现不够突出

原因分析：第一，课堂以问题、练习、考试为主，教师只能提问部分学生。第二，不会运用现代化技术了解全体学生的学习效果。

问题三：不重视教学反思

原因分析：第一，教师职业倦怠；第二，教学反思流于形式化、任务化；第三，教师教学教育工作量和其他工作量大，用于教学反思的时

间少。

问题四：对核心素养下的课堂教学把握不足

原因分析：地理教学不仅要重视地理事实，更要关注思想方法和知识的建构。但是从现场调查和实地听课的情况来看，"地理核心素养"没有在课堂上得到很好的落实。

四、对策建议与培训规划

S市某区地理教师专业发展培训建议首先要解决初中地理教师的专业化、专职化问题，否则培训将失去意义。目前，S市某区初中地理老师专业化率很低（大学或大专毕业学科为地理的不到一半，为47.83%）；专门从事初中地理教学的教师也不稳定，很多时候是临时由其他学科教师（语、数等）兼任；由于种种原因，兼任教师不可能长期从事地理教学，甚至出现今年兼任地理，明年兼任其他学科（"副科"，地理学科类似）的情况。这种情况严重影响初中地理的教学质量，如不加以改变，再多的培训也只能是形式，只能是完成任务，只能是应付式的，对中学教师的专业发展，对提高S市某区初中地理教学质量并不会产生多大意义。

另外，由于中考不考地理，"地理学科的生存空间"在初中学段越来越小，几乎所有学校（城区、乡镇中学情况类似）的地理园都由于各种形式的评估、扩建等原因，要么拆除作为他用，要么处于"自生自灭"状态。好好的地理园——学生素质教育（爱国主义教育、实践动手能力、野外观察能力）教学的重要平台不但没有得到重视，反而每况愈下，在大力提倡素质教育、提倡学生发展的时代，这个问题同样要引起教育部门、各中学学校的重视。

（一）培训目标

通过全员培训整体提升S市某区地理教师队伍的素质和工作实绩，切实提高地理教师教育教学工作的有效性，增强教师的职业幸福感，进而整体提升S市某区基础教育的质量和水平，具体目标如下：

一是提高初中地理参训教师对课堂教学有效性的认识，掌握有效教学的各种策略；

二是提高初中地理参训教师对教材的解读与整合能力，提高课堂教学效率；

三是提高初中地理参训教师对课堂教学问题的诊断能力，能够从学生学的角度来分析课堂现象，总结、提炼有效的教学策略；

四是引领初中地理参训教师正确认识学科价值和教学功能，开阔参训教师的视野，提高参训教师的创新性思维能力；

五是提升初中地理教师的学科教学研究能力，有效促进其专业成长；

六是提高初中地理教师教育信息技术能力，能够将学科教学与教育信息技术有机整合。

总之，S市某区中学地理教师队伍的建设要不断更新教育理念，接受先进的教育教学方法，促进自身的不断发展，坚持终身学习理念，革新教育教学行为，朝着专业化（专职化）、信息化、创新化的方向发展，提高教育教学水平和质量，实现区内基础教育质量的高位均衡发展。

（二）培训内容、方法

培训主题	培训内容	培训天数	培训学时	培训方法
教学理念	地理新课标解读	0.5	4	专家讲座、小组讨论、案例分享
	地理新课标实践	0.5	4	案例分享、现场教学
	地理学科知识前沿	0.5	4	专家讲座、小组讨论、案例分享
教学设计	地理教学设计的标准与范例	0.5	4	专家讲座、小组讨论、案例分享

续　表

培训主题	培训内容	培训天数	培训学时	培训方法
教学设计	地理课程内容分析及教学策略	0.5	4	专家讲座、小组讨论、案例分享
教学实施	中学地理课件设计与应用	0.5	4	专家讲座、小组讨论、案例分享
	中学地理教学资源的有效整合	0.5	4	专家讲座、小组讨论、案例分享
教学效果	中学地理有效课堂教学的现状与教学策略	1	8	专家讲座、小组讨论、案例分享、现场参观
教学理念	班级管理与课堂管理	0.5	4	专家讲座、小组讨论、案例分享
	教育心理学讲座	0.5	4	专家讲座、小组讨论、案例分享
教学设计	学情分析与地理教材解读	0.5	4	专家讲座、小组讨论、案例分享
	学生活动设计	1	8	专家讲座、小组讨论、案例分享、现场参观
教学实施	地理信息化操作技术	0.5	4	专家讲座、小组讨论、案例分享
	学科专业技能与情境创设	0.5	4	专家讲座、小组讨论、案例分享
教学效果	科学观察、实验与实践活动的总结与引导	0.5	4	专家讲座、小组讨论、案例分享
教学理念	教育科学研究方法	0.5	4	专家讲座、小组讨论、案例分享
	地理教育研究论文	0.5	4	专家讲座、小组讨论、案例分享

续　表

培训主题	培训内容	培训天数	培训学时	培训方法
教学理念	地理教育科研课题	0.5	4	专家讲座、小组讨论、案例分享
教学设计	教学目标设计与检测设计技能	0.5	4	专家讲座、小组讨论、案例分享
	教学内容与过程方法设计能力	0.5	4	专家讲座、小组讨论、案例分享
教学实施	说课、听课、评课	1	8	专家讲座、小组讨论、案例分享、现场参观
	试卷命制与分析	0.5	4	专家讲座、小组讨论、案例分享
教学效果	地理有效课堂的评价标准解析	0.5	4	专家讲座、小组讨论、案例分享
	地理实践力	0.5	4	专家讲座、小组讨论、案例分享

注：根据实际情况，尽可能多地参观学习、现场观摩。有条件的话，可以多到长三角、珠三角等经济发达地区进行跟岗学习。

第十一章 初中历史教师专业发展

一、调研背景与目的

教师肩负着塑造灵魂、塑造生命、塑造人的时代重任，是教育发展的第一资源。党的十八大以来，以习近平同志为核心的党中央将教师队伍建设摆在突出位置，作出一系列重大决策部署。

为贯彻落实《中共中央 国务院关于全面深化新时代教师队伍建设改革的意见》、《教育部关于印发〈幼儿园教师专业标准（试行）〉〈小学教师专业标准（试行）〉和〈中学教师专业标准（试行）〉的通知》（教师〔2012〕1号），广东省关于加强教师队伍建设相关文件的精神，结合S市某区基础教育改革发展的需要，全面了解S市某区义务教育阶段历史学科中学教师专业发展需求，科学统筹和规划S市某区义务教育阶段的历史教师队伍建设，夯实S市某区教育发展基础，实现S市某区教育特色发展，S市某区教育局及S学院省级中小学教师发展中心共同组织实施本次调研活动。

二、调研过程与方法

（一）调研过程

本次调研采取"前期协调—深入样本学校—随堂听课—说课评课—座谈交流—全员问卷调查（线上问卷星）"方式进行。

1.前期协调

S学院省级中小学教师发展中心与S市某区教育局对接，商讨好调研相关事项，并由S学院教授博士及S市某区教研员、中学一线历史教师共同组成调研团队负责此次调研工作。

2.选择样本学校

由调研团队共同选定S市第九中学（城区）、龙归中学（乡镇）作为本次线下调研的样本学校。

3.随堂听课

调研团队深入样本学校随堂听取历史老师的授课情况，每个样本学校随机听取两堂历史课。

4.说课评课及座谈交流

调研团队听完样本学校两位历史老师的授课之后，由学校组织说课评课及座谈交流，详见调研方法之课堂微分析。

5.全员问卷调查

对S市某区所有历史任课老师进行线上问卷调查，详见调研方法之问卷调查法。

（二）调研方法

本次调研综合采用多种方式进行，具体如下：

1.课堂微分析

深入S市第九中学、S市龙归中学历史学科教师课堂进行听课，并做好课堂观察和课堂评量（见附件1）。调研组听完课后即对授课教师进行访谈，先由授课教师按照提纲（见附件2）进行5分钟说课，然后调研组根据历史课程标准围绕教学理念、教学设计、教学实施、教学效果等进行访谈，通过对历史教师学科教学进行微分析了解教师学科教育教学中存在的问题。

2.自我报告法

由样本学校教师副校长牵头组织历史学科（分年级）教师进行自我评价，着重说明本学段本学科教师在教育教学方面存在的不足和问题（见附件5）。

3.问卷调查法

中学历史问卷由S市某区教育局组织在线发放，需覆盖S市某区历史学科所有教师。

4.资料分析法

对历史考试资料（如统考试题）、测试资料、考核资料、义务教育质量监测报告等进行分析，充分挖掘S市某区中学历史学科教师在教育教学中存在的不足。

5.数据库分析法

通过对S市某区历史学科教师基本信息数据库进行分析等，全面分析历史学科教师人口学特征。

三、调研结果分析

（一）人口学分析

1.教学单位教师分布情况

中学历史学科（下称为"本学科"）是按照国家《教育部关于印发义务教育语文等学科课程标准（2011年版）的通知》（教基二〔2011〕9号）在义务教育中学阶段开设的重要学科。本报告调查S市某区中学阶段本学科教学单位8个。城区教学单位4所，占比为50%；乡镇教学单位5所，占比为50%。各教学单位本学科在岗教师33人，在编在岗教师32，占比96.97%，临聘教师1人，占比3.03%。专职教师（指所学专业与所教学科相符、所评职称与所教学科相同）18人，占比54.55%；兼职教师15人，占比45.45%。

各教学单位学校类型、区位类型、教学点、在岗教师人数、在编在岗人数、临聘教师人员、专职教师人数、兼职教师人数等列表如下（表11-1）。

表11-1　S市某区中学历史学科教学单位教师分布情况

序号	教学单位	学校类型	区位类型	在岗教师	在编在岗	临聘教师	专职教师	兼职教师
1	第九中学	中学	城区	8	8	0	6	2
2	第十四中学	中学	城区	6	5	1	4	2
3	第十五中学	中学	城区	5	5	0	4	1
4	风烈中学	中学	城区	3	3	0	1	2
5	S市某区龙归中学	中学	乡镇	5	5	0	3	2
6	S市某区江湾中学	中学	乡镇	3	3	0	0	3
7	S市某区西河学校	中学	乡镇	1	1	0	0	1
8	S市某区重阳学校	中学	乡镇	2	2	0	0	2

2.区位教师分布情况

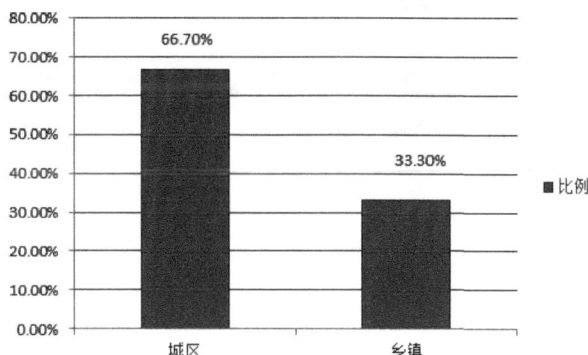

图11-1　区位教师分布情况

中学阶段本学科教师共33人（图11-1），其中城区教师22人，占比为66.67%，城区在编在岗教师21人，占比为95.45%，城区临聘教师1人，占比为4.55%。乡镇教师11人，占比为33.33%，乡镇在编在岗教师11人，占比为100%，乡镇临聘教师0人，占比为0%。

3.教师专职、兼职人数与区位教师分布

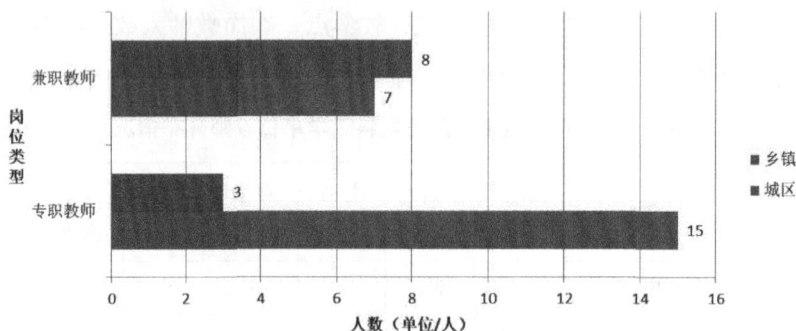

图11-2　教师专职、兼职人数与区位教师分布

统计数据显示（图11-2），S市某区中学阶段本学科专职教师数量为18人，占比为54.55%；兼职教师数量为15人，占比为44.45%。其中专职教师中，城区占比高达83.33%；而在兼职教师中，乡镇占比为53.33%。由此可见，城区教育基础好，对历史专业教师的要求高，师资较充足；而乡镇经济落后，师资薄弱。

4.教师教龄分布情况

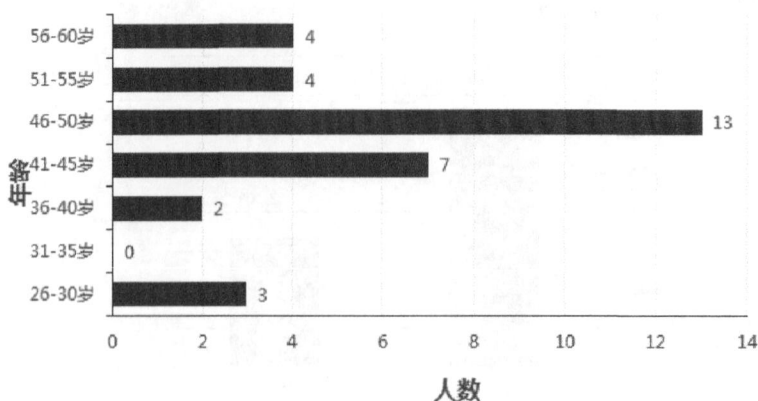

图11-3　教师教龄分布情况

统计数据显示（图11-3），S市某区中学阶段本学科教师年龄结构不均匀，老教师较多，年轻教师较少，本学科教师的平均年龄为46岁，在46—50岁的年龄段处于密集高峰值，明显看出S市某区中学阶段本学科教师趋向老年化。

5.教师编制类别分布情况

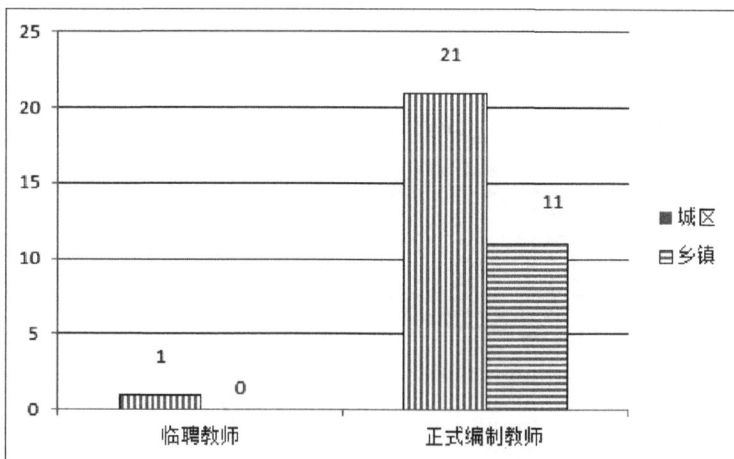

图11-4　教师编制类别分布情况

统计数据显示（图11-4），S市某区中学阶段本学科正式编制教师32人，占比96.67%，其中乡镇地区的老师编制覆盖率100%，明显看出S市某区中学阶段本学科教师保障力度大。

6.教师学历学位分布情况

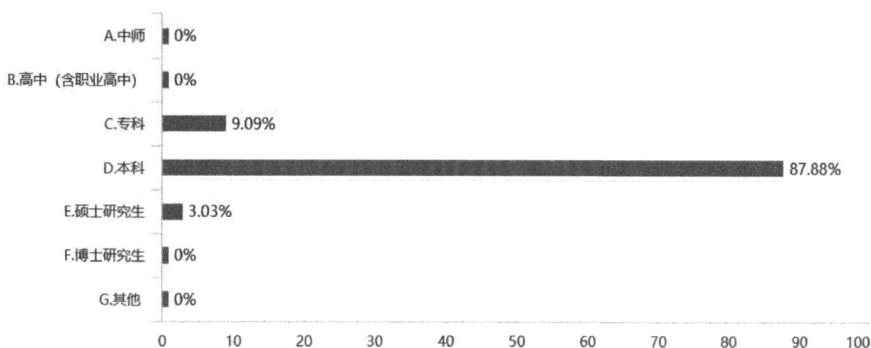

图11-5　教师学历学位分布情况

统计数据显示（图11-5），S市某区中学阶段本学科教师拥有最高学历为研究生的教师数量为1人，占比为3.03%；拥有最高学历为本科的教师数量为29人，占比为87.88%；拥有最高学历为专科的教师数量为3人，占比为9.09%；拥有最高学历为中师、高中、博士研究生和其他情况的教师数量都为0人，占比为0%。可见，S市某区中学阶段本学科教师学历水平较高。

7.教师所学专业分布

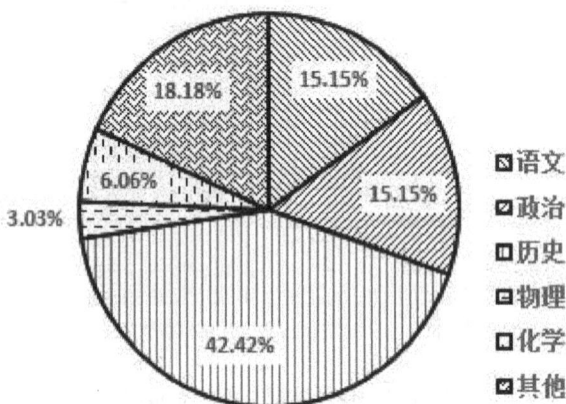

图11-6　教师所学专业分布

统计数据显示（图11-6），S市某区中学阶段本学科教师所学专业为历史的教师数量为14人，占比为42.42%；所学专业为语文、政治的教师数量皆为5人，占比为15.15%；所学专业为物理的教师数量为1人，占比为3.03%；所学专业为数学、外语、计算机、音乐、美术、生物的人数为0人，占比为0%；而所学专业为其他的（经济管理、公共管理和会计等）的教师数量为6人，占比为18.18%。可见，S市某区中学阶段本学科教师所学专业类型较多，本学科教师的专业化水平有待提高。

8.教师所学专业与所教科目对口情况

比例

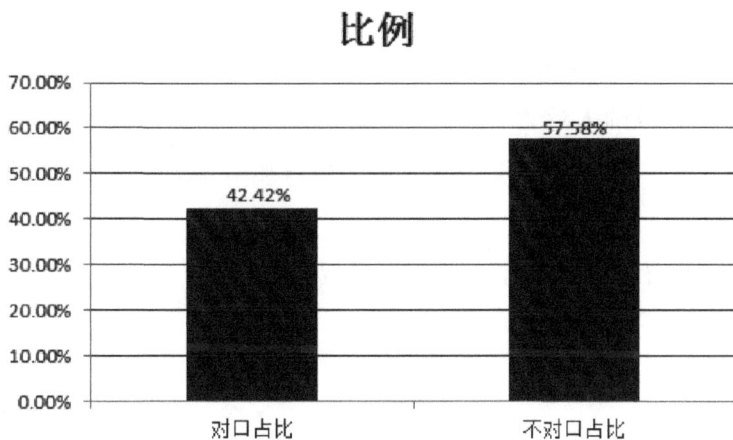

图11-7　教师所学专业与所教科目对口情况

统计数据显示（图11-7），S市某区中学阶段本学科教师所学专业为历史与所教授科目为历史（对口）的教师数量为14人，占比为42.42%；所学专业不是历史而所教授科目为历史（不对口）的教师为19人，占比高达57.58%。可见，S市某区中学阶段本学科教师专业对口率较低，本学科教师的专业化水平有待提高。

9.教师职称分布情况

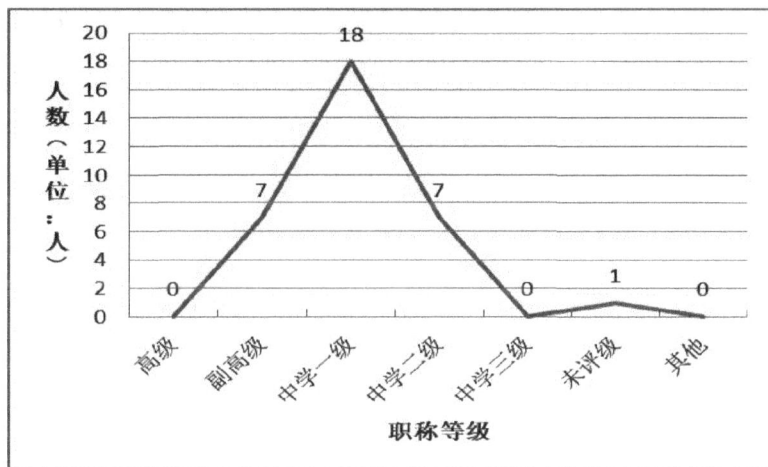

图11-8　教师职称分布情况

统计数据显示（图11-8），S市某区中学阶段本学科教师中，职称为高级、中学三级的教师数量为0人，占中学本学科教师总人数0%；副高级的教师数量为7人，占比为21.21%；中学一级教师人数为18人，占比为54.55%；二级教师人数为7人，占比为21.21%；无职称教师人数为1人，占比为3.03%。可见，S市某区小学某学科教师职称主要集中在中学一级，上升空间大。

10.教师所评职称与所教科目对口情况

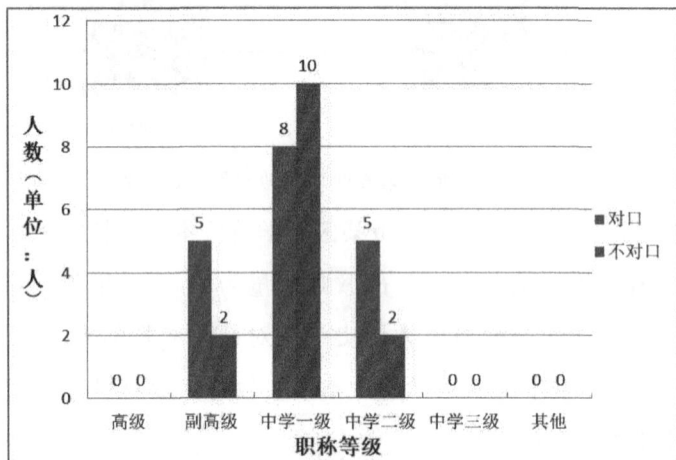

图11-9　教师所评职称与所教科目对口情况

统计数据显示（图11-9），S市某区中学阶段本学科教师已评职称的教师数量为32人，所评职称与教科目对口的教师数量为18人，占比为56.25%，其中所评的职称为中学一级有8人，占比43.33%。所评职称与教科目不对口的教师数量为14人，占比为43.75%。可见，S市某区中学阶段本学科教师所评职称考虑历史科目的数量还有待提高。

11.教师周学习时间分布情况

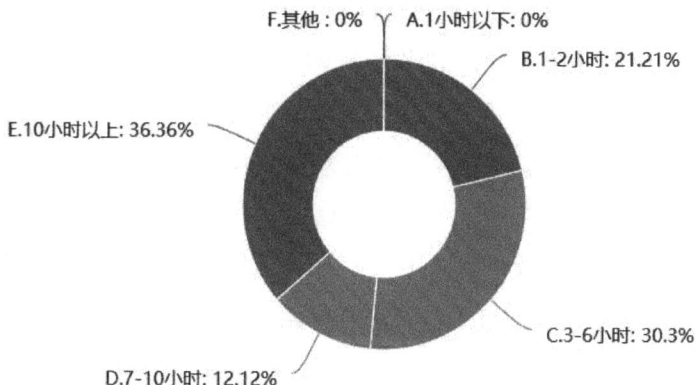

图11-10 教师周学习时间分布情况

统计数据显示（图11-10），S市某区中学阶段本学科教师每周学习时间为1—2小时的教师数量有7人，占比21.21%；学习时间3—6小时的教师数量为10人，占比30.3%；学习时间为7—10小时的教师数量有4人，占比12.12%；学习时间为10小时以上的教师数量有12人，占比36.36%；每周学习时间花费在6小时以下（即一天不足1小时）的比例高达51.51%。可见本地区中学阶段本学科教师周学习的时间过短，提高自己的专业知识或素养的时间还有待加长。

12.教师每年参加培训次数分布情况

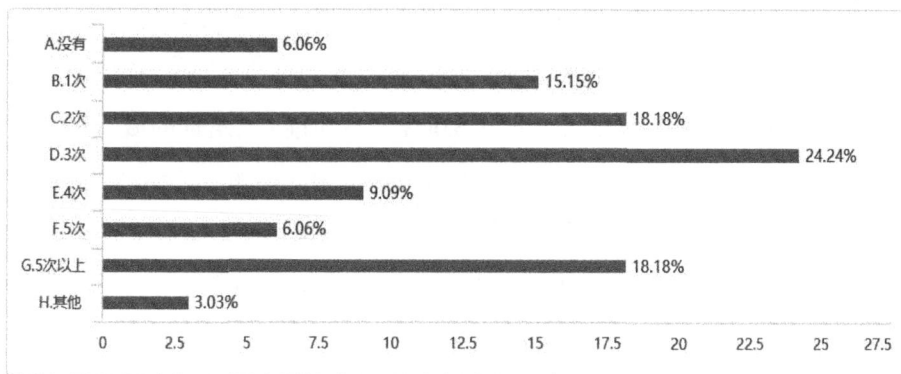

图11-11 教师每年参加培训次数分布情况

统计数据显示（图11-11），S市某区中学阶段本学科教师没有参加培训的教师数量为2人，占比为6.06%；参加过1次培训的教师数量为5人，占比为15.15%；参加过2次培训的教师数量为6人，占比为18.18%；参加过3次培训的教师数量为8人，占比为24.24%；参加过4次培训的教师数量为3人，占比为9.09%；参加过5次培训的教师数量为2人，占比6.06%；参加过5次以上的教师数量为6人，占比为18.18%。本学科教师每年参与的培训次数主要集中在2—3次，占比为42.42%，可见教师每年获得增长专业技能和获得职业发展的机会较少。

13.教师每年参加培训次数与区位教师分布情况

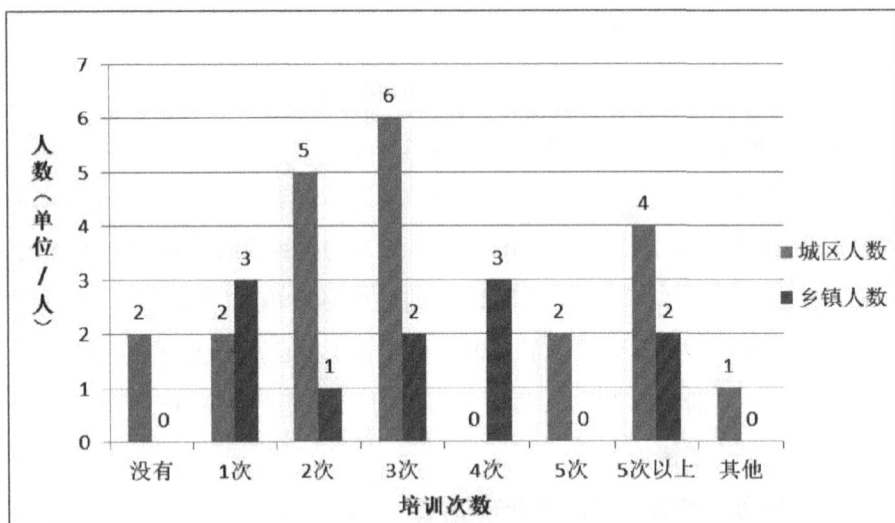

图11-12　教师每年参加培训次数与区位教师分布情况

由图11-12可知，从地区划分，S市某区中学阶段本学科教师没有参加培训的城区教师数量为2人，占比6.06%；参加过1次培训的城区和乡镇教师数量分别为2人和3人，占比分别位为6.06和9.09%；参加过2次培训的城区、乡镇教师数量分别为5人和1人，占比分别为15.15%和3.03%；参加过3次培训的城区、乡镇的教师数量分别为6人和2人，占比分别为18.18%和6.06%；参加过4次培训的城区、乡镇的教师数量分别为0人和3人，占比分别为0%和9.09%；参加过5次以上培训的城区、乡镇的教师数量分别为4人和2人，占比分别为12.12%和6.06%。可见，城区比乡镇每年培训的次数多，得到提升的机会大。

14.教师每周课时量安排情况

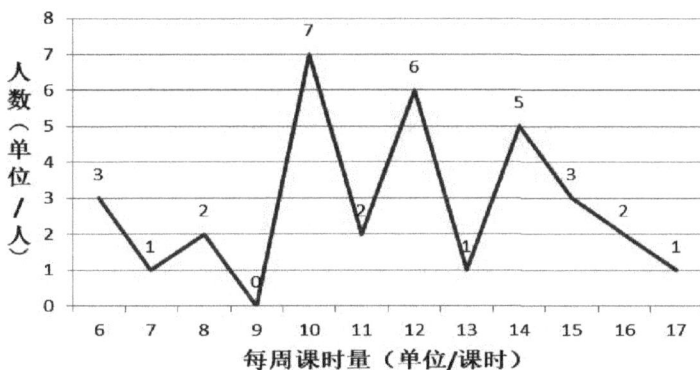

图11-13　教师每周课时量安排情况

统计数据显示（图11-13），S市某区中学阶段本学科教师每周课时量主要集中在10课时、12课时以及14课时，教师数量分别为7人、6人和5人，占比分别为21.21%、18.18%和15.15%。每周课时量在12—17课时的占比高达54.55%，此可见S市某区中学阶段本学科教师每周课时量压力大。

（二）教师专业发展存在问题及其原因分析

1.教学理念

问题一：教学理念落后，在历史教学环节中落实历史课程标准理念不到位、不清晰。

通过问卷结果来看，初中历史教师普遍以讲授为主的教学方式的有16人，占比49%（图11-14），认为在课堂中教师扮演主导角色的有12人，占比36.36%，认为自己教学理念落后的51.52%。

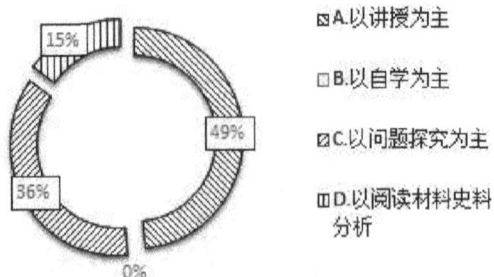

图 11-14　教学理念

　　原因分析：第一，教师年龄结构不合理，任课教师年龄偏大，习惯用传统教学理念进行教学。S市某区教师年龄结构整体上出现轻微负偏态分布，年轻教师数量偏低，在37—57岁的年龄段处于密集高峰值，明显看出S市某区教师老龄化数量较多。第二，对新课程标准研究学习不够。通过问卷结果来看，S市某区历史教师，没有主持和参与教育教学课题研究的人数达18人，占比54.55%；最近半年内没有对历史课程标准进行学习的教师有16人，占比48.48%；希望了解课标解读与教材分析的学科专业知识的教师达26人，占比78.79%。历史教师由于各种原因，缺乏对历史课程标准和历史教学研究的主动性和积极性、没有很好地理解历史新课程标准理念。

　　问题二：应试教育思想在历史教学中表现比较突出

　　原因分析：很多中学教师还存在严重的应试教育理念，在这种背景下，进行初中历史教学时，教师比较重视学生对知识的掌握，而对学生的学习能力提高和综合素质提高不够重视，将学习成绩当成衡量学生的唯一标准。

　　问题三：历史学科的专业知识、技能、素养欠佳

　　原因分析：数据显示S市某区学科历史教师毕业前所学的专业是历史专业的比例较小（42.42%）。因为上级规定的历史教学任务要完成，而现有的师资状况又满足不了，导致目前不少的历史课安排其他所谓主科教师兼任，这些兼任历史老师因为没有受过系统的历史知识训练，无法更深入地去研究历史教学，对新课标背景下的历史教法认识与应用不足。

问题四：教学研究水平较低（图11-15）

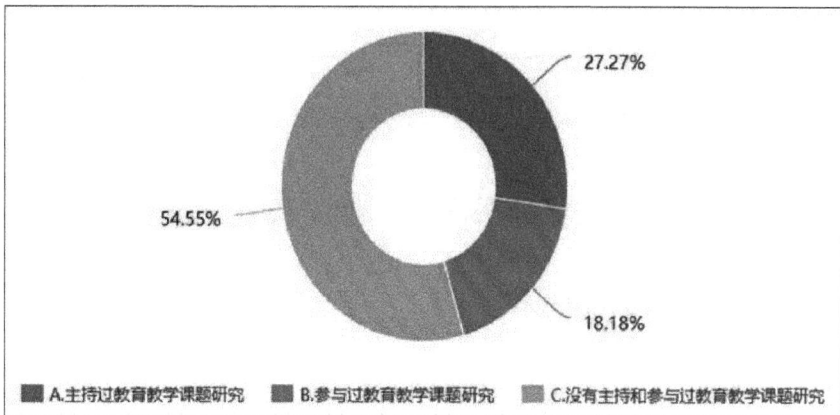

图11-15　教学研究水平

原因分析：调查显示，一半以上的教师没有主持和参与过教育教学课题研究。教育科研上教师自发行为少、被动行为多。

2.教学设计

问题一：课程资源的整合与应用能力不强

通过问卷结果来看，历史教师认为课程资源的整合与应用需要提升的有23人，占比69.7%。

原因分析：第一，历史教师对课标、教材、学生等研究和学习不够深入；第二，不会课程资源的整合与应用的方法。

问题二：现代化教学手段与学科教学融合不够深入

原因分析：由于S市某区的学科历史教师大多为年龄大的教师，缺乏应用多媒体等信息技术的能力，对网络教学资源和整合的能力欠佳，大多数时候仅靠单一的教学手段，无法激发学生的学习兴趣和注意力。很多教师特别是乡镇年龄较大的教师没有掌握或不能熟练掌握现代化教学手段，现代化教学手段与学科教学融合示范教学较少。

问题三：以学生为主体设计的教学活动，效果不够理想

原因分析：为了适应新课堂改革，注重了课堂的气氛和学生的感受，但是由于教师缺乏必要经验，过分强调以"学生为中心"而忽视了教师作

为教学活动的主导地位，教学内容偏离轨道，教学效果差强人意，教学活动流于形式（图11-16）。

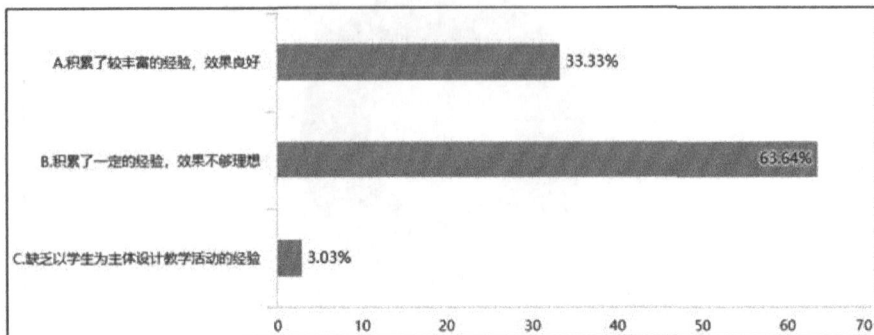

图11-16　以学生认识过程为主体设计教学活动情况

3.教学实施

问题一：照本宣科的方式无法满足学生需要

通过问卷结果来看，初中历史教师普遍以讲授为主的教学方式的有16人，占比48.48%。

原因分析：很多教师在进行历史教学时，还是采取以往的宣教式，没有充分的准备，教学时一成不变地宣读课本内容。甚至有些教师在教学中很少进行内容的讲解，学生机械地学习课本上的内容。以"讲授法"作为主要的教学手段，教学手法较为单一，与广泛倡导的"教师主导、学生主体、师生共同参与"的教学模式相背离。

问题二：教学方法比较单一，缺乏知识的生成过程，学生兴趣很难被激发

通过问卷结果来看，历史教师认为在课堂中教师扮演主导角色的有12人，占比36.36%。认为目前的历史课堂教学总体上依然是"教师中心"的有23人，占比69.7%。

原因分析：历史教师在进行初中历史教学时，教学方法还比较单一，没有针对教学需要进行方法的创新，教学方法长时间不变，无法满足学生学习需要和教学需要。教师在教学过程中的出发点往往是自己的主观意识，没有注意学生的感受，这种教学模式比较僵化，很难满足学生对历史

学习的实际需要。随着新课改的进行，历史教学也愈加重视自主学习和合作探究，但并未真正落实。教学过程中，教师讲授还是主要的方式，学生并没有真正的合作，自主探究的机会也比较少，学生学习兴趣没有得到真正的激发，教学有效性也没有真正提高。许多教师虽然能使用课件辅助教学，但是大多满足于从网上下载，仅做少许改动甚至不改动便完成备课任务，既没有发挥网络优秀资源的优点，也没有根据学情进行研究，教学方法一般仍是讲授为主，即使安排了小组探究、讨论等也流于形式。

问题三：在历史教学中运用信息技术进行教学能力较弱。有27位教师认为自己信息技术能力欠佳，占比81.82%

原因分析：第一，教师年龄结构偏大，学习和运用信息技术存在困难。第二，学校信息技术设备存在老化现象，影响教师使用信息技术设备进行教学的积极性。第三，相关信息技术设备使用培训不到位，教师不会用或不能熟练使用。

4.教学效果

问题一：教学评价方式、手段单一，主要是以练习和考试为主，缺乏过程性评价，学生的主体性作用没有明显体现

原因分析：受应试教育的影响，教学效果缺乏多元的评价手段。大部分教师都认识到学生在课堂上合作、自主、探究是学习方式，自主学习的重要性，教师应给孩子留足思考与自主学习的空间，一定要关注学生，注重学生的自主探究、合作探讨等能力培养，但还有不少教师不敢放手。

问题二：教学评价中个体评价体现不够突出

原因分析：第一，课堂以问题、练习、考试为主，教师只能提问部分学生。第二，不会运用现代化技术了解全体学生的学习效果。

问题三：不重视教学反思

原因分析：第一，教师职业倦怠；第二，教学反思流于形式化、任务化；第三，教师教学教育工作量和其他工作量大，用于教学反思的时间少。

问题四：对核心素养下的课堂教学把握不足

原因分析：历史教学不仅要重视历史事实，更要关注思想方法和知识的建构。但是从现场调查和实地听课的情况来看，思辨型的历史教学很少见，"历史核心素养"没有在课堂上得到很好的落实。

四、教师专业发展三年培训建议

S市某区历史教师专业发展培训建议首先要解决初中历史教师的专业化、专职化问题，否则培训将失去意义。目前，S市某区初中历史老师专业化率很低（大学或大专毕业学科为历史的只占42.42%）；专门从事初中历史教学的教师也不稳定，很多时候是临时由其他学科教师（语文、数学、政治等）兼任（占比超过30%）；由于种种原因，兼任教师不可能长期从事历史教学，甚至出现今年兼任历史，明年兼任其他学科（"副科"）的情况。这种情况如不加以改变，再多的培训也只能是形式，只能是完成任务，只能是应付式的，对中学教师的专业发展，对提高S市某区初中历史教学质量并不会产生多大意义。

（一）培训目标

通过全员培训整体提升S市某区历史教师队伍的素质和工作实绩，切实提高历史教师教育教学工作的有效性，增强教师的职业幸福感，进而整体提升S市某区基础教育的质量和水平，具体目标如下：

（1）提高初中历史参训教师对课堂教学有效性的认识，掌握有效教学的各种策略；

（2）提高初中历史参训教师对教材的解读与整合能力，提高课堂教学效率；

（3）提高初中历史参训教师对课堂教学问题的诊断能力，能够从学生学的角度来分析课堂现象，总结、提炼有效的教学策略；

（4）引领初中历史参训教师正确认识学科价值和教学功能，开阔参训教师的视野，提高参训教师的创新性思维能力；

（5）提升初中历史教师的学科教学研究能力，有效促进其专业成长；

（6）提高初中历史教师教育信息技术能力，能够将学科教学与教育信息技术有机整合。

总之，S市某区中学历史教师队伍的建设要不断更新教育理念，接受先进的教育教学方法，促进自身的不断发展，坚持终身学习理念，革新教育教学行为，朝着专业化（专职化）、信息化、创新化的方向发展，提高教育教学水平和质量，实现区内基础教育质量的高位均衡发展。

（二）培训内容、方法

培训主题	培训内容	培训天数	培训学时	培训方法
教学理念	历史新课标解读	0.5	4	专家讲座、小组讨论、案例分享
	历史新课标实践	0.5	4	案例分享、现场教学、案例分享
	历史学科知识前沿	0.5	4	专家讲座、小组讨论、案例分享
教学设计	历史教学设计的标准与范例	0.5	4	专家讲座、小组讨论、案例分享
	历史课程内容分析及教学策略	0.5	4	专家讲座、小组讨论、案例分享
教学实施	中学历史课件设计与应用	0.5	4	专家讲座、小组讨论、案例分享
	中学历史教学资源的有效整合	0.5	4	专家讲座、小组讨论、案例分享
教学效果	中学历史有效课堂教学的现状与教学策略	1	8	专家讲座、小组讨论、案例分享、现场参观
教学理念	班级管理与课堂管理	0.5	4	专家讲座、小组讨论、案例分享

续 表

培训主题	培训内容	培训天数	培训学时	培训方法
教学理念	教育心理学讲座	0.5	4	专家讲座、小组讨论、案例分享
教学设计	学情分析与历史教材解读	0.5	4	专家讲座、小组讨论、案例分享
	学生活动设计	1	8	专家讲座、小组讨论、案例分享、现场参观
教学实施	历史信息化操作技术	0.5	4	专家讲座、小组讨论、案例分享
	学科专业技能与情境创设	0.5	4	专家讲座、小组讨论、案例分享
教学效果	科学观察、实验与实践活动的总结与引导	0.5	4	专家讲座、小组讨论、案例分享
教学理念	教育科学研究方法	0.5	4	专家讲座、小组讨论、案例分享
	历史教育研究论文	0.5	4	专家讲座、小组讨论、案例分享
	历史教育科研课题	0.5	4	专家讲座、小组讨论、案例分享
教学设计	教学目标设计与检测设计技能	0.5	4	专家讲座、小组讨论、案例分享
	教学内容与过程方法设计能力	0.5	4	专家讲座、小组讨论、案例分享
教学实施	说课、听课、评课	1	8	专家讲座、小组讨论、案例分享、现场参观
	试卷命制与分析	0.5	4	专家讲座、小组讨论、案例分享

培训主题	培训内容	培训天数	培训学时	培训方法
教学效果	历史有效课堂的评价标准解析	0.5	4	专家讲座、小组讨论、案例分享
	历史实践力	0.5	4	专家讲座、小组讨论、案例分享

注：根据实际情况，尽可能多地参观学习、现场观摩。有条件去长三角、珠三角等发达地区参观学习，将培训课堂直接搬到发达地区历史课堂。

第十二章　初中生物教师专业发展

一、调研背景与目的

(一) 调研背景

教师肩负着塑造灵魂、塑造生命、塑造人的时代重任，是教育发展的第一资源。党的十八大以来，以习近平同志为核心的党中央将教师队伍建设摆在突出位置，作出一系列重大决策部署。为贯彻落实《中共中央 国务院关于全面深化新时代教师队伍建设改革的意见》、《教育部关于印发〈幼儿园教师专业标准（试行）〉〈小学教师专业标准（试行）〉和〈中学教师专业标准（试行）〉的通知》(教师〔2012〕1号)，广东省关于加强教师队伍建设相关文件的精神，结合S市某区基础教育改革发展的需要，全面了解S市某区初中学段生物学科教师专业发展需求，科学统筹和规划S市某区义务教育阶段的教师队伍建设，夯实S市某区教育发展基础，实现S市某区教育特色发展。

(二) 调研目的

调研目的是摸清教师在本学科教育教学过程中存在的问题，以问题反映本学科教师学科专业发展的需求，服务于培训建议。生物学科教师专业发展三年培训建议需要建立在本学科教师专业发展需求调研基础上，以强化教师培训的针对性和有效性。为科学统筹和规划S市某区义务教育阶段的教师队伍建设提供依据和数据支撑。

二、调研过程与方法

（一）调研过程

1.明确调研目的和内容

调研目的是服务于培训建议。调研内容是S市某区初中学段生物学科教师专业发展需求。

2.确定调研的具体内容及调研形式

全面了解S市某区初中学段生物学科教师人口学特征和教育教学问题。主要内容包括：（1）人口学特征，包括：规模、学历、学位、所学专业、最高学历学校层次、学校区位、工作年限、职称、周学习时间、参加培训次数、教师兼课情况、临聘教师情况、教师所学专业与所教科目对口情况。（2）教育教学问题，包括：调研组根据课程标准，围绕教学理念、教学设计、教学实施、教学效果等，通过多种调研方法，对本学科教师在教育教学中存在的问题进行调研。

3.确定调研地点以及样本容量

S市某区一共8所初中：S市第九中学，S市第十四中学，S市第十五中学，S市风烈中学，S市某区龙归中学，S市某区江湾中学，S市某区西河学校（九年一贯制），S市某区重阳学校（九年一贯制）。抽取第九中学（市区）、龙归中学（乡镇）为调研样本学校。

4.展开调研活动和收集资料

5.整理分析并撰写报告

前期协调—深入样本学校—随堂听课—说课评课—座谈交流—全员自我报告以及问卷调查（线上问卷星）。

（二）调研方法

本次调研综合采用多种方式进行，具体如下：

1.课堂微分析

深入S市第九中学、S市龙归中学生物学科教师课堂进行听课，并做好课堂观察和课堂评量（见附件1）。调研组听完课后即对授课教师进行访谈，先由授课教师按照提纲（见附件2）进行5—10分钟说课，然后调研组说明来意，根据生物课程标准围绕教学理念、教学设计、教学实施、教学效果等进行访谈，通过对生物教师学科教学进行微分析，了解教师学科教育教学中存在的问题。同时通过座谈，了解目前学科培训现状和有关需求。

2.自我报告法

由教研员老师牵头组织全区初中生物教师进行自我评价，要着重说明教师在教育教学方面存在的不足和问题。

3.问卷调查法

问卷由两部分组成，第一部分是中学学段通用问卷，第二部分是生物学科问卷。问卷由S市某区教育局牵头组织，由教研员具体在线发放与督促，问卷发放覆盖S市某区初中生物学科所有教师。

4.资料分析法

对中学统一考试资料（如统考试题）、测试资料、考核资料、义务教育质量监测报告等进行分析，充分挖掘S市某区初中生物学科教师在教育教学中存在的不足。

5.数据库分析法

通过对S市某区教师基本信息数据库进行分析等，全面分析初中生物学科教师人口学特征。

6.其他

与学校领导、生物实习生以及初中生进行交谈，了解学校和学生现状，了解初中生物学科教师教育教学中存在的不足与问题。

三、现状与问题

（一）生物教师队伍状况

1. 生物教师分布情况

中学生物学科（下称为"本学科"）是按照国家《教育部关于印发义务教育语文等学科课程标准（2011年版）的通知》（教基二〔2011〕39号）在义务教育中学阶段开设的重要学科。本报告调查S市某区中学阶段本学科教学单位8个。城区教学单位4所，占比为50%；乡镇教学单位4所，占比为50%。各教学单位本学科在岗教师21人，在编在岗教师21，占比100%。专职教师（指所学专业与所教学科相符、所评职称与所教学科相同）18人，占比85.71%；兼职教师3人，占比14.29%。男教师8人，占比38.1%；女教师13人，占比61.9%。

各教学单位学校类型、区位类型、教学点、在岗教师人数、在编在岗人数、临聘教师人员、专职教师人数、兼职教师人数等详见表12-1所示。

表12-1 S市某区中学生物学科教学单位教师分布情况

序号	教学单位	学校类型	区位类型	在岗教师	在编在岗	临聘教师	专职教师	兼职教师
1	第九中学	中学	城区	4	4	0	4	0
2	第十四中学	中学	城区	5	5	0	4	1
3	第十五中学	中学	城区	5	5	0	4	1
4	风烈中学	中学	城区	1	1	0	1	0
5	S市某区龙归中学	中学	乡镇	2	2	0	1	1
6	S市某区江湾中学	中学	乡镇	1	1	0	1	0
7	S市某区西河学校	中学	乡镇	1	1	0	1	0
8	S市某区重阳学校	中学	乡镇	2	2	0	2	0

2.区位教师分布情况

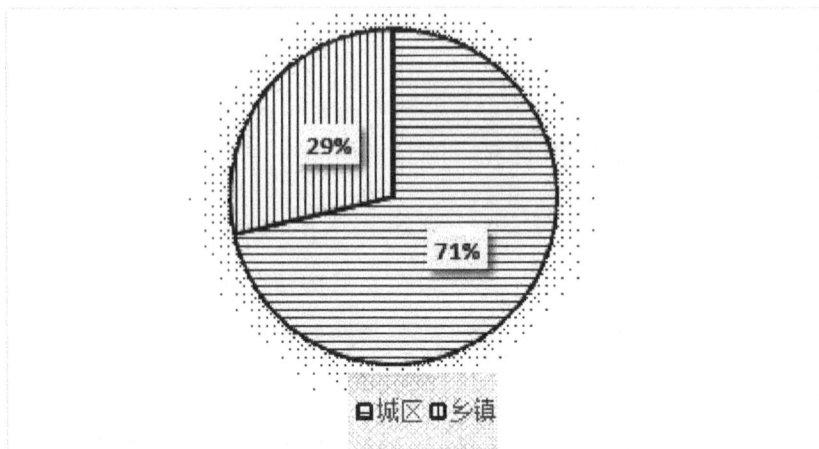

图12-1　区位教师分布情况

由统计数据可知（图12-1），中学阶段本学科教师共21人，其中城区教师15人，占比为71%；乡镇教师6人，占比为29%。可见城区师资力量比乡村的要雄厚。

3.年级分布情况

初中生物开设年级为七年级和八年级。生物教师一般平均任教两个年级。

4.教师教龄分布情况

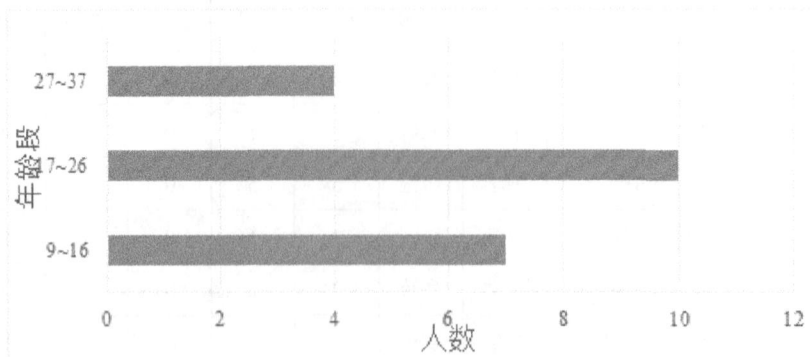

图12-2　教师教龄分布情况

统计数据显示（图12-2），S市某区中学阶段本学科教师年龄结构呈正态分布，中年教师较多，本学科教师的平均教龄为20年，在17—26岁的年龄段处于密集高峰值，明显看出S市某区中学阶段本学科教师趋向成熟化。

5.教师编制类别分布情况

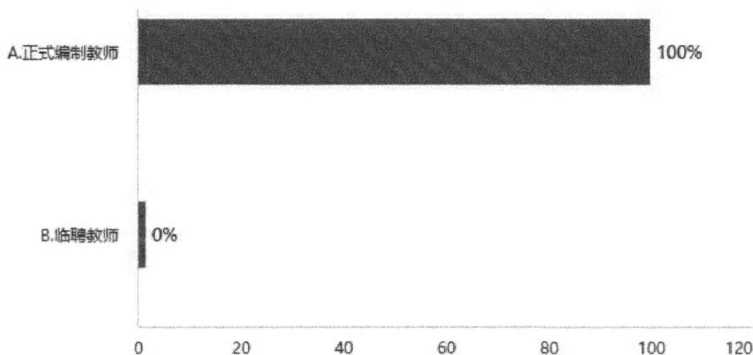

图12-3 教师编制类别分布情况

统计数据显示（图12-3），S市某区中学阶段本学科正式编制教师21人，占比100%，其中乡镇地区的老师编制覆盖率100%，总体来看，S市某区中学阶段本学科教师编制保障力度大。

6.教师学历学位分布情况

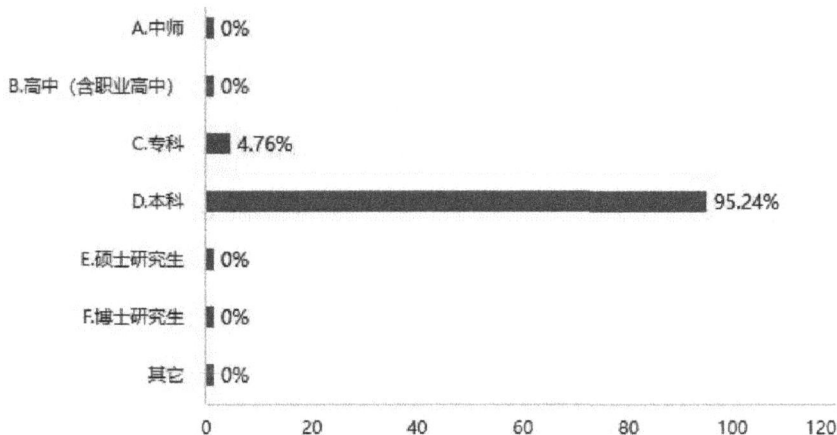

图12-4 教师学历学位分布情况

统计数据显示（图12-4），S市某区中学阶段本学科教师拥有最高学历为本科的教师数量为20人，占比为95.24%；拥有最高学历为专科的教师数量为1人，占比为4.76%。总体来看，S市某区中学阶段本学科教师学历全部符合要求。

7.教师所学专业分布

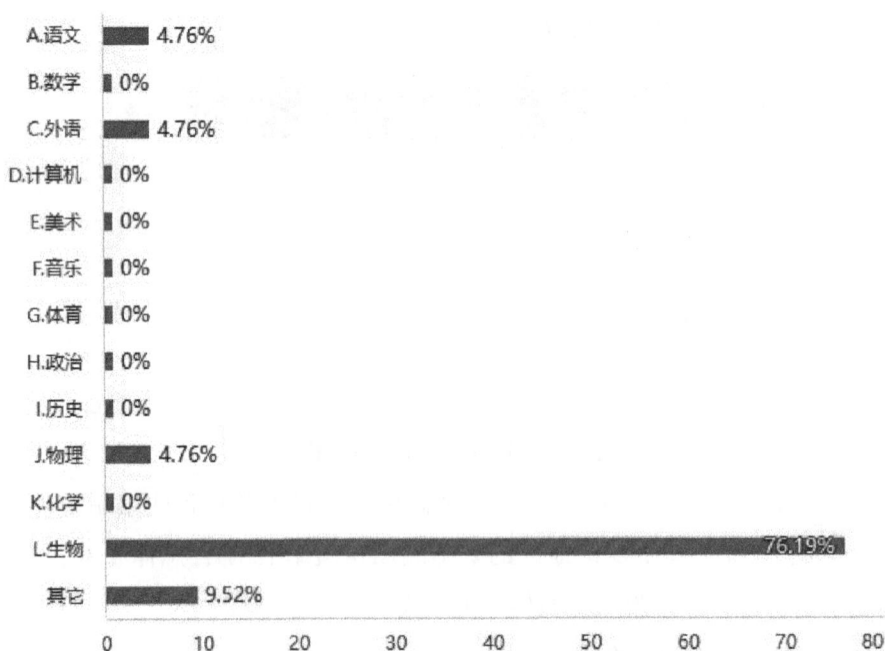

图12-5 教师所学专业分布

统计数据显示（图12-5），S市某区中学阶段本学科教师所学专业为生物的教师数量为17人，占比为76.19%；所学专业为语文、外语、物理的教师各1人，分别占比为4.76%；而所学专业为其他的（食品工程）的教师数量为1人，占比为9.52%。可见，S市某区中学阶段本学科教师所学专业类型较多。

8.教师所学专业与所教科目对口情况

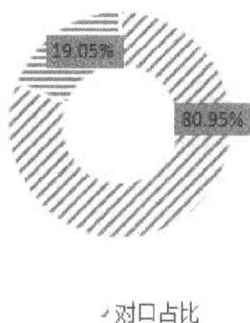

图 12-6　教师所学专业与所教科目对口情况

统计数据显示（图 12-6），S 市某区中学阶段本学科教师所学专业为生物与所教授科目为生物（对口）的教师数量为 17 人，占比高达 80.95%；所学专业不是生物而所教授科目为生物（不对口）的教师为 4 人，占比为 19.05%。可见，S 市某区中学阶段本学科教师专业对口率较高。

9.教师职称分布情况

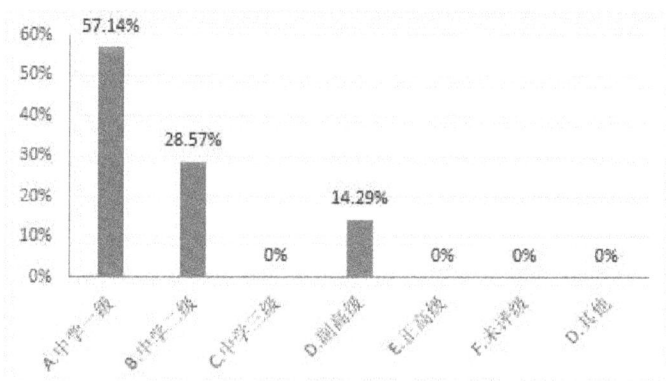

图 12-7　教师职称分布情况

统计数据显示（图 12-7），S 市某区中学阶段本学科教师中，职称为副高级的教师数量为 3 人，占比为 14.29%；中学一级教师人数为 12 人，占比为 57.14%；二级教师人数为 6 人，占比为 28.57%。可见，本学科教师职称主要集中在中教一级，上升空间较大。

10.教师所评职称与所教科目对口情况

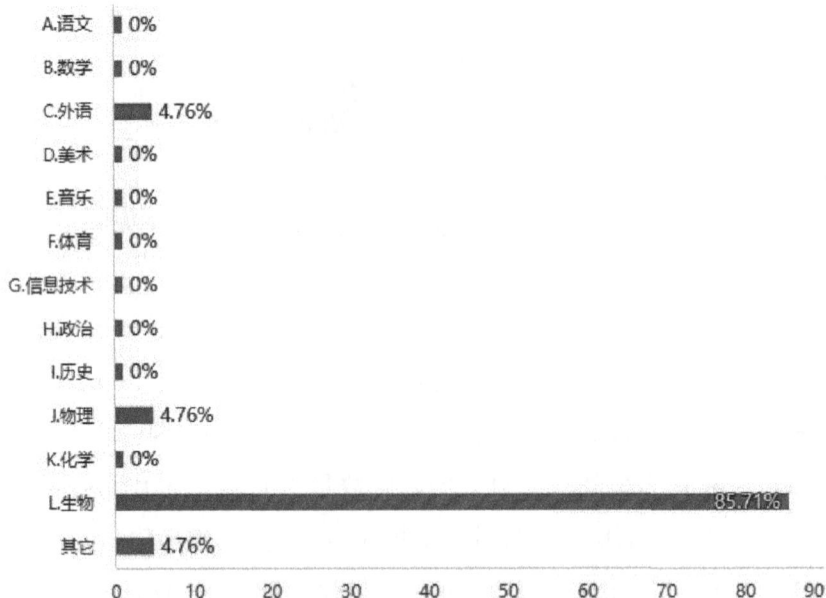

图12-8 教师所评职称与所教科目对口情况

统计数据显示（图12-8），S市某区中学阶段本学科教师所评职称与所教科目对口的教师数量为18人，占比为85.71%；所评职称与教科目不对口的教师数量为3人，占比为14.29%。考虑生物学科的专业性，本学科教师所评职称对口数量还有待提高。

11.教师周学习时间分布情况

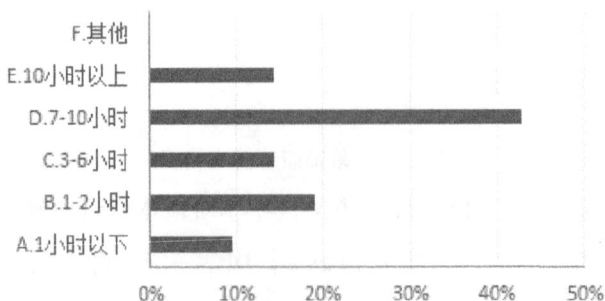

图12-9 教师周学习时间分布情况

统计数据显示（图12-9），S市某区中学阶段本学科教师每周学习时间为1—2小时的教师数量有4人，占比19.05%；学习时间3—6小时的教师数量为3人，占比14.29%；学习时间为7—10小时的教师数量有9人，占比42.86%；学习时间为10小时以上的教师数量有3人，占比14.29%；每周学习时间花费在1小时以下（即一天不足1小时）的教师数量有2人，占比9.52%。可见本地区中学阶段本学科大部分教师的周学习时间较长，在提高自己的专业知识或素养的时间上投入较多。

12.教师参加培训次数分布情况

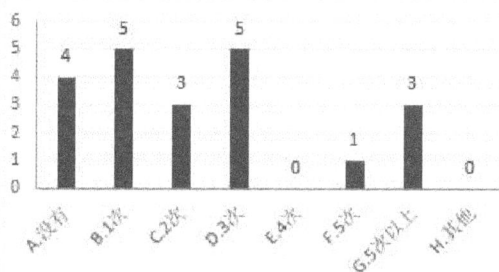

图12-10 教师参加培训次数分布情况

统计数据显示（图12-10），S市某区中学阶段本学科教师没有参加培训的教师数量为4人，占比为19.05%；参加过1次培训的教师数量为5人，占比为23.81%；参加过2次培训的教师数量为5人，占比为14.29%；参加过3次培训的教师数量为5人，占比为23.81%；参加过5次以上的教师数量为3人，占比为4.78%。本学科教师每年参与的培训次数主要集中在1—3次，占比为61.61%，可见教师每年获得增长专业技能和获得职业发展的机会较少。

13.教师每年参加培训次数与区位教师分布情况

从地区划分（图12-11），S市某区中学阶段本学科教师参加过1次培训的城区和乡镇教师数量分别为3人和1人，占比分别为20%和16.67%；参加过2次培训的城区和乡镇教师数量分别为5人和0人，占比分别为33.33%和0%；参加过3次培训的城区和乡镇的教师数量分别为2人和1人，占比分别为13.33%和16.67%；参加过4次培训的城区和乡镇的教师数量分别为2人和2人，占比分别为13.33%和33.33%；参加过5次以上培训的城区和乡镇教师数量分别为3人和2人，占比分别为20%和33.33%。可见，城区教师参加培训人均3次/年，乡镇教师参加培训人均4次/年，得到提升的机会较多，但是不均等。

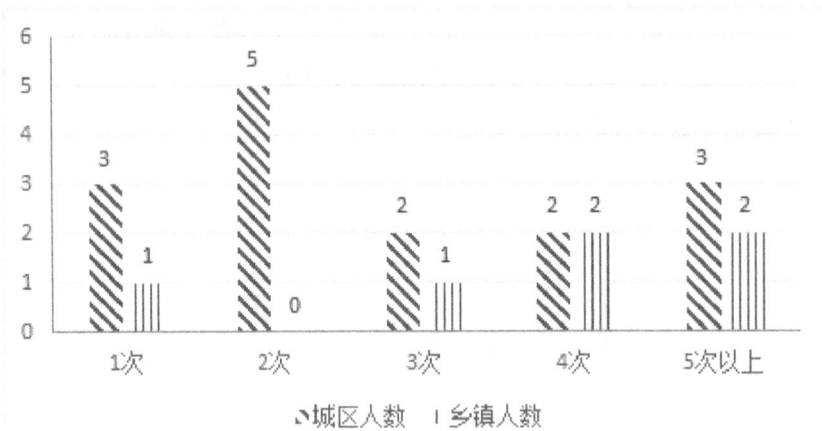

图12-11　教师每年参加培训次数与区位教师分布情况

（二）生物教师专业发展存在问题

1.教学理念

第一，生物教学环节中落实新课标理念不到位。（1）任课教师年龄偏大，习惯用传统教学理念进行教学。S市某区本学段本学科教师共21人，20世纪60年代5人，70年代9人，80后7人，40岁以上年龄的教师占2/3，这部分教师在自身的求学成长过程中，接受的是"双基"目标的传统教学。（2）对初中生物新课标理念的学习领悟不够。通过问卷结果来看，在"在学科专业知识方面，我想了解的是"选择"课标解读与教材分析"的教师达15人，占比71.43%（图12-12）。初中生物课标倡导的理念是：面向全体学生，提高生物科学素养，倡导探究性学习。提高生物科学素养，不是单纯通过知识传授就能达到的，还应开展多种形式的活动，让学生通过动手、动脑，能动地获得对知识的理解，培养掌握和运用知识的态度和能力。倡导探究性学习，是为了促进学生学习方式的转变，将原来的被动接受式学习转为主动参与的探究性学习。生物教师由于自身以及客观原因，缺乏对生物课程标准和生物教学的研究的主动性和积极性，没有很好地理解生物新课程标准理念和转变教育教学理念。

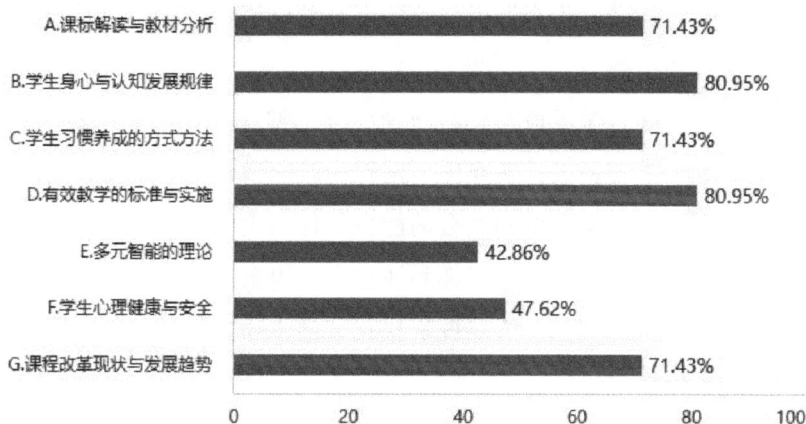

图12-12　教学理念

第二，应试教育思想在生物教学中表现比较突出。因为中考升学的压力，以及采用升学率衡量学校的教学质量，所以存在严重的应试教育理念。在这种背景下，进行初中生物教学时，教师比较重视学生对知识的掌握，不够注重学生思维的训练和学生自主学习的培养，将学习成绩当成衡量学生的唯一标准

第三，生物学科的专业知识更新欠佳。通过问卷结果来看，在"生物理论教学过程中，是否有现代生命科学发展前沿知识的迫切需求"选择"是"的教师达21人，占比100%。主要原因是生物学科特点，要求教师专业知识不断更新，终身学习。21世纪被公认为是生命科学的世纪，生命科学前沿不断取得创新成就，成为科学大系统里最有动力的带头学科群。现代生命科学在不断向前发展的过程会涌现出新技术、新知识，从而推进生物学科的发展与完备。因此，在快速发展的新时代，生物教师应该全面把握现代生命科学的新特点，了解其发展趋势，不停地更新专业知识。

2.教学设计

第一，生物课程资源的开发、整合与利用能力不强。通过问卷结果来看，生物教师认为课程资源的整合与应用需要提升的有15人，占比71.43％。其主要原因，（1）生物教师对课标、教材、学生等研究和学习不够深入和充分；（2）不会课程资源的整合与应用的方法；（3）缺乏对课程资源的发现和挖掘。

第二，现代化教学手段与学科教学融合不够深入。由于S市某区的学科生物教师大多年龄偏大，多媒体、网课，教学平台等信息技术的应用能力稍欠缺，对网络教学资源和整合的能力欠佳，大多数时候仅靠单一的教学手段，无法激发学生的学习兴趣和注意力。很多教师特别是乡镇年龄较大的教师没有掌握或不能熟练掌握现代化教学手段，现代化教学手段与学科教学融合示范教学较少。

第三，教学设计中缺思政和育人的元素，没有体现核心素养。（1）教师的教学理念没有转变。需要我们的关注发生转向，即如何从关注知识点的落实转向到素养的养成？如何从关注"教什么"转向到关注学生学会什么？（2）教师开展基于学生素养养成的教学能力不强，教师缺乏相关经验。需要挖掘课程思政元素，转变课程观，重新认识课程的经典问题。教学过程的开展需要进行设计，需要更多地思考如何让知识成为素养，让知识变成智慧。

3.教学实施

第一，照本宣科的方式无法满足学生需要。部分教师在进行生物教学时，类似于照本宣科，没有进行拓展与升华。甚至有些教师在教学中很少进行内容深入的解析，学生只是机械地学习课本上的内容，比较浅显。以"讲授法"作为主要的教学手段，教学手法较为单一，没有相关学法指导以及思维训练，与倡导的"教师主导、学生主体、师生共同参与"的教学模式相背离。

第二，学生的课堂参与度不够，反应漠然。（1）教师对全体学生的关注度不够，课堂行动走向以及目光的覆盖广度不够。（2）通过问卷结果来看，生物教师对"学生身心与认知发展规律"方面需要提升的有17人，占比80.95％。对学生心理了解不充分，教师语言和引导策略有效度不够吸引学生，不够激发学生兴趣。(3) 没有针对教学需要进行教学方式方法的创新，课堂活动过于简单，形式单一，同样难以吸引学生的注意力，学生的应答状态与质量较差。(4) 教师基本独占课堂，给予学生参与课堂的机会不多，留给学生的思考余地不够。初中生物课标倡导的理念是：面向全体学生，提高生物科学素养，倡导探究性学习。随着新课改的进行，生物教学也愈加重视自主学习和合作探究，但并未真正落实。(5) 因为知识量与课时之间的矛盾，还有不少教师不敢放手，留给学生思考与自主学习的时间不够。教师缺乏有效的主导，在实际教学中，小组学习模式流于形式，小组讨论是当前课堂常用的活动形式。在讨论的过程中，小组成员并非人人参与，活动的主角往往只是一两个人。有些学生因为基础比较薄弱，在小组讨论中根本插不上嘴或者完全没有参与的意识，他们似乎是小组活动中可有可无的角色。有些学生由于性格内向，不善于表达，在活动中缺乏主动性。还有些学生缺乏合作精神，自以为是，不能接纳其他同学的观点。在最后展示成果时，每次机会几乎都是给本组表达能力最优秀的学生去上台讲述。在小组竞赛中，往往也就是那么几个学生比较活跃。

第三，忽视情感交流，评价方式不当。教学是一种充满感情的双边活动，学生会因为喜欢上任课教师而喜欢上本门课程。师生互动就是一种交流，教学语言本身蕴涵着丰富的情感代码，师生的情感相互影响、相互制约。有些教师对学生的期望值过高，当学生不能给予正确的回答时，教师脸上露出失望的表情并进行粗暴的批评，大大挫伤学生参与的积极性。当圆满完成任务或者给予正确答案后，教师的反应比较淡漠，会让学生感到失落。教师的欣赏表扬与激情，可以让课堂活跃，让学生自信。自信心的欠缺也会直接影响学生参与课堂活动的积极性。现在的学生大部分都是独生子女，在家里是众人围之团团转的小太阳。教师对学生一句肯定或者否定的评价，有时甚至是教师一个细微的表情或者很随意的动作，都会触动他们敏感的心灵，对他们学习的积极性和个性的发展都会有一定的影响。

4.教学效果

第一，不重视教学反思。（1）教师职业倦怠；（2）教学反思流于形式化、任务化；（3）教师教学教育工作量和其他工作量大，用于教学反思的时间少。

第二，学生的反思性学习意识比较淡薄。调查中发现，部分学生反思性学习的意识不强，对学习中的弱项短板问题不会梳理分析，很多学生没有建立错题本，少数同学对错题本利用整理得不到位，作用发挥不够明显。而一些教师，往往是满足于按照自己的教学思路给学生讲授问题，但是却忽略了打开学生的思路，让学生去反思这个问题的多样解决方法，对为什么会答错、错在了哪里的启发思考不够频繁。

第三，生物实验教学效果不佳。（1）教师实验操作不熟练；（2）教师实验操作不规范；（3）班级多，班额大，实验教学困难；（4）缺乏专职实验教师、实验技术人员，教师苦不堪言；（5）实验设备短缺、课时紧张，完成实验教学难度大（图12-13）。通过问卷结果来看，生物教师认为"生物实验教学过程中，所遇到的困惑"中实验设备有18人，占比85.71%，实验课时有20人，占比95.24%。初级中学七、八年级生物周课时中国家课时标准为2课时。新一轮课改后，教材中教师演示实验和学生分组实验增多，尤其是七年级生物，学生分组实验多，按课时标准完成实验计划难度较大。有的教师反映，一个学期的教学任务完成难度较大。

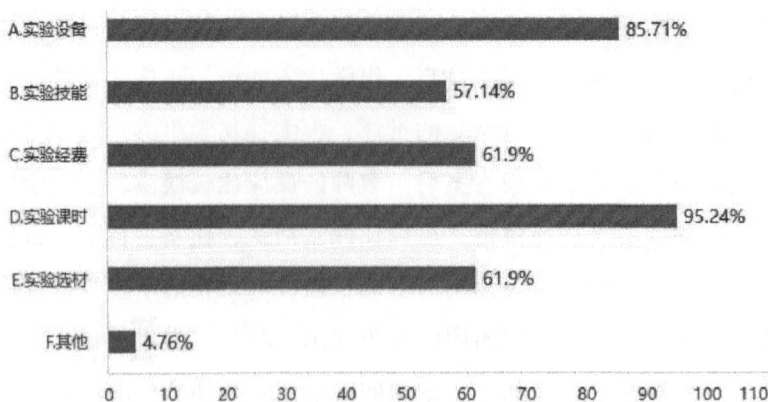

图12-13　生物实验教学遇到的困惑

四、对策建议与培训规划

通过调研发现S市某区初中生物教师专业发展总体上处于乐观向上的积极态势，但是还存在一些不容忽视的问题：教师专业发展规划意识较弱，专业发展规划的执行力度不够；新教学理念贯彻不充分，专业教学开展仍需加强；反思能力不足，课程资源整合水平不高；教师培训缺乏系统性，部分教师外出进修机会少；教师学科知识老化，专业发展停滞不前；生物实验教学效果不理想等问题。结合S市某区初中生物教师专业发展的问题和需求，根据教师专业发展有关理论，提出如下建议：合理制定教师专业发展规划，增强教师专业发展意识和终身学习能力；增强培训的针对性和有效性，丰富教研活动内容；搭建交流展示平台，促进教师专业反思，形成教学共同体；培训学习常态化，营造良好学习交流氛围，提高教师职业幸福感。

加强生物教师培训，通过全员培训整体提升S市某区生物教师队伍的素质和工作实绩，切实提高生物教师教育教学工作的有效性，增强教师的职业成就感和自豪感，进而整体提升S市某区基础教育的质量和水平。根据生物教师的发展需要及S市某区的实际情况，对生物教师（含非专业）在教学理念、教学技能、实验操作技能、学科教学与教育信息技术的融合、新课标和教材的解读与整合、生物学科教学研究、生物学科核心素养等方面进行培训；开展"区、校"两级生物教研活动或者名师工作室，搭建交流展示平台，发挥名教师"传、帮、带"的作用。

总之，S市某区中学生物教师队伍的建设要不断更新教育理念，不断改进教学方式方法，促进自身的不断发展，坚持终身学习理念，革新教育教学行为，朝着专业化（专职化）、信息化、创新化的方向发展，提高教育教学水平和质量，实现区内基础教育质量的高位均衡发展。

第十三章　初中物理教师专业发展

一、调查背景与目的

1.调查背景

为贯彻落实《中共中央 国务院关于全面深化新时代教师队伍建设改革的意见》（2018年1月颁布）、《教育部关于印发〈幼儿园教师专业标准（试行）〉〈小学教师专业标准（试行）〉和〈中学教师专业标准（试行）〉的通知》（教师〔2012〕1号），广东省关于加强教师队伍建设相关文件的精神，结合S市某区基础教育改革发展的需要，通过调查全面了解S市某区初中物理教师专业发展状况，为不断提升教师专业素质能力夯实基础。

2017年广东省教育厅发布《广东省教育厅关于加强"十三五"广东省中小学教师培训工作的意见》（粤继教〔2017〕27号），指出"高质量完成五年一周期教师全员培训任务"，"确保每位教师5年内完成360学时、每年72学时的培训任务"，并提出建立健全分层分类、分学科分学段教师精准培训体系。近日，广东省教育厅出台的《广东"新师范"建设实施方案》，对创新职后培训方式、提高教师培训工作获得感提出了一系列要求，强调"加强教师培训需求诊断，优化培训内容"。因此，非常有必要调查初中物理教师专业发展状况，科学统筹和规划S市某区义务教育阶段的初中物理教师队伍培训，实现S市某区教育特色发展。

2.调查目的

通过调查全面了解S市某区初中物理教师的专业发展状况、存在的问题和不足，分析教师专业发展的需求，探索优化教师实现专业发展的策略，科学统筹和规划S市某区义务教育阶段的物理教师队伍建设，为促进专业化发展的教师岗位培训提供参考和支持，从而制定S市某区义务教育物理学科教师专业发展2021—2023三年培训建议。

在三年培训建议中，培训课程应服务于初中在职物理教师，着眼于物理教师的专业发展。作为教师教育课程的重要组成部分，培训课程一方面是对职前教育的深化理解和应用，另一方面又是对物理基础教育实践能力的不断创新和提高。中学教师通过培训课程的学习，既要深入领会教育基本理论知识和物理学科发展新知识，又要以教学能力测试为前提，提高各项教学技能和基本能力，不断提高教师专业素养，成为新时期物理基础教育改革和发展的中坚力量。

二、调查方法与样本特征

（一）调查方法与过程

1.调查方法

本次调研于2020年12月综合采用多种方式进行，具体如下：

（1）课堂微分析。深入S市某区第九中学、第十三中学、龙归中学、西河中学物理学科教师课堂进行听课，对老、中、青不同年龄阶段，不同区位学校教师的物理课至少分别听1次。听课要做好课堂观察和课堂评量。调查组听完课后即对授课教师进行访谈。先由授课教师按照提纲进行5分钟说课，然而调查组根据课程标准（自行下载学习）围绕教学理念、教学设计、教学实施、教学效果等进行访谈，通过对教师物理学科教学进行微分析，了解教师物理学科教育教学中存在的问题。

（2）座谈法。组织样本学校的全体物理教师座谈。

（3）自我报告法。由样本学校教师副校长牵头组织本学段本学科（分年级）教师进行自我评价，要着重说明本学段本学科教师在教育教学方面存在的不足和问题。

（4）问卷调查法。物理学科问卷由S市某区教育局组织在线发放。问卷发放需覆盖S市某区本学段本学科所有教师。

（5）资料分析法。对物理学科统一考试资料（如统考试题）、测试资料、考核资料、义务教育质量监测报告等进行分析，充分挖掘S市某区中学本学段本学科教师在教育教学中存在的不足。

（6）数据库分析法。通过对S市某区教师基本信息数据库进行分析等，全面分析本学段本学科教师人口学特征。

（7）其他。本调查组认为有助于了解S市某区本学段本学科教师教育教学中存在的不足与问题的其他方式方法。

2.调查过程

前期协调—深入样本学校—随堂听课—说课评课—座谈交流—全员问卷调查（线上问卷星），即：调研组前期协调，深入样本学校物理学科教师课堂进行听课，并组织授课教师进行说课和物理学科教师座谈交流；然后由样本学校教学副校长牵头组织初中物理学科（分年级）教师进行自我评价，同时由S市某区教育局组织在线发放《S市某区中学物理学科教师专业发展需求调查问卷》，问卷发放覆盖S市某区本学段本学科所有教师。此外对义务教育质量监测报告等资料进行分析，充分挖掘S市某区初中学段物理学科教师在教育教学中存在的不足；通过S市某区教师基本信息数据库全面分析S市某区初中物理学科教师人口学特征。

（二）样本特征

实地调查抽取的S市某区样本学校为：第九中学、第十三中学、龙归中学、西河中学。

物理学科问卷调查的发放对象为S市某区本学段物理学科所有教师。

本调查的样本特征为S市某区本学段物理教师人口学特征和教育教学

问题，即：

（1）人口学特征，包括：规模、学历、学位、所学专业、最高学历学校层次、学校区位、工作年限、职称、周学习时间、参加培训次数、教师兼课情况、临聘教师情况、教师所学专业与所教科目对口情况。

（2）教育教学问题，包括：调查组根据课程标准，围绕教学理念、教学设计、教学实施、教学效果等，通过多种调查方法，对本学科教师在教育教学中存在的问题进行调查。

三、现状与问题

（一）物理教师队伍现状

1.教学单位教师分布情况

本报告调查S市某区中学阶段本学科教学单位8个，其中城区教学单位4所，占比为50%；乡镇教学单位4所，占比为50%。各教学单位本学科在岗教师34人，其中在编在岗教师33人，占比97.06%；临聘教师1人，占比2.94%。专职教师（指所学专业与所教学科相符，并且所评职称与所教学科相同）26人，占比76.47%；兼职教师4人，占比11.76%；其他4人，占比11.76%。

表13-1 S市某区中学物理学科教学单位教师分布情况

序号	教学单位	学校类型	区位类型	教学点	在岗教师
1	第九中学	中学	城区	1	8
2	第十四中学	中学	城区	1	8
3	第十五中学	中学	城区	1	5
4	风烈中学	中学	城区	1	2
5	S市某区龙归中学	中学	镇区	1	6
6	S市某区江湾中学	中学	镇区	1	1

序号	教学单位	学校类型	区位类型	教学点	在岗教师
7	S市某区西河学校	中学	镇区	1	1
8	S市某区重阳学校	中学	镇区	1	3

2.区位教师分布情况

本次调查中，S市某区义务教育中学阶段本学科教师中城区教师23人，占比为68%，镇区教师11人，占比为32%。由此可见城区师资力量比镇区师资力量要雄厚。

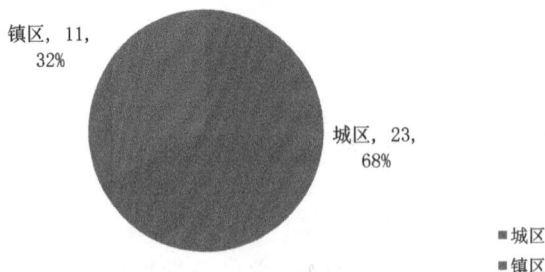

图13-1　区位教师分布情况

3.年级分布情况

本次调查中，S市某区义务教育中学阶段共有本学科物理教师34人，其中大多数教师都身兼八、九年级的教学任务。由此可见物理学科教师较为短缺。

4.教师年龄、教龄、性别分布情况

本次调查（2020年12月）中，S市某区义务教育中学阶段共有本学科物理教师34人；但于2021年12月调查，略有变化，共有本学科物理教师34人，其中正式编制33人，临聘编制1人；教师平均年龄45.5岁；平均教龄23.4岁；正式编制32人中男教师23位，女教师9位。

5.教师编制类别分布情况

本次调查中，S市某区义务教育中学阶段共有本学科物理教师34人，其中正式编制33人，占比97.06%；临聘编制1人，占比2.94%；总体来看，S市某区中学阶段本学科教师编制保障力度大。

表 13-2　教师编制类别分布

选项	小计	比例
A.正式编制教师	33	97.06%
B.临聘教师	1	2.94%

6.教师学历学位分布情况

S市某区义务教育中学阶段本学科物理教师拥有最高学历为研究生的教师数量为1人，占比为2.94%；拥有最高学历为本科的教师数量为32人，占比为94.12%；拥有最高学历为专科的教师数量为1人，占比为2.94%；可见大多教师都具备较好的学术素养。

表 13-3　教师毕业专业分布

选项	小计	比例
A.专科	1	2.94%
B.本科	32	94.12%
C.硕士研究生	1	2.94%

7.教师职称分布情况

副高级教师人数为6，占本学科教师总人数17.65%；一级教师人数为22，占本学科教师总人数64.71%；二级教师人数为5，占本学科教师总人数14.71%；无职称教师人数为1，占本学科教师总人数2.94%。可见，副高级的教师比例较低，今后需加强晋级率。

表 13-4　教师职称分布

选项	小计	比例
A.中学一级	22	64.71%
B.中学二级	5	14.71%
C.副高级	6	17.65%
D.其他	1	2.94%

8.教师所评职称与所教科目对口情况

统计数据显示（表13-5），S市某区中学阶段本学科教师所评职称与所教科目对口的教师数量为31人，占比为91.18%；所评职称与教科目不对口的教师数量为3人，占比为9.82%。S市某区中学阶段本学科教师对口情况还是比较优秀的。

表13-5　物理教师所评职称

选项	小计	比例
A.数学	1	2.94%
B.物理	31	91.18%
C.其他	2	5.88%

9教师所学专业分布

S市某区义务教育中学阶段本学科教师毕业专业为计算机的教师数量为2人，占比为5.88%；为物理的教师数量为26人，占比为76.47%；为生物的教师数量为2人，占比为5.88%；为其他学科的教师数量为4人，占比为11.76%；可见大多教师都具备较好的物理综合知识与能力，但是还有超过20%的其他学科兼职教师，在专业化水平方面需要继续提高。

表13-6　教师毕业专业分布

选项	小计	比例
A.计算机	2	5.88%
B.物理	26	76.47%
C.生物	2	5.88%
D.其他	4	11.76%

10.教师所学专业与所教科目对口情况

同表13-6，教师所学专业与所教科目对口率为76.47%，S市某区应该继续加强配备物理学科专业教师专业化水平。

11.教师周学习时间分布情况

表13-7　教师周学习时间分布

选项	小计	比例
A.1小时以下	0	0%
B.1—2小时	10	29.41%
C.3—6小时	11	32.35%
D.7—10小时	9	26.47%
E.10小时以上	4	11.76%
F.其他	0	0%

从表13-7可见，教师平均每周学习时间大多在3—6小时，周学习的时间较长，在提高自己的专业知识或素养的时间上投入较多。但是近30%的教师周学习时间为1—2小时，应该加强自身素质提高。

12.教师参加培训次数分布情况

表13-8　教师参加培训次数分布

选项	小计	比例
A.没有	3	8.82%
B.1次	6	17.65%
C.2次	6	17.65%
D.3次	7	20.59%
E.4次	4	11.76%
F.5次	2	5.88%
G.5次以上	5	14.71%
H.其他	1	2.94%
本题有效填写人次	34	

由表13-8可见，大多教师参加培训次数在3次以上，符合中学教师要求，但是有6人只参加了1次，3人没有参加培训，这个需要改进，每位教

师都应有机会参加培训。

13.教师成长情况分布

表13-9　教师成长情况分布

选项	小计	比例
A.普通教师	21	61.76%
B.校级骨干教师(教研组长等)	6	17.65%
C.区(县)骨干教师	7	20.59%
本题有效填写人次	34	

从表13-9可见，61.76%教师没有骨干教师荣誉，这里需要加强对教师荣誉感的培养。

14.教师比较缺乏的知识

表13-10　教师比较缺乏的知识分布

选项	小计	比例
A.近代物理新知识	2	5.88%
B.教学理论和新课改理念方面的知识	8	23.53%
C.用新课改理念设计并指导教学实践的能力	12	35.29%
D.计算机基础(文字处理,使用工具软件,录入电子教案等)	1	2.94%
E.网络技术(上网浏览、下载教学资料、网页制作常识等)	4	11.76%
F.多媒体课件制作(PowerPoint,Front-Page技术等)	7	20.59%
本题有效填写人次	34	

从表13-10看，教师比较缺乏的知识在新课改教学实践和课件制作方面，在教师培训时应该加强该内容的实践和相互交流。

（二）物理教师队伍专业发展存在问题

1.教学理念

问题1：教学理念落后，在物理教学环节中落实物理课程标准理念不到位、不清晰

原因分析：第一，教师年龄结构不合理，任课教师年龄偏大，习惯用传统教学理念进行教学。S市某区教师年龄结构整体上出现轻微负偏态分布，年轻教师数量偏低，在41—57岁的年龄段处于密集高峰值，明显看出S市某区教师老龄化数量较多。第二，对新课程标准学习研究不够。通过问卷结果来看，在学科专业知识方面，"我想了解的是"中选择"课程标准与教材分析"和"课程改革现状与发展趋势"的教师达22人，占比64.71%，说明没有很好地理解物理新课程标准理念。

问题2：学生认知低下，结合教学效果不高

原因分析：从表13-11可见，大多数教师对学生认知都存在着较大的疑问和选择进行研究的求知。选择"学生身心与认知发展规律"的教师达17人，占比50%；选择"学生习惯养成的方式方法"的教师达24人，占比70.59%；选择"学生心理健康与安全"的教师达17人，占比50%。另外从教师访谈过程中对"最希望得到学习和提升的3个需求"与"学生在课堂学习和测评考试中表现最不理想的3个问题"中也反复提到对学生认知能力提高的需求。在表13-12中对以学生认知过程为主体设计教学活动方面，选择效果不够理想的有17人，占50%；选择缺乏以学生为主体设计教学活动的经验的有2人，占5.88%。究其原因在于教师降低了深入学习、提高理性认识的积极性，甚至依赖于过去的教育理念而不思继续学习。

表13-11　学科专业知识教师选择

选项	小计	比例
A.课标解读与教材分析	22	64.71%
B.学生身心与认知发展规律	17	50%

续　表

选项	小计	比例
C.学生习惯养成的方式方法	24	70.59%
D.有效教学的标准与实施	23	67.65%
E.多元智能的理论	14	41.18%
F.学生心理健康与安全	17	50%
G.课程改革现状与发展趋势	22	64.71%

表13-12　以学生的认识过程为主体设计教学活动方面

选项	小计	比例
A.积累了较丰富的经验,效果良好	15	44.12%
B.积累了一定的经验,效果不够理想	17	50%
C.缺乏以学生为主体设计教学活动的经验	2	5.88%
本题有效填写人次	34	

问题3：敬业意识不足，进取心不足

原因分析：从教师年龄分布可见，大多数教师都处于20多年的教龄以上，这部分教师大多形成了自己的思维定式，对个人的荣誉感追求有所下降。在表13-9教师成长情况可以看到，21人占61.76%仍只是普通教师，或者说骨干教师称号的教师数量较少。究其原因一是教师收入和付出不成正比；二是对自己的职业认可度较低；三是相关进步平台过少；四是教育理念、教育情怀相关培训较少。

问题4：教学研究水平较低

原因分析：由表13-13可见，没有主持过教育教学课题研究的教师有14人，占41.18%；主持过教育课题研究的教师9人，占26.47%；参与过教育课题研究的教师11人，占32.35%。因此教师在该方面需要增强培训和更多的指导。

表13-13　教育教学研究方面

选项	小计	比例
A.主持过教育教学课题研究	9	26.47%
B.参与过教育教学课题研究	11	32.35%
C.没有主持和参与过教育教学课题研究	14	41.18%
本题有效填写人次	34	

2.教学设计

问题1：教学与信息技术的结合协作不足，课程资源整合与应用能力不强

原因分析：由表13-14和表13-15可见，教师对信息技术依赖是比较强的。出现的问题为：第一，信息技术的日益更新，教师需要跟上技术发展的脚步，而这方面的培训平台和机会较少；第二，对课标、教材、学生等研究和学习不够深入；第三，不会课程资源的整合与应用的方法。

表13-14　信息技术应用能力

选项	小计	比例
A.掌握并能熟练应用于教学工作中	25	73.53%
B.掌握但在教学和研究中很少应用	9	26.47%
C.没有掌握，获取信息比较困难	0	0%

表13-15　在信息技术应用方面,想掌握的

选项	小计	比例
A.多媒体环境下的学科教学设计	23	67.65%
B.多媒体课件、微课等制作与使用	21	61.76%
C.新教学媒体(互动一体机、电子白板等)的应用	25	73.53%
D.网络教学资源的获取与利用	23	67.65%
E.技术支持的教学评价与学习评价	11	32.35%

续　表

选项	小计	比例
F.网络教学平台的应用	16	47.06%
本题有效填写人次	34	

问题2：以学生为主体设计的教学活动，效果不够理想

原因分析：为了适应新课堂改革，注重了课堂的气氛和学生的感受，但是由于教师缺乏必要经验，过分强调以"学生为中心"而忽视了教师作为教学活动的主导地位，教学内容偏离轨道，教学效果差强人意，教学活动流于形式。很多物理教师在"教学设计基本功"中最希望得到提高的选项中选择了学生活动设计。

表13-16　以学生的认识过程为主体设计教学活动

选项	小计	比例
A.积累了较丰富的经验,效果良好	15	44.12%
B.积累了一定的经验,效果不够理想	17	50%
C.缺乏以学生为主体设计教学活动的经验	2	5.88%

问题3：如何从生活中去感受物理的教学设计方法。

原因分析：从教师座谈中大部分教师都谈及了如何指导学生在生活中去感受物理知识的教学设计方式，如表13-17所示。教师也经常尝试让学生在课余时间利用生活用品做一些小实验，但是效果都不太理想，原因都是掌握方法不得当，需要有更好的该方面教学设计的培训。

表13-17　是否经常要求学生在课余时间利用生活用品做一些小实验

选项	小计	比例
A.经常	8	23.53%
B.有时	24	70.59%
C.经常不	1	2.94%
D.很少	1	2.94%
本题有效填写人次	34	

3.教学实施

问题1：照本宣科的方式无法满足学生需要。

原因分析：很多教师在进行物理课堂教学时，还是采取以往的宣教式，没有充分的准备，教学时一成不变地宣读课本内容，甚至有些教师在教学中很少进行内容的讲解，学生机械地学习课本上的内容。以"讲授法"作为主要的教学手段，教学手法较为单一，与广泛倡导的"教师主导、学生主体、师生共同参与"的教学模式相背离。

问题2：教学方法比较单一，缺乏知识的生成过程，学生兴趣很难被激发。

原因分析：教师在进行教学时，教学方法还比较单一，没有针对教学需要进行方法的创新，教学方法长时间不变，无法满足学生学习需要和教学需要。教师在教学过程中的出发点往往是自己的主观意识，没有注意学生的感受，这种教学模式比较僵化，很难满足学生对物理学习的实际需要。随着新课改的进行，教学也愈加重视自主学习和合作探究，但并未真正落实。教学过程中，教师讲授还是主要的方式，学生并没有真正的合作，自主探究的机会也比较少，学生学习兴趣没有得到真正的激发，教学有效性也没有真正提高。许多教师虽然能使用课件辅助教学，但是大多满足于从网上下载，仅做少许改动甚至不改动便完成备课任务，既没有发挥网络优秀资源的优点，也没有根据学情进行研究。教学方法一般仍是讲授为主，即使安排了小组探究、讨论等，也流于形式。

问题3：多媒体与教学融合问题。

原因分析：第一，教师年龄结构偏大，学习和运用信息技术存在困难。第二，学校信息技术设备存在老化现象，影响教师使用信息技术设备进行教学的积极性。第三，相关信息技术设备使用培训不到位。教师不会用或不能熟练使用。第四，物理课程需要更多的进行实际实验操作，不能单纯利用多媒体演示代替实验，这里需要更多的培训。

4.教学效果

问题1：教学评价方式、手段单一，主要是以练习和考试为主，缺乏过程性评价，学生的主体性作用没有明显体现。

原因分析：受应试教育的影响，教学效果缺乏多元的评价手段。大部分教师都认识到学生在课堂上合作、自主、探究是学习方式，自主学习的重要性，教师应给留足学生思考与自主学习的空间，一定要关注学生，注重学生的自主探究、合作探讨等能力培养，但还有不少教师不敢放手。

问题2：教学评价中个体评价体现不够突出。

原因分析：第一，课堂以问题、练习、考试为主，教师只能提问部分学生。第二，不会运用现代化技术了解全体学生的学习效果。

问题3：不重视教学反思。

原因分析：第一，教师职业倦怠。第二，教学反思流于形式化、任务化。第三，教师教学教育工作量和其他工作量大，用于教学反思的时间少。

问题四：对核心素养下的课堂教学把握不足。

原因分析：教学不仅要重视物理事实，更要关注思想方法和知识的建构。但是从现场调查和实地听课的情况来看，核心"素养"也没有在课堂上得到很好的落实。

四、对策建议与培训规划

1.强化物理教师队伍建设

S市某区义务教育中学阶段大多数教师都身兼八、九年级的教学任务，教师较为短缺；教师平均年龄45.5岁；平均教龄23.4岁。建议合理及时引进青年教师。

高级教师人数占本学科教师总人数17.65%，比率较低，今后需加强晋级率。

S市某区义务教育中学阶段本学科教师毕业专业为物理的教师数量为26人，占比为76.47%，还有超过20%的其他学科兼职教师，在专业化水平方面需要提高，要加强配备物理学科专业教师。

近30%的教师周学习时间为1—2小时，教师应该加强自身素质提高。

大多教师参加培训次数在3次以上，符合中学教师要求，但是有6人只参加了1次，3人没有参加过培训，这个需要改进，每位教师都应有机会参加培训。

61.76%教师没有骨干教师荣誉，需要加强对教师荣誉感的培养。

教师比较缺乏的知识在新课改教学实践和课件制作方面，在教师培训时应该加强该内容的实践和相互交流。

2.促进物理教师队伍专业发展

在教学理念方面。在物理教学环节中物理教师要切实落实物理课程标准理念，认真研究新课程标准。学生认知偏低，需要提高。对学生认知过程为主体设计教学活动，要注重教学效果。增加物理教师的敬业意识培训，提供相关进步平台，克服进取心不足。教学研究水平较低，没有主持过教育教学课题研究的教师有14人，占41.18%；主持过教育课题研究的教师9人，占26.47%；参与过教育课题研究的教师11人，占32.35%，因此在教学研究水平方面需要增强培训和更多的指导。

在教学设计方面。物理教师对信息技术依赖比较强，但教学与信息技术的结合协作不足，课程资源整合与应用能力不强，要提供这方面的培训平台和机会。以学生为主体设计的教学活动，由于教师缺乏必要经验，教学效果差强人意，教师希望有这方面的培训而得到提升。如何从生活中去感受物理的教学设计方法，教师也经常尝试让学生在课余时间利用生活用品做一些小实验，但是效果都不太理想，原因都是掌握方法不得当，该方面需要有更好的教学设计的培训。

在教学实施方面。以"讲授法"作为主要的教学手段，教学手法较为单一，应大力倡导"教师主导、学生主体、师生共同参与"的教学模式。在教学中缺乏知识的生成过程，学生兴趣很难被激发，应重视学生自主学习和合作探究，多给学生自主探究的机会。多媒体与教学要有机融合，尤其是物理课程需要更多的实际实验操作，绝不能单纯利用多媒体演示代替实验操作，因此需要更多的实验操作培训。

在教学效果方面。教学效果评价方式、手段单一，主要是以练习和考试为主，缺乏过程性评价，学生的主体性作用没有明显体现；不重视教学反思；对核心素养下的课堂教学把握不足。据此，要通过物理教师培训整体提升其教学效果。

3.做实物理教师队伍的培训

依据S市某区初中物理教师能力水平差异，通过全员培训以便整体提升其素质和工作实绩，切实提高初中物理教师教育教学工作的有效性，增强初中物理教师的职业幸福感，进而整体提升S市某区基础教育的质量和水平。

建议设置四个系列培训课程：师德教育培训课程、物理专业知识培训课程、物理专业能力培训课程、物理教学研究培训课程。在三年内逐步完成各系列的培训课程。

第十四章　初中化学教师专业发展

一、调查背景与目的

1.调查背景

化学教师群体是初中教师队伍的重要组成部分。为贯彻2018年1月颁布的《中共中央　国务院关于全面深化新时代教师队伍建设改革的意见》，落实《教育部关于印发〈幼儿园教师专业标准（试行）〉〈小学教师专业标准（试行）〉和〈中学教师专业标准（试行）〉的通知》（教师〔2012〕1号），广东省关于加强教师队伍建设相关文件的精神，结合S市某区基础教育改革发展的需要，通过调查全面了解S市某区初中化学教师专业发展状况，为不断提升教师专业素质能力夯实基础。2017年广东省教育厅发布《广东省教育厅关于加强"十三五"广东省中小学教师培训工作的意见》（粤继教〔2017〕27号），指出"高质量完成五年一周期教师全员培训任务"，"确保每位教师5年内完成360学时、每年72学时的培训任务"，并提出建立健全分层分类、分学科分学段教师精准培训体系。2022年5月，广东省教育厅印发《广东"新师范"建设实施方案（2022—2025年）》，对创新职后培训方式、提高教师培训工作获得感提出了一系列要求，强调"加强教师培训需求诊断，优化培训内容"。因此，非常有必要调查初中化学教师专业发展状况，科学统筹和规划S市某区义务教育阶段的初中化学教师队伍培训。

2.调查目的

通过调查全面了解S市某区初中化学教师的专业发展状况、存在的问题和不足，分析教师专业发展的需求，探索优化教师实现专业发展的策略，科学统筹和规划S市某区义务教育阶段的化学教师队伍建设，为促进专业化发展的教师岗位培训提供参考和支持，从而制定化学学科教师专业发展培训规划。

二、调查方法与样本特征

（一）调查方法与过程

1.调查方法

本次调研于2020年12月综合采用多种方式进行，具体如下：

（1）课堂微分析。深入S市某区第九中学、龙归中学化学学科教师课堂进行听课，对老、中、青不同年龄阶段，不同区位学校教师的化学课至少分别听1次。听课要做好课堂观察和课堂评量。调查组听完课后即对授课教师进行访谈。先由授课教师按照提纲进行5分钟说课，然而调查组根据课程标准（自行下载学习）围绕教学理念、教学设计、教学实施、教学效果等进行访谈，通过对教师化学学科教学进行微分析，了解教师化学学科教育教学中存在的问题。

（2）座谈法。组织样本学校的全体化学教师座谈。

（3）自我报告法。由样本学校教师副校长牵头组织本学段本学科（分年级）教师进行自我评价，要着重说明本学段本学科教师在教育教学方面存在的不足和问题。

（4）问卷调查法。化学学科问卷由S市某区教育局组织在线发放。问卷发放需覆盖S市某区本学段本学科所有教师。

（5）资料分析法。对化学学科统一考试资料（如统考试题）、测试资料、考核资料、义务教育质量监测报告等进行分析，充分挖掘S市某区中学本学段本学科教师在教育教学中存在的不足。

（6）数据库分析法。通过对S市某区教师基本信息数据库进行分析等，全面分析本学段本学科教师人口学特征。

（7）其他。本调查组认为有助于了解S市某区本学段本学科教师教育教学中存在的不足与问题的其他方式方法。

2.调查过程

前期协调—深入样本学校—随堂听课—说课评课—座谈交流—全员问卷调查（线上问卷星），即调研组前期协调，深入样本学校化学学科教师课堂进行听课，并组织授课教师进行说课和化学学科教师座谈交流；然后由样本学校教学副校长牵头组织初中化学学科（分年级）教师进行自我评价，同时由S市某区教育局组织在线发放《S市某区中学化学学科教师专业发展需求调查问卷》，问卷发放覆盖S市某区本学段本学科所有教师。此外对义务教育质量监测报告等资料进行分析，充分挖掘S市某区初中学段化学学科教师在教育教学中存在的不足；通过S市某区教师基本信息数据库全面分析S市某区初中化学学科教师人口学特征。

（二）样本特征

实地调查抽取的S市某区样本学校为：第九中学、龙归中学。

化学学科问卷调查的发放对象为S市某区本学段化学学科所有教师。

本调查的样本特征为S市某区本学段化学教师人口学特征和教育教学问题，即：

1.人口学特征，包括：规模、学历、学位、所学专业、最高学历学校层次、学校区位、工作年限、职称、周学习时间、参加培训次数、教师兼课情况、临聘教师情况、教师所学专业与所教科目对口情况。

2.教育教学问题，包括：调查组根据课程标准，围绕教学理念、教学设计、教学实施、教学效果等，通过多种调查方法，对本学科教师在教育教学中存在的问题进行调查。

三、现状与问题

（一）化学教师队伍现状

1.教学单位教师分布情况

本报告调查S市某区中学阶段本学科教学单位8个，其中城区教学单位4所，占比为50%；乡镇教学单位4所，占比为50%。各教学单位本学科在岗教师20人，其中在编在岗教20人，占比100%；专职教师（指所学专业与所教学科相符，并且所评职称与所教学科相同）20人，占比100%。

表14-1　S市某区中学化学学科教学单位教师分布情况

序号	教学单位	学校类型	区位类型	教学点	在岗教师
1	第九中学	中学	城区	1	5
2	第十四中学	中学	城区	1	3
3	第十五中学	中学	城区	1	3
4	风烈中学	中学	城区	1	2
5	S市某区龙归中学	中学	镇区	1	3
6	S市某区江湾中学	中学	镇区	1	1
7	S市某区西河学校	中学	镇区	1	2
8	S市某区重阳学校	中学	镇区	1	1

2.区位教师分布情况

本次调查中，S市某区义务教育中学阶段本学科教师中城区教师13人，占比为65%，镇区教师7人，占比为35%。由此可见城区师资力量比镇区的师资力量要雄厚。

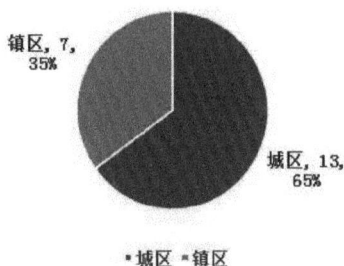

图14-1 区位教师分布情况

3.年级分布情况

本次调查中，S市某区义务教育中学阶段共有本学科化学教师20人，全部在九年级任教。

4.教师年龄、性别分布情况

本次调查（2020年12月）中，S市某区义务教育中学阶段共有本学科化学教师20人；教师平均年龄43.25岁，年轻教师数量偏低，在44—51岁的有14人，占70%，明显看出化学教师老龄化数量较多，出现断层和青黄不接的趋势。正式编制20人中男教师8位，女教师12位。

5.教师编制类别分布情况

本次调查中，S市某区义务教育中学阶段共有本学科化学教师20人，其中正式编制20人，占比100%；由此可见，S市某区中学阶段本学科教师编制保障力度大。

表14-2 教师编制类别分布

选项	小计	比例
A.正式编制教师	20	100%
B.临聘教师	0	0%

6.教师学历学位分布情况

S市某区义务教育中学阶段本学科化学教师拥有最高学历为研究生的教师数量为1人，占比为5%；拥有最高学历为本科的教师数量为19人，占比为95%；可见大多教师都具备较好的学术素养。

表14-3 教师毕业专业分布

选项	小计	比例
D.本科	19	95%
E.硕士研究生	1	5%

7.教师职称分布情况

高级教师人数为4，占本学科教师总人数20%；一级教师人数为13，占本学科教师总人数65%；二级教师人数为3，占本学科教师总人数15%；可见，副高级的教师比率较低，今后需加强晋级率。

表14-4 教师职称分布

选项	小计	比例
A.中学一级	13	65%
B.中学二级	3	15%
C.中学三级	0	0%
D.副高级	4	20%

8.教师所评职称与所教科目对口情况

统计数据显示（表14-5），S市某区中学阶段本学科教师所评职称与所教科目对口的教师数量为20人，占比为100%；S市某区中学阶段本学科教师对口情况非常优秀。

表14-5 化学教师所评职称

选项	小计	比例
M.化学	20	100%

9.教师所学专业分布

S市某区义务教育中学阶段本学科教师毕业专业为化学的教师数量为19人，占比为95%；为生物的教师数量为1人，占比为5%；可见大多教师都具备良好的化学综合知识与能力。

表14-6　教师毕业专业分布

选项	小计	比例
K.化学	19	95%
L.生物	1	5%

10.教师所学专业与所教科目对口情况

同表6，教师所学专业与所教科目一致的有19人，占95%，不一致的有1人，占5%。

11.教师周学习时间分布情况

表14-7　教师周学习时间分布

选项	小计	比例
B.1-2小时	2	10%
C.3-6小时	7	35%
D.7-10小时	6	30%
E.10小时以上	4	20%
F.其他	0	0%

从表7可见，教师平均每周学习时间大多在3—10小时，周学习的时间较长，在提高自己的专业知识或素养的时间上投入较多。但是也有近10%的教师周学习时间为1—2小时，应该加强自身素质提高。

12.教师参加培训次数分布情况

表14-8　教师参加培训次数分布

选项	小计	比例
A.没有	2	10%
B.1次	2	10%
C.2次	7	35%
D.3次	3	15%
E.4次	4	20%

选项	小计	比例
F.5次	1	5%
G.5次以上	0	0%
H.其他	1	5%

由表8可见，教师每年参加培训2次的占35%，3次的占15%，4次的占20%，5次的占5%，1次及以下的仍占20%，由此可见，化学教师参加培训的机会不多，这个需要改进，每位教师都应有机会参加培训。

13.成长情况分布

表14-9　教师成长情况分布

选项	小计	比例
A.普通教师	13	65%
B.校级骨干教师(教研组长等)	4	20%
C.区(县)骨干教师	2	10%
D.市级骨干教师	1	5%

从表14-9可见，65%教师没有骨干教师荣誉，这里需要加强对教师荣誉感的培养。

（二）化学教师队伍专业发展存在问题

1.教学理念

问题一：教学理念落后，在化学教学环节中落实化学课程标准理念不到位、不清晰

原因分析：第一，教师年龄结构不合理，任课教师年龄偏大，习惯用传统教学理念进行教学。S市某区教师年龄结构整体上出现轻微负偏态分布，年轻教师数量偏低，在44—51岁的有14人，占70%，明显看出化学教师老龄化数量较多。第二，对新课程标准研究学习不够。通过问卷结果来看，在学科专业知识方面，"我想了解的是"中选择"课标解读与教材

分析"和"课程改革现状与发展趋势"的教师分别达11人和14人，占比分别为55%和70%，说明没有很好地理解化学新课程标准理念。

问题2：学生认知低下，结合教学效果不高

原因分析：从表14-10可见，大多数教师对学生认知都存在着较大的疑问和选择进行研究的求知。选择"学生身心与认知发展规律"的教师达11人，占比55%；选择"学生习惯养成的方式方法"的教师达12人，占比60%；选择"学生心理健康与安全"的教师达10人，占比50%。另外从教师访谈过程中对"最希望得到学习和提升的3个需求"中也提到了对学生心理健康认知的需求。在表14-11中对以学生认知过程为主体设计教学活动方面，选择效果不够理想的有12人，占比60%。究其原因在于教师降低了深入学习、提高理性认识的积极性，甚至依赖于过去的教育理念而不思继续学习。

表14-10　学科专业知识教师选择

选项	小计	比例
A.课标解读与教材分析	11	55%
B.学生身心与认知发展规律	11	55%
C.学生习惯养成的方式方法	12	60%
D.有效教学的标准与实施	13	65%
E.多元智能的理论	7	35%
F.学生心理健康与安全	10	50%
G.课程改革现状与发展趋势	14	70%

表14-11　以学生的认识过程为主体设计教学活动方面

选项	小计	比例
A.积累了较丰富的经验,效果良好	8	40%
B.积累了一定的经验,效果不够理想	12	60%
C.缺乏以学生为主体设计教学活动的经验	0	0%

问题3：敬业意识不足，进取心不足

原因分析：从教师年龄分布可见，年龄在44—51岁的教师有14人，这部分教师大多形成了自己的思维定式，对个人的荣誉感追求有所下降。在表14-9教师成长情况可以看到，13人占65%仍只是普通教师，或者说骨干教师称号的教师数量较少。究其原因一是教师收入和付出不成正比；二是对自己的职业认可度较低；三是相关进步平台过少；四是教育理念、教育情怀相关培训较少。

问题4：教学研究水平较低

原因分析：由表14-12可见，没有主持过教育教学课题研究的教师有7人，占35%；主持过教育课题研究的教师7人，占35%；参与过教育课题研究的教师6人，占30%。因此教师在该方面需要增强培训和更多的指导。

表14-12　教育教学研究方面

选项	小计	比例
A.主持过教育教学课题研究	7	35%
B.参与过教育教学课题研究	6	30%
C.没有主持和参与过教育教学课题研究	7	35%

2.教学设计

问题1：教学与信息技术的结合协作不足，课程资源整合与应用能力不强

原因分析：由表14-13和表14-14可见，教师对信息技术依赖是比较强的。出现的问题为：第一，信息技术的日益更新，教师需要跟上技术发展的脚步，而这方面的培训平台和机会较少；第二，对课标、教材、学生等研究和学习不够深入；第三，不会课程资源的整合与应用的方法。

表14-13　信息技术应用能力

选项	小计	比例
A.掌握并能熟练应用于教学工作中	15	75%
B.掌握但在教学和研究中很少应用	4	20%
C.没有掌握，获取信息比较困难	1	5%

表14-14 在信息技术应用方面,想掌握的

选项	小计	比例
A.多媒体环境下的学科教学设计	13	65%
B.多媒体课件、微课等制作与使用	15	75%
C.新教学媒体(互动一体机、电子白板等)的应用	10	50%
D.网络教学资源的获取与利用	14	70%
E.技术支持的教学评价与学习评价	9	45%
F.网络教学平台的应用	9	45%

问题2:以学生为主体设计的教学活动,效果不够理想

原因分析:为了适应新课堂改革,注重了课堂的气氛和学生的感受,但是由于教师缺乏必要经验,过分强调以"学生为中心"而忽视了教师作为教学活动的主导地位,教学内容偏离轨道,教学效果差强人意,教学活动流于形式。很多化学教师在"教学设计基本功"中最希望得到提高的选项中选择了学生活动设计。

表14-15 以学生的认识过程为主体设计教学活动

选项	小计	比例
A.积累了较丰富的经验,效果良好	8	40%
B.积累了一定的经验,效果不够理想	12	60%
C.缺乏以学生为主体设计教学活动的经验	0	0%

问题3:化学教学设计理论知识比较欠缺

原因分析:由表14-16可见,很了解化学教学设计理论的教师只有4个,占20%;不是很了解的教师有16个,占80%。教师外出学习培训机会过少,理论知识没有及时更新导致教学设计理论知识欠缺。

表14-16　对化学教学设计理论的了解程度

选项	小计	比例
A.很了解	4	20%
B.有一些了解	15	75%
C.了解一点	1	5%
D.不了解	0	0%

问题4：探究学习和自主学习很难实施

原因分析：由表14-17可见，认为探究学习和自主学习很难实施的老师分别为9个和10个，占比分别为45%和50%。从教师的访谈中了解到课时不够、考试有压力、仪器不足、无专职实验员是造成难以实施的主要原因。

表14-17　在初中化学课改中最难实施的学习方式

选项	小计	比例
A.探究学习	9	45%
B.合作学习	1	5%
C.自主学习	10	50%

3.教学实施

问题1：照本宣科的方式无法满足学生需要

原因分析：很多教师在进行化学课堂教学时，还是采取以往的宣教式，没有充分的准备，教学时一成不变地宣读课本内容，甚至有些教师在教学中很少进行内容的讲解，学生机械地学习课本上的内容。以"讲授法"作为主要的教学手段，教学手法较为单一，与广泛倡导的"教师主导、学生主体、师生共同参与"的教学模式相背离。

问题2：教学方法比较单一，缺乏知识的生成过程，学生兴趣很难被激发

原因分析：教师在进行教学时，教学方法还比较单一，没有针对教学需要进行方法的创新，教学方法长时间不变，无法满足学生学习需要和教学需要。教师在教学过程中的出发点往往是自己的主观意识，没有注意学

生的感受，这种教学模式比较僵化，很难满足学生对化学学习的实际需要。随着新课改的进行，教学也愈加重视自主学习和合作探究，但并未真正落实。教学过程中，教师讲授还是主要的方式，学生并没有真正的合作，自主探究的机会也比较少，学生学习兴趣没有得到真正的激发，教学有效性也没有真正提高。许多教师虽然能使用课件辅助教学，但是大多满足于从网上下载，仅做少许改动甚至不改动便完成备课任务，既没有发挥网络优秀资源的优点，也没有根据学情进行研究。教学方法一般仍是讲授为主，即使安排了小组探究、讨论等，也流于形式。

问题3：多媒体与教学融合问题

原因分析：第一，教师年龄结构偏大，学习和运用信息技术存在困难。第二，学校信息技术设备存在老化现象，影响教师使用信息技术设备进行教学的积极性。第三，相关信息技术设备使用培训不到位。教师不会用或不能熟练使用。第四，化学课程需要更多的进行实际实验操作，不能单纯利用多媒体演示代替实验，这里需要更多的培训。

4.教学效果

问题1：教学评价方式、手段单一，主要是以练习和考试为主，缺乏过程性评价，学生的主体性作用没有明显体现

原因分析：受应试教育的影响，教学效果缺乏多元的评价手段。大部分教师都认识到学生在课堂上合作、自主、探究是学习方式，以及自主学习的重要性。教师应给留足学生思考与自主学习的空间，一定要关注学生，注重学生的自主探究、合作探讨等能力培养，但还有不少教师不敢放手。

问题2：教学评价中个体评价体现不够突出

原因分析：第一，课堂以问题、练习、考试为主，教师只能提问部分学生。第二，不会运用现代化技术了解全体学生的学习效果。

问题3：不重视教学反思

原因分析：第一，教师职业倦怠。第二，教学反思流于形式化、任务化。第三，教师教学教育工作量和其他工作量大，用于教学反思的时

间少。

问题四：对核心素养下的课堂教学把握不足

原因分析：教学不仅要重视化学事实，更要关注思想方法和知识的建构。但是从现场调查和实地听课的情况来看，核心"素养"也没有在课堂上得到很好的落实。

四、对策建议与培训规划

1.强化化学教师队伍建设

S市某区义务教育中学阶段本学科化学教师平均年龄43.25岁，教师年龄结构不合理，任课教师年龄偏大，建议合理及时引进年轻教师。

高级教师人数为4个，占本学科教师总人数20%，比率较低，今后需加强晋级率。

教师每年参加培训2次的占35%，3次的占15%，4次的占20%，5次的占5%，1次及以下的仍占20%，化学教师参加培训的机会不多，需要增加化学教师的培训机会。

65%教师没有骨干教师荣誉，需要加强对教师荣誉感的培养。

2.促进化学教师队伍专业发展

在教学理念方面。在化学教学环节中化学教师要切实落实化学课程标准理念，认真研究新课程标准。学生认知偏低，需要提高。对学生认知过程为主体设计教学活动，要注重教学效果。增加化学教师的敬业意识培训，提供相关进步平台，克服进取心不足。教学研究水平较低，没有主持过教育教学课题研究的教师有7人，占35%；主持过教育课题研究的教师7人，占35%；参与过教育课题研究的教师6人，占30%。因此在教学研究水平方面需要增强培训和更多的指导。

在教学设计方面。化学教师对信息技术依赖比较强，但教学与信息技术的结合协作不足，课程资源整合与应用能力不强，要提供这方面的培训平台和机会。以学生为主体设计的教学活动，由于教师缺乏必要经验，教学效果差强人意，教师希望有这方面的培训而得到提升。教学设计理论知识欠缺，要增加教学设计理论相关的培训。提供充足的设备仪器并配备专职的实验员为教学设计提供支持。

在教学实施方面。以"讲授法"作为主要的教学手段，教学手法较为单一，应大力倡导"教师主导、学生主体、师生共同参与"的教学模式。在教学中缺乏知识的生成过程，学生兴趣很难被激发，应重视学生自主学习和合作探究，多给学生自主探究的机会。多媒体与教学要有机融合，尤其是化学课程需要更多的实际实验操作，绝不能单纯利用多媒体演示代替实验操作，因此需要更多的实验操作培训。

在教学效果方面。教学效果评价方式、手段单一，主要是以练习和考试为主，缺乏过程性评价，学生的主体性作用没有明显体现；不重视教学反思；对核心素养下的课堂教学把握不足。据此，要通过化学教师培训整体提升其教学效果。

3.做实化学教师队伍的培训

依据S市某区初中化学教师能力水平差异，通过全员培训以便整体提升其素质和工作实绩，切实提高初中化学教师教育教学工作的有效性，增强初中化学教师的职业幸福感，进而整体提升S市某区基础教育的质量和水平。

建议设置四个系列培训课程：师德教育培训课程、化学专业知识培训课程、化学专业能力培训课程、化学教学研究培训课程。在三年内逐步完成各系列的培训课程。培训课程应服务于初中在职化学教师，着眼于化学教师的专业发展。培训课程要突出化学教育实践能力的创新和提高，通过培训课程的学习，帮助初中化学教师既深入领会教育基本理论知识和化学学科发展新知识，又能提高各项教学技能和基本能力，不断提高教师专业素养，成为新时期初中化学教育改革和发展的中坚力量。

附　录

附件1　初中教师专业发展课堂观察量表A（样表）

学校：＿＿＿＿＿＿　科目：＿＿＿＿＿＿

年级：＿＿＿＿＿＿＿班级：＿＿＿＿

教师姓名：＿＿＿＿＿职称：＿＿＿兼职教师□专职教师□

教龄：＿＿＿＿＿＿＿

教学内容：＿＿＿＿＿＿＿＿＿

记录者：＿＿＿＿＿＿　日期：＿＿＿＿＿＿

A	项目	总分	等级评分	观测点	得分	备注
基本部分	准确把握教学内容	30	30 25 20 15 10	1.教学内容体现课标要求 2.重点突出 3.有突破难点的策略		
	合理设计与实施教学过程	30	30 25 20 15 10	1.围绕目标组织教学 2.流程安排兼顾知识逻辑和学生认知逻辑，具有开放性和生成空间 3.活动能够激发学生的学习积极性，启发学生思维		
	教学组织与调控	30	30 25 20 15 10	1.根据学习需要和特定学情，组织小组合作、全班讨论等形式，掌握恰当分组、有效分工、控制时间等技能 2.对课堂时间和节奏监控有度，避免前松后紧、拖堂等弊端		
	营造良好的课堂氛围	10	10 7 5	善于调控自身情绪和状态，以饱满的精神、稳定的情绪面对学生		
	总分：			评语：		

备注：90以上优秀，89—75良好，74—60合格，59以下不合格。

初中教师专业发展课堂观察量表B（样表）

学校：_____科目：_____

年级：_____班级：____

教师姓名：_____职称：___兼职教师□专职教师□

教龄：_____

教学内容：_____

记录者：_____日期：_____

B	项目	总分	等级评分	观测点	得分	备注
教学技能	有效激发学生兴趣和学习动机	20	20 15 10 5	1.恰当的导入方式 2.明确告知学习目标和任务 3.善于创设直观情境、问题情境等		
	教学语言精练、生动	20	20 15 10 5	1.善用表情、手势等加强信息传达的效果 2.根据学情灵活进行讲解、阐释、举例		
	熟练运用板书和多媒体	20	20 15 10 5	1.板书设计巧妙，突出重难点和知识间的联系，有一定结构性 2.多媒体课件的制作及演示符合特定学科的教学要求		
	恰当地提问及有效地追问	20	20 15 10 5	1.选择恰当的时机和对象、以恰当的方式提问以引起学生注意，启发思考 2.鼓励学生大胆发言，善于倾听学生的发言，依学生回答问题情况进行有效追问		
	观察与关注个别学生	20	20 15 10 5	1.不满足于少量学生烘托课堂氛围，对沉默和边缘的学生给予关注 2.根据学生掌握情况，采取强化措施，提高课堂实效		
	总分：			评语：		

注：此量表适用于中小学主要科目，体育、音乐、美术、心理健康教育、劳动教育、综合实践活动等由相关调研人员修订后；90以上优秀，89—75良好，74—60合格，59以下不合格。

附件 2　初中教师专业发展说课提纲

亲爱的老师：

您好！感谢您为调查组提供了一节现场课。课堂教学是个复杂的活动，我们在短短的 40 分钟内，并不能够完全领悟您的教学安排，需要您进一步说课，帮助我们了解课堂教学与学生学习情况。请您参考以下提纲准备说课：

一、分析本节内容在教材中的位置。

二、请说明学生的学习基础（知识、方法）。

三、本节教学目标及达成情况（最好能够说明确立目标的依据）。

四、本节重点和难点（最好能够说明突破难点的方法）。

五、教学过程与策略及实施效果（教学的主要环节）。

六、对本节学生学习表现及课堂效果的评价（最好能够说明评价的依据）

七、本节最成功的和自己最不满意的地方。

八、自己教学中的困惑和需要提高的方面。

（注：各学科调研组需将提纲提前发给上课教师）

附件3　初中教师专业发展说课量表（样表）

学校：＿＿＿＿＿＿科目：＿＿＿＿＿

年级：＿＿＿＿＿＿班级：＿＿＿＿

教师姓名：＿＿＿＿职称：＿＿＿＿兼职教师□专职教师□

教龄：＿＿＿＿＿＿

教学内容：＿＿＿＿＿＿＿＿

记录者：＿＿＿＿＿＿日期：＿＿＿＿＿

项目	等级评分	观测点	得分	备注
本节内容在教材中的位置	20 15 10 5	能够分析教材所涉及的基本事实，并说出本节内容在教材中的位置		
学情分析	20 15 10 5	教学设计关注了学生的学习基础(知识、方法)		
本节教学目标及达成情况	20 15 10 5	1.教学目标符合课标要求 2.目标确定具有依据，与教材分析和学情分析密切相关 3.自我判断水平		
教学过程与策略及实施效果	20 15 10 5	1.过程的逻辑性和流畅性 2.教学策略的选择和运用 3.自我评价水平		
对本节学生学习表现及课堂效果的评价	20 15 10 5	1.根据课标要求、教材内容和学生学习基础，确定教学重点与难点 2.教学设计中有对教学内容完成情况的检测		
本节最成功的和自己最不满意的地方				
自己教学中的困惑和需要提高的方面				
总分				

　　注：此量表适用于中小学主要科目，体育、音乐、美术、心理健康教育、劳动教育、综合实践活动等由调研人员进行修订后使用。本量表中，20表示"满意"；15表示"基本满意但是有不严重的缺陷"；10表示"有一些部分不够满意"；5表示"基本不满意"。

附件4 初中教师专业发展需求调查通用问卷

亲爱的老师：

您好！本次调查旨在了解您的学科专业发展状况和需求，以便相关教育行政部门能为您提供有针对性的学科专业发展支持。请您通过打"√"填写以下问卷，标识为"其他"的选项请在（ ）内填入内容。非常感谢您的合作！

1.我的性别（ ）

A.男　　B.女

2.您工作的学校是（ ）

A.城区　B.郊区　C.山区

3.我属于（ ）

A.正式编制教师　B.临聘教师

4.我的出生年月（ ）

5.我的教龄（填写具体数字）（　年）

6.我大学毕业时的专业是（ ）

A.语文　B.数学　C.外语　D.计算机　　E.美术　F.音乐　G.体育

H.政治　I.历史　J.物理　K.化学　　L.生物　M.其他（　　）

7.我目前任教的学科是（ ）

A.语文　B.数学　C.外语　D.美术（含书法）　　E.音乐

F.体育与健康　　G.信息技术　H.生物　I.道德与法治

J.物理　K.历史　L.地理　M.化学

N.综合实践（含劳动教育）　　O.心理健康　P.其他

8.我的职称是（ ）

A.中学一级　B.中学二级　C.中学三级　D.副高级

E.正高级　　F.未评级　　D.其他（　　）

9.我评的职称的学科是（ ）

A.语文　B.数学　C.外语　D.美术（含书法）　　E.音乐

F.体育与健康　　G.信息技术　H.生物　I.道德与法治

J.物理　K.历史　L.地理　M.化学　N.综合实践（含劳动教育）

O.心理健康　P.其他

10.今年我兼任学科的是（多选题）（　）

A.语文　B.数学　C.外语　D.美术（含书法）　　E.音乐

F.体育与健康　　G.信息技术　H.生物　I.道德与法治

J.物理　K.历史　L.地理　M.化学　N.综合实践（含劳动教育）

O.心理健康　P.其他

11.我最高的学历是（　）

A.中师　B.高中（含职业高中）　　C.专科

D.本科　E.硕士研究生　　F.博士研究生　　G.其他（　）

12.我的周课时量是（　）

具体化

13.我每周用于学习的是时间大约是（　）

A.1小时以下　　B.1—2小时　　C.3—6小时

D.7—10小时　　E.10小时以上　　F.其他（　）

14.我每年参加培训的次数（　）

A.没有　B.1次　C.2次　D.3次　E.4次

F.5次　G.5次以上　H.其他（　）

15.我有如下荣誉称号（选择最高称号）（　）

A.普通教师　B.校级骨干教师（教研组长等）　　C.区(县)骨干教师

D.市级骨干教师　E.省级骨干教师　F.国家级骨干教师

16.在学科专业知识方面，我想了解的是（多选题）（　）

A.课标解读与教材分析　　B.学生身心与认知发展规律

C.学生习惯养成的方式方法　　D.有效教学的标准与实施

E.多元智能的理论　　F.学生心理健康与安全

G.课程改革现状与发展趋势

17.在专业能力方面，我想提升的是（多选题）（ ）

A.卓越型教师的成长路径与轨迹　　B.学生心理健康教育方式方法

C.学情分析的要点和方法　　　　　D.学业评价的手段与方法

E.研究论文写作　　　　　　　　　F.教学中偶发事件的处理

G.家校合作与有效沟通的方法　　　H.课程资源的整合与应用

I.教师职业倦怠调节策略　　　　　J.班主任工作方法

K.小学课堂有效教学方法　　　　　L.优秀教学案例

18.我在信息技术应用能力方面（ ）

A.掌握并能熟练应用于教学工作中

B.掌握但在教学和研究中很少应用

C.没有掌握，获取信息比较困难

19.在信息技术应用方面，我想掌握的是（多选题）（ ）

A.多媒体环境下的学科教学设计

B.多媒体课件、微课等制作与使用

C.新教学媒体（互动一体机、电子白板等）的应用

D.网络教学资源的获取与利用

E.技术支持的教学评价与学习评价

F.网络教学平台的应用

20.我在学情分析方面（ ）

A.能根据学生情况确定教学目标和策略

B.希望掌握了解学生的有效方法

C.没有更多的时间和精力了解学生

21.关于教学目标设计，我总是（ ）

A.按学情设计教学目标，教师和学生都能达到目标

B.按照教参定教学目标，并关注学生是否达到目标

C.按照教参定教学目标，并关注自己是否按目标教学

22.以学生的认识过程为主体设计教学活动方面，我（ ）

A.积累了较丰富的经验，效果良好

B.积累了一定的经验，效果不够理想

C.缺乏以学生为主体设计教学活动的经验

23.我在教学内容的把握及教学效果方面（　　）

A.对教学内容理解透彻，85%的学生掌握得很好

B.按教参要求教学，65%的学生能够掌握

C.对教学内容熟悉，但50%学生有时掌握困难

24.我在教学实施方面（　　）

A.90%的课实现自己设计的目标并顺利完成，出现问题时调整自如

B.70%的课能达到预期的效果，自己很清楚没有达到目标的原因

C.50%的课达到预期的效果，自己对没有达到目标的原因存在困惑

25.对于教学中的过程性评价，我（　　）

A.设计了过程性评价，学生参与评价，效果理想

B.设计了过程评价，但是学生参与的效果一般

C.对于如何开展过程性评价存在一些困惑

D.很少关注过程性评价

26.我在教育教学研究方面（　　）

A.主持过教育教学课题研究

B.参与过教育教学课题研究

C.没有主持和参与过教育教学课题研究

27.我在教育教学反思方面（　　）

A.掌握反思的方法并形成习惯，对工作有明显的促进作用

B.有时能够反思教育教学工作，有些经验是通过反思得到的

C.按照要求反思教育教学工作，但对工作没有明显的促进作用

28.我在与学生的沟通方面（　　）

A.随时观察和把握学生的思想、行为变化，能够采取有效的措施管理

B.关注学生，诊断问题经常遇到困惑，学生管理效果受到影响

C.在了解学生、诊断问题方面缺乏有效的方法

29.我在与家长的沟通和联系方面（　　）

A.有一定的渠道和方法，能够充分发挥家长在学生成长中的作用

B.注意与家长的联系，但是家长在学生成长中的作用很有限

C.在与家长联系中缺乏有效的渠道和方法

30.我在学生心理健康与安全教育工作方面（　　）

A.关注并积累了丰富的经验

B.关注但感觉知识和经验不足

C.比较少关注

附件 5　初中教师专业发展自我评价表（样表）

学校：_____科目：_____

年级：_____班级：____

教师姓名：_____职称：____兼职教师□专职教师□

教龄：_____

记录者：_____　日期：_____

最希望得到学习和提升的3个需求（与下栏学生和家长反馈的学生学习难点要相关联）	
学生在课堂学习和测评考试中表现最不理想的3个问题（描述与教学内容相关联的行为和结果）	
家长反映学生在学习过程中最困难的3个问题（描述与教学内容相关联的表现和诉求）	
其他需要学习和提升的诉求	

注：由样本学校组织所有教师分学科填写（覆盖所有学科，含未列入调研学科）。

后 记

初中教师是我国义务教育阶段教师队伍的重要组成部分，当前国内研究这部分人的学术著作还不多。本书为一次大胆的尝试，调研工具、调研数据、研究发现、研究结论和对策建议，均可以为初中教师专业发展提供有益的参考。

本书在扎实的调查研究基础上撰写而成。根据国家和广东省关于加强教师队伍建设相关文件的精神，结合区域基础教育改革发展的需要，韶关学院受托开展义务教育阶段不同学科教师专业发展调研工作。调研工作由韶关学院教育学部常务副主任黄华明担任组长，韶关学院省级教师发展中心专职副主任余志兵、韶关学院教育学部专职副主任李银担任副组长，教师教育学院童顺平博士担任学术负责人，成员为个案市区教育局有关调研员、韶关学院有关学院相关学科研究人员。调研工作从2020年11月开始准备，到最后结束，历时一年多。调研工作紧紧围绕本学科教师教育教学和专业发展问题开展，覆盖初中14个学科，全覆盖式对个案市区初中教师专业发展状况进行了深入调查，为本书撰写奠定了坚实基础。

在本书写作过程中，仲红卫、程宇昂、黎欢、钟学松参与起草了第一章初稿，罗静、官运和参与起草了第二章初稿，阚哲华、廖福妹、叶龙起草了第三章初稿，陈曦参与起草了第五章初稿，范锦勤、王小兵、冯培明参与起草了第六章初稿，赵胜利参与起草了第七章初稿，付喜梅、李赫参与起草了第八章初稿，李航飞、李杏华、余庆胜参与起草了第十章初稿，李航飞、陈石福、陈艳参与起草了第十一章初稿，贺爱兰、梁春鸣、吴韵婷参与起草了第十二章初稿，刘益民、陈景华参与起草了第十三章初稿，邹观石、黄东强参与起草了第十四章初稿，为本书作出了有益贡献，在此致以诚挚谢意！个案市区教育局有关调研员、样本学校有关领导和师生，对本书调查研究工作给予了鼎力帮助；在书稿出版过程中，本书得到了个案市区教育局、韶关学院、出版社有关领导的支持。在此，一并致谢！

童顺平

2022 年 10 月 11 日